高等学校经济管理类系列教材

劳 动 关 系

主编 黄 鹤

西安电子科技大学出版社

内 容 简 介

本书在介绍劳动关系基本概念、基本理论和基本制度的基础上,着重介绍劳动合同从订立、履行、变更至解除所涉及的劳动法律法规、典型案例处理、劳动争议的处理方式,全面展现合理合法处理企业劳动关系及劳动争议的过程。全书分为上、下两篇。上篇(第1~3章)为理论篇,着重介绍劳动关系概论、劳动关系的主体和劳动关系的调整;下篇(第4~8章)为实务篇,着重讨论劳动合同的订立、劳动合同的履行和变更、劳动合同的解除和终止、《劳动合同法》特别规定、劳动争议处理等。全书提供了大量经典案例,每章后均附有思考题,方便读者学习和巩固重点知识。

本书适合作为高等院校工商管理、人力资源管理等专业本科生教材,也适合广大企事业单位的人力资源管理从业者和对劳动法规感兴趣的读者阅读参考。

图书在版编目 (CIP) 数据

劳动关系 / 黄鹤主编. -- 西安 : 西安电子科技大学出版社,
2024. 8. -- ISBN 978-7-5606-7363-9

Ⅰ. F249.26

中国国家版本馆 CIP 数据核字第 2024T6L742 号

策　　划　马乐惠
责任编辑　陈　婷
出版发行　西安电子科技大学出版社(西安市太白南路 2 号)
电　　话　(029) 88202421　88201467　　邮　编　710071
网　　址　www.xduph.com　　　　　电子邮箱　xdupfxb001@163.com
经　　销　新华书店
印刷单位　陕西天意印务有限责任公司
版　　次　2024 年 8 月第 1 版　2024 年 8 月第 1 次印刷
开　　本　787 毫米×1092 毫米　1/16　印　张　14.25
字　　数　335 千字
定　　价　36.00 元
ISBN 978-7-5606-7363-9
XDUP 7664001-1
*** 如有印装问题可调换 ***

前　言

2015 年 4 月 28 日，习近平主席在庆祝"五一"国际劳动节暨表彰全国劳动模范和先进工作者大会上指出："劳动关系是最基本的社会关系之一。要最大限度增加和谐因素、最大限度减少不和谐因素，构建和发展和谐劳动关系，促进社会和谐。要依法保障职工基本权益，健全劳动关系协调机制，及时正确处理劳动关系矛盾纠纷。"劳动关系作为组织管理的一个特定领域，研究对象是与雇佣行为管理有关的问题。劳动力市场越发达，劳动关系就越重要。

随着经济体制、产业结构、生产方式和企业经营管理模式发生变化，我国劳动关系也发生了巨大变化，面临前所未有的挑战。自《中华人民共和国劳动法》《中华人民共和国劳动合同法》《中华人民共和国劳动争议调解仲裁法》等实施以来，劳动关系领域出现了一些新情况、新问题。首先，传统劳动关系领域矛盾风险加大。根据《2022 年度人力资源和社会保障事业发展统计公报》，2022 年，全国各级劳动人事争议调解组织和仲裁机构共办理劳动人事争议案件 316.2 万件，涉及劳动者 341.3 万人，结案金额 682.2 亿元；全国各级劳动保障监察机构共主动检查用人单位 70.2 万户次，涉及劳动者 3219.2 万名，查处各类劳动保障违法案件 11.5 万件，保障 84.5 万名劳动者及时拿到工资 95.4 亿元；督促用人单位与 37.2 万名劳动者补签劳动合同，督促 6991 户用人单位办理社保登记，取缔非法职业中介机构 1009 户。可见，劳动条件、拖欠工资、事实劳动、不缴纳社保等仍是劳动争议的焦点问题。其次，新型劳动关系领域问题逐步显现。近年来，随着数字经济的繁荣发展，依托互联网平台的新就业形态不断成长壮大，比如网约配送员、网约车司机等。这些新就业形态就业容量大、进出门槛低、灵活性和兼职性强，成为吸纳就业的重要渠道。这些新就业形态对传统劳动法律体系、社会保障政策等提出新课题，同时，对新就业群体劳动者的保护问题受到广泛关注。最后，特殊时期劳动争议的处理将对今后劳动关系产生深远影响。针对

2020 年初新冠疫情的暴发，国务院、人社部、地方各级政府出台的特殊政策，包括延长假期、延迟复工、交通管制、限制出行、隔离观察等，以及企业采取的应对措施，例如企业裁员、居家办公、工资待遇、共享员工、弹性工时等，在未来非常长的时间里都会对劳动关系处理和劳动争议处理产生深远影响。

本书共分为上下两篇。上篇(第 1～3 章)为理论篇，着重介绍劳动关系概论、劳动关系的主体和劳动关系的调整；下篇(第 4～8 章)为实务篇，着重讨论劳动合同的订立、履行和变更、解除和终止，以及《劳动合同法》特别规定、劳动争议处理等。全书提供了大量经典案例，并且每章后均附有思考题，方便读者学习和巩固重点知识。

本书适合作为高等院校工商管理、人力资源管理等专业本科生教材，也适合广大企事业单位的人力资源管理从业者和对劳动法规感兴趣的读者阅读参考。

本书为 2019 年浙江省线下一流课程"劳动关系与劳动政策"的阶段性成果，配套视频课程将于 2024 年 11 月在智慧树等平台上线。

在本书的编写过程中，周欣蓉、张锜棋两位同学在文字校对、PPT 制作等方面付出了辛勤劳动，在此表示诚挚的谢意。此外，还要感谢西安电子科技大学出版社对本书出版所给予的支持和帮助。

黄 鹤

2024 年 4 月

目　　录

上篇　理　论　篇

下篇 实 务 篇

上篇 理论篇

第一章 劳动关系概论

在市场经济条件下，人力资源的配置是通过劳动力市场实现的。在劳动力市场中，企业与劳动者均为享有经济主权的市场主体。从社会生产的角度考察，企业是将劳动与资本按各自市场价格组织起来，并使它们与一定的技术相结合，生产出产品或服务，将产品(服务)按市场价格出售，收回成本并以营利为目的的经济组织。企业凭借其在生产经营活动中对生产物质条件的占有而成为用工主体；与此对应，劳动者成为劳动主体。在现代社会，劳动的社会形式的趋同性使得劳动关系成为经济社会最普遍、最基本的社会关系。

第一节 劳动关系的概念与特征

引导案例

平台企业与平台从业者之间是否形成劳动法认定的劳动关系

关于平台企业与平台从业者之间是否形成劳动法认定的劳动关系，《关于维护新就业形态劳动者劳动保障权益的指导意见》中并未直接规定，依据《关于确立劳动关系有关事项的通知》，司法实践形成认定劳动关系和不认定劳动关系两种意见，详见案例1和案例2。

案例1 劳动者注册个体工商户与平台企业或其用工合作企业订立合作协议，能否认定为劳动关系？

孙某于2019年6月11日进入某外卖平台配送站点工作，该站点由物流公司A承包经营。物流公司A与孙某订立了自2019年6月11日起至2021年6月10日止的书面劳动合同。从事配送工作期间，孙某按照物流公司A的要求在规定时间、指定区域内执行某外卖平台派发的配送任务，物流公司A根据孙某出勤及订单完成情况向其按月支付劳动报酬。物流公司A于2020年8月21日与商务信息咨询公司B订立《服务协议》，约定将含孙某在内的部分配送员委托给商务信息咨询公司B管理。在商务信息咨询公司B的安排下，孙某注册了名为"配送服务部C"的个体工商户，并于2020年9月6日与物流公司A订立了为期1年的《项目承包协议》，约定：配送服务部C与物流公司A建立合作关系，配送服务部C承接某外卖平台配送站点的部分配送业务，物流公司A按照配送业务完成量向配送服务部C按月结算费用。此后，孙某仍然在某外卖平台站点从事配送工作，接受物流公司 A 的管理，管理方式未发生任何变化。2020 年 12 月 10 日，物流公司 A 单方面终止《项目承包协议》，孙某要求物流公司 A 支付违法解除劳动合同赔偿金。物流公司 A 认为订立《项目承包协议》后，双方之间已从劳动关系变为合作关系，劳动合同自动终止；并以此为由拒绝支付违法解除劳动合同赔偿金。孙某遂向仲裁委员会申请仲裁，请求确认孙某与物流公司 A 于 2020 年 9 月 6 日至 2020 年 12 月 10 日期间存在劳动关系，要求物流公司 A 支付违法解除劳动合同赔偿金。仲裁委员会裁决：孙某与物流公司 A 在 2020 年 9 月 6 日至 2020 年 12 月 10 日期间存在劳动关系，物流公司 A 须向孙某支付违法解除劳动合同赔偿金。

案例 2　如何认定网络主播与文化传播公司之间是否存在劳动关系？

李某于 2018 年 11 月 29 日与某文化传播公司订立为期 2 年的《艺人独家合作协议》，约定：李某聘请某文化传播公司为其经纪人，该文化传播公司为李某提供网络主播培训及推广宣传，将其培养成知名网络主播；在合同期内，该文化传播公司为李某提供整套直播设备和直播室，负责安排李某的全部直播工作及直播之外的商业或非商业公众活动，全权代理李某涉及的直播、出版、演出、广告、录音、录像等与演艺有关的商业或非商业公众活动，可在征得李某同意后作为其委托代理人签署有关合同；李某有权参与该文化传播公司安排的商业活动的策划过程、了解直播收支情况，并对个人形象定位等事项提出建议，但一经双方协商一致，李某必须严格遵守相关约定；李某直播内容和时间均由其自行确定，其每月获得各直播平台后台礼物累计价值 5000 元，可得基本收入 2600 元，超过 5000 元部分由该公司和李某进行四六分成，超过 9000 元部分进行三七分成，超过 12000 元部分进行二八分成。从事直播活动后，李某按照该文化传播公司要求入驻 2 家直播平台，双方均严格履行协议约定的权利义务。李某每天直播时长、每月直播天数均不固定，月收入均未超过 3500 元。2019 年 3 月 31 日，李某因直播收入较低，单方解除《艺人独家合作协议》，并以公司未缴纳社会保险费为由要求该文化传播公司向其支付解除劳动合同经济补偿。该文化传播公司以双方之间不存在劳动关系为由拒绝支付。李某向仲裁委员会申请仲裁，仲裁委员会裁决双方之间不存在劳动关系。李某不服仲裁裁决，诉至人民法院，请求确认与该文化传播公司之间于 2018 年 11 月 29 日至 2019 年 3 月 31 日期间存在劳动关系，该文化传播公司支付解除劳动合同经济补偿。一审法院判决：李某与该文化传播公司之间不存在劳动关系。李某不服一审判决，提起上诉。二审法院判决：驳回上诉，维持原判。

资料来源：人力资源社会保障部　最高人民法院　劳动人事争议典型案例(第三批)案例 4、案例 5
https://www.chinacourt.org/article/detail/2023/05/id/7311732.shtml

劳动关系是人们为实现生产劳动过程而形成的一种社会关系。对于用人单位来讲，劳动关系系统是构成组织运行的最基本活动系统，劳动关系状况的好坏直接关系到生产经营活动的正常开展以及组织目标的顺利实现；对于劳动者而言，其一生大部分时间在劳动中度过，工作条件、薪酬待遇等劳动关系状况不仅影响到他们的经济收入，而且还是社会尊重与自我价值的体现。劳动关系更是整个社会关系的基础，劳动关系和谐与否事关经济发展与社会和谐。

一、劳动关系的概念

劳动关系可以区分为广义的劳动关系和狭义的劳动关系。广义的劳动关系是指劳动者与劳动力使用者以及相关组织为实现劳动过程所构成的社会经济关系。这一概念包含以下几方面内容：第一，劳动关系的目的。劳动关系是与劳动过程相联系并在劳动过程中形成的，实现劳动过程是劳动关系的直接目的。第二，劳动关系的主体。劳动关系是以劳动者和用人单位为基本主体构成的，但为实现劳动过程，相关的政府组织也是不可或缺的。第三，劳动关系的性质。劳动关系的基本性质是社会经济关系，或者说，劳动关系是以经济关系作为基本构成的社会关系。劳动关系本质是劳动者与用人单位双方的权利和义务关系，表现为合作、冲突、力量和权力关系的总和，它会受到一定社会的经济、技术、政策、法律制度和社会文化背景等的影响。狭义的劳动关系是指企业作为用人单位(雇主)与职工(雇员)及其组织之间依据劳动法律法规形成和调整的劳动法律关系。《中华人民共和国劳动法》(以下简称《劳动法》)、《中华人民共和国劳动合同法》(以下简称《劳动合同法》)将劳动关系描述为"劳动者"与"用人单位"之间的经济社会法律关系，这一描述也是狭义劳动关系的体现。显然，如果没有国家意志的干预，劳动关系就完全根据当事人双方的意志形成，是纯粹的双方行为。但是，在现代市场经济制度中，法律制度，特别是劳动法律制度已经不仅仅是劳动关系运行的客观条件或者说劳动关系运行的制度环境，实际上，国家意志已经明确而具体地介入劳动关系之中了。劳动关系当事人必须服从国家意志，在确定劳动关系各方面的内容以及劳动关系当事人各自的行为，如确定工时、工资、劳动条件等时，不得低于国家法律规定的最低标准；与此同时，任何一方违反法律规范，都将承担法律责任。广义的劳动关系与狭义的劳动关系的最主要区别在于劳动关系是否体现了国家意志。基于此，本书讨论的是狭义的劳动关系，即劳动法律关系。

综上所述，劳动关系是劳动者与用人单位之间依据劳动法律规范在劳动过程中所形成的权利义务关系。

二、与劳动关系相关的概念

"劳动关系"由英文"labor relations"翻译而来，是雇员与雇主之间在劳动过程中形成的社会经济关系的统称。在不同国家和不同的历史时期，劳动关系亦有不同的称谓，如"劳资关系""劳工关系""雇佣关系""员工关系""产业关系"等。这些称谓含有明显的价值取向，从不同的角度阐述了劳动关系的内涵和性质，也反映了所处社会的制度和文化特点。

(1) 劳资关系、劳工关系是劳动关系发展和劳动关系研究中的传统概念，强调劳资力量的平衡和集体劳动关系。劳资关系一般是指私有制企业中的劳动关系，体现的是雇佣工人和企业主(雇主)的关系，其特点是突出劳资的区别，主体明确，关系清晰，但具有某种对抗的意义。劳工关系是以劳工为重点和核心的关系，强调劳工的地位，特别是劳工团体，更注重集体的劳动关系，也比较强调工会与雇主之间的互动过程，尤其是集体协商的过程。

(2) 雇佣关系和员工关系更多地从管理方出发而注重个别劳动关系。雇佣关系直指双方关系的本质：雇佣与被雇佣，并显示出强调个别劳动关系的色彩。一些不赞成工会的学者通常喜欢用这一概念。员工关系源自人力资源管理体系，强调以企业为中心，劳动者是企业的雇员，其出发点是企业内部的管理关系，注重个体层次上的关系和交流，排斥工会。以企业为中心的和谐与合作是员工关系这一概念所蕴含的精神。

(3) 产业关系则是一个宏观和社会层面的概念，在欧美国家使用得比较广泛。产业关系指产业及社区中管理者与受雇者之间的所有关系，包括了雇佣关系的所有层面，以及相关的机构和社会、经济环境。近年来，产业关系研究范围已经逐步扩大到与工作相关的全部问题，如高绩效工作、职业安全和健康、雇佣歧视、雇员满意度、工作安全以及国际产业关系比较研究等。

相对于这些概念，劳动关系的概念不仅可以避免所有制的不同所引起的概念的差别，而且可以避免从某种政治立场或经济利益出发而引起的概念差异，更能反映这一社会关系具有的一般特征。因此，劳动关系比其他术语更恰当。

三、劳动关系的特征

劳动关系与一般经济学中所概括的劳动关系及其他各种社会关系相比，具有以下特征。

(一) 劳动关系的内容是劳动

在现代市场经济条件下，劳动关系是劳动的社会形式，劳动是这种关系的基础，也是它的实质和内容。劳动关系以劳动力的所有权与使用权相分离为核心。雇员在劳动关系中始终是劳动力的所有者，在劳动过程中是劳动力的支出者；雇主以其占有的生产资料(资本)的产权或经营权为基础，能够为劳动力的使用提供物质条件，成为劳动力的使用者。劳动过程通过劳动关系这种形式得以实现。在劳动过程中既有因技术因素而产生的效率问题，又有因分工协作而产生的组织结构问题，还有工作场所和各种劳动条件问题。在现代社会，40%以上的人口在从事各种职业劳动，劳动者将其人生中最为宝贵的时间花费在工作场所之中进行各类劳动。由此可以看出，劳动关系是人们各种社会关系中最为普遍的关系。

(二) 劳动关系具有人身关系属性和财产关系属性相结合的特点

由于劳动力是人体中的一种机能，劳动力只能寄寓在活的人体之中，因此劳动力具有显著的生理性特征，其存在和消费与劳动者人身须臾不可分离。雇员向雇主提供劳动，实际上就是将其人身在一定限度内交给雇主，因而劳动关系就其本来意义来说是一种人身关系。人身关系的属性使得劳动关系的运行具有极其复杂的特征。劳动力的使用不仅仅是一种劳动力的消费，而且还必然涉及劳动者的人格、尊严，以及其他因人身关系而派生的各种问题，这种情况对劳动关系的控制、劳动关系的调整提出了有别于其他社会关系调整的特殊要求。从劳动关系的视角考察，由于劳动力是雇员赖以谋生的最大的和最基本的财产，因此个人是以让渡劳动力的使用权来换取生活资料的，其交换的目的是获得工资，从而获得生活条件；企业或雇主之所以雇用劳动力，是因为能够得到劳动给付，通过劳动力与生产资料的结合，向市场提供商品或服务，收回成本和取得盈利。就此意义而言，劳动关系又是一种财产关系。既然是财产关系，那么财产关系中所存在的各种矛盾必然会出现在劳动关系之中。

(三) 劳动关系具有经济利益关系与社会关系属性

在劳动关系中，劳动者投入自己的时间和专业知识为企业谋利，以换取一系列个性化的经济和非经济的报酬。劳动关系因生产要素属于不同的所有者而产生，它是产权关系的另一种表现形式，而与劳动分工并无直接的联系。劳动关系是社会生产过程中生产的客观条件——生产资料(资本)与生产的主观条件——劳动力相互结合的具体表现形式，两者的结合在使劳动过程得以开始的同时，也形成了现实的劳动关系。在劳动关系中，劳动者作为劳动力的所有者，按照一定的价格——工资，将劳动力的使用权让渡给劳动力的使用者——用人单位；用人单位在支付了工资后，获得了劳动的给付。工资作为劳动力这一生产要素的均衡价格，是连接劳动者与用人单位两者的桥梁。劳动关系所反映的是一种特定的经济关系——劳动给付与工资的交换关系。

同时，人毕竟不是简单的经济动物，而是处在社会关系"网络"中的一员。按照马斯洛的需要层次理论，在社会中活动的人除了有生存需要外，还有安全需要、社交需要、尊重需要以及实现自我价值的需要。劳动关系双方之间在互动过程中除了经济利益联系之外，还有其他社会性联系，如成就感、归属感的实现以及荣誉的获得等。这些都体现了劳动关系的社会性。不但如此，劳动关系还是社会关系中最重要、最基础的部分。正因为如此，劳动关系的和谐才能成为整个社会关系和谐的基础。

(四) 劳动关系具有法律上的平等性和管理上的从属性

从法律上说，劳动关系双方的地位和权利义务是平等的。首先，双方都是劳动力市场上独立的主体，不存在任何依附关系，其法律地位平等。其次，双方建立劳动关系是一种"自由、公平"的交换行为，是否建立或解除劳动关系，完全取决于各自的自由意志，遵循平等自愿原则。再次，劳动关系的建立通过在协商基础上缔结劳动合同来表现。法律规定，劳动合同内容要同时包括双方的权利义务，不允许存在一方只履行义务而不享有权利，或只享有权利而不履行义务的"一边倒"合同存在，体现了双方权利义务的对等。最后，在发生劳动争议时双方的法律地位平等，都享有要求通过调解、仲裁乃至诉讼的途径解决劳动争议的权利。

劳动关系一经建立，劳动者就成为企业的雇员，企业就成为劳动力的支配者和劳动力的管理者，雇员必须听从雇主的领导、命令和指挥，并要遵守企业内部的劳动规则，这使得劳动关系具有隶属性，即成为一种隶属主体间的以指挥、命令和服从为特征的管理关系。不仅如此，人们既然将其生命中大量的时间用在劳动中，那么工作场所及工作过程中人们的关系就会对每个人生活的所有方面产生决定性的影响。在传统社会，人们为自己或其家庭成员工作，而在现代，人们为各种各样的组织工作。有的组织规模很大，可以雇用数万名员工；而有的组织则较小，只有数名员工。组织无论大小，一般都有管理者和雇员之分；每个组织也都有各自的规则与程序，每个人也只是其中的一部分而已。现代社会可以说是由雇员和雇主或管理者所组成的社会。

劳动关系上述特征的客观存在，决定了劳动关系是诸多社会关系中最为基本的关系，人们在劳动关系中的地位与作用直接决定了人们在社会关系中的地位和相互关系。

第二节　劳动关系的实质：合作与冲突

引导案例

华为辞职门事件

2008年1月1日，《劳动合同法》在全国范围内正式实施，法律的变迁给中国企业的战略发展和人力资源管理提出了巨大的挑战。2007年10月下旬，从华为公司传出消息，称华为公司要求凡是工龄超过8年的员工，包括任正非在内，都要在2008年元旦之前办理主动辞职手续，辞职再竞岗，重新与公司签订1～3年的劳动合同。同时废除现行的工号制度，所有工号重新排列。同时华为还提出了"N＋1"的补偿方案，即(N＋1)×员工月补偿工资标准(税前)，其中"N"为员工在华为连续工作的年限。"月补偿工资标准"不仅是员工的月标准工资，还包括员工上年度奖金月均摊值，此外还额外支付一个月工资。2007年11月2日，《南方都市报》率先报道了《华为补偿10亿元鼓励7000名老员工辞职》，不到一个月，海内外逾百家媒体将这一消息传递到中国的大多数地区，"劳动合同法""无固定期限劳动合同"这些鲜为人知的名词，迅速在人们的口中传递。而华为这家素来备受尊敬的中国公司因为"辞职门"事件再次站在了舆论的风口浪尖上。在深圳市劳动局介入调查后，2008年11月5日，华为终于向部分媒体发去一份传真的"情况说明"，按照其说法，7000人辞职，是"为适应业务国际化的拓展，提升国际竞争力，华为进行了一系列的人力资源制度变革，包括人岗匹配和定岗定薪的薪酬制度改革、员工福利和保险保障制度的改革等，目的是让企业内部更和谐、更富有活力"；是"为改良企业'工号文化'，并按照员工自愿的原则"。对于赔偿，华为也进行了细致的解释："即将生效的《劳动合同法》，对解除或终止劳动关系的经济补偿有两个限制：一是补偿的年限不能超过12年；二是高工资者，计算的每月工资标准，要以当地社会平均工资的三倍封顶。由于没有这两个限制，我们的补偿方案要优厚于劳动合同法的标准。"事实上，几千名员工，被辞掉的只有106名员工。其中有38名员工自愿选择了退休或病休，52名员工因个人原因自愿离开公司寻求其他发展空间，16名员工因绩效及岗位胜任等原因，经双方友好协商后离开公司。

被媒体曝光的类似事件还有：2007年7月，韩国LG电子裁掉11%的中国员工。2007年8月，中央电视台解聘1800名编外人员，占全台总人数的20%。2007年10月，沃尔玛全球采购中心在上海、深圳、东莞相继裁员近200人。2007年10月，湖北省政府发出通知，要求在全省机关事业单位清理临时用工人员，推行临时聘用人员"人事派遣制度"。2007年11月，中国银行四川省分行向数千名代办员——银行除正式员工外的临时工作人员宣布:必须解除合同,要么领辞退金回家,要么成为劳务用工——与劳务公司签署劳动合同后再由后者派遣到中国银行上班。这轮裁员指向相同的人群,即临时工和长工龄的员工,而他们正是新法想要保护的人群。

资料来源:马志英.华为辞职门的启示,中国管理案例共享中心案例库

劳动关系的实质是经济利益关系。在劳动力市场上,劳动关系是作为要素所有者的劳动者与用人单位之间的交换关系;在企业生产过程中,它表现为高层管理者与低层管理者、雇员之间的互动关系;在分配环节上,劳动关系表现为劳动者凭借劳动力所有权取得工资报酬、用人单位凭借资本所有权获得利润而形成的分配关系。在这些关系中,尽管劳动关系双方相互作用的表现形式不同,但都是围绕着经济利益的形成与分配展开的。劳动关系本质上是一种经济利益关系。

一、劳动关系的利益一致性与对立性

劳动关系作为一种经济利益关系,最终可归结为利益的一致性与对立性两个方面。

(一) 劳动关系利益的一致性

利益一致性是指双方的利益、目标以及期望保持基本一致,是劳动关系双方形成合作的基础。利益一致性形成的根源包括:第一,劳动过程作为财富创造过程,体现出双方利益关系的一致性。劳动关系双方的利益均取决于社会财富的增长及其效率,而社会财富的创造又源于劳动与资本这两大基本生产要素的结合,脱离了这种结合,两者的利益都不存在。第二,从动态视角看,劳动与资本在分配关系中也存在一致性。国民财富的增加是利润与工资增长的基础。随着分工的发展,社会生产效率不断提高,带来了国民财富与资本积累的增加,资本积累增加使资方可以雇佣更多的劳动者,使分工更加细密,劳动生产率随之进一步提高,实现国民财富进一步增长。第三,现代劳动者自我价值实现的需要也是双方利益一致性形成的原因之一。随着物质生活水平的提高,人类的需求由最基本的生存需要逐步发展到自我尊重、自我实现的需要,在一些现代企业中,劳动者更为看重工作的意义,即本人从工作中所获得的满足感。若其对当前的工作有较高满意度,只要雇主没有破坏双方的心理契约,他们就愿意遵守企业的规章制度,与资方合作。第四,现代企业制度的建立也有利于利益关系一致性的形成。投资主体多元化的股份公司是现代企业制度的典型形式,其内部产权安排以"三权分立"为特征,即股东、董事会、经理阶层三者既相互分离又相互制约。这种产权结构改变了马克思时代劳方与资方单一化的利益关系,形成了资本所有者、经理人、劳动者之间的三元利益关系,通过增加经理人这一中间环节,避免了劳资间的直接利益对立。随着产权的分散化,企业的收益不再单独属于某一主体,而归为各项产权所有者,从而打破了资本独占利益的分配机制,出现了资本所有者通过向经理人以及劳动者让渡部分剩余索取权,进而让出部分剩余价值的现象,也在一定程度上缓解了劳资双方的利益对立性。最后,利益关系一致性的增强也与工人力量的强大与组织程度的提高直接相关。雇主为了避免与劳动者发生由集体冲突所导致的"双损"局面,愿意在一定程度上向劳动者让步,同时也尽量避免破坏心理契约,以维持双方利益、目标与期望的一致性。

(二) 劳动关系利益的对立性

在劳动关系中，劳动者追求工资福利最大化，目标是以一定的劳务付出换取尽可能多的工资报酬，避免失业以及争取健康安全的工作环境；用人单位追求利润最大化、成本最小化，因此有采取各种措施，如降低工资、延长工时、减少工人福利、任意解雇工人以及简化工作场所安全卫生设施的动机。双方天然存在着对立和矛盾关系。经济学界对劳资利益关系的对立性论证相对充分，已有的研究起源于古典经济学派。其代表性人物亚当·斯密认为劳资双方是相互独立的利益群体，有各自明确且对立的利益要求，双方的利益关系"到处都取决于劳资双方所签订的契约"。由于双方的利害关系绝不一致，劳动者盼望多得，而雇主盼望少给，劳动者都想为提高工资而结合，雇主却想为降低工资而联合，所以利益对立不可避免。利益对立性是劳动关系冲突产生的基础。

(三) 利益对立性并不必然导致冲突

劳动关系利益的对立性是在劳资双方追求各自利益最大化的过程中产生的。追求利益最大化是市场经济的普遍社会命题，即每个市场主体都在追求利益最大化，但是劳动关系冲突并非随时都在发生。由此可见，对立性只是一种潜在的劳动关系冲突，也可以被理解为冲突产生的诱发因素。从利益对立演变为冲突是一个量变到质变的过程，即若双方在共同认定的合理限度内追求利益最大化，冲突不会发生；但若一方的行为超越了双方认可的合理界限，侵犯了另一主体的利益，打破了双方的均衡格局，那么冲突将会随之产生。

二、合作

合作是指在组织中，管理方与雇员要共同生产产品和服务，并在很大程度上遵守一套既定制度和规则的行为。这些制度和规则是经双方协商一致的，涵盖双方的行为规范、员工的薪酬福利体系、对员工努力程度的预期、对各种违反规定行为的惩罚，以及有关争议的解决、违纪处理和晋升提拔等程序性规定。

(一) 合作的根源

合作的根源主要有两方面，即被迫和获得满足。

1. 被迫

被迫是指雇员为谋生被迫与雇主合作，除此之外别无选择。如果雇员的利益和期望与雇主的不符，就会受到各种惩罚，甚至失去工作。即使工人能够联合起来采取集体行动，但长期的罢工和其他形式的冲突，也会使工人损失收入来源，还会引起雇主撤资、不再经营、关闭工厂或重新择地开业，使工人最终失去工作。事实上，雇员比雇主更加依赖这种雇佣关系的延续。雇员要谋生，就要保住工作，从长远来看，他们非常愿意加强工作的稳定性，获得提薪和增加福利的机会。可见利益所带来的合作与冲突同样重要。

2. 获得满足

一般来说，员工获得满足主要建立在下列几个方面：

(1) 建立在雇员对雇主信任的基础上。这一点基于对立法公正的理解和对雇主的限制措施，加上媒体宣传、教育等，增强了员工的信任感。对此有三种解释：第一种解释是认为工人在社会化的过程中处于接受社会的状态，资本家可以通过宣传媒体和教育体系向工人灌输其价值和信仰，从而降低工人产生阶级意识的可能性。因而工人被塑造成"团队成员"而非"麻烦制造者"的角色。第二种解释是认为大多数工人都很现实，他们明白没有其他可行的选择可以替代现今的制度安排，并认为从整体上看，当前系统运行得还不错。第三种解释是认为工人的眼界是有限的，他们比较的对象总是具有相似资格的其他人，并且相信只要他们在这个圈子里过得不错，就没什么好抱怨的。因而那些从事"较差"工作的工人往往很乐于工作。

(2) 大多数工作本身具有积极的一面。当今欧美国家中，大多数工人对其工作有较高的满意度，认为自己已经融入工作中，并且觉得他们的工作不但是有意义的，而且从本质上说也是令人愉快的。所以，即使有时会感到工作压力大、工作超负荷或者对工作缺乏指挥权，他们仍乐于工作。员工认识到工作的价值，因而会从工作中产生自我价值的满足感。

(3) 管理方的努力也使员工获得了满足。雇主采用"进步"的管理策略和方法，以及雇主出于自身利益考虑向员工做出的让步，都在一定程度上提升了员工的满意度。这些措施削减了冲突的根源的影响，增加了合作的根源的影响。这些"好"雇主往往能得到更多的信任和认同。

(二) 合作方式

1. 沟通

所谓沟通，是指管理方向员工及其组织传达信息的过程，目的在于使员工对组织的问题和管理方地位表示理解，消除员工可能有的错误的观念。员工通过沟通了解组织的信息可以巩固工会在集体谈判、民主决策中的作用。沟通的主要内容包括以下四个方面：

(1) 就业组织重要信息，让员工对就业组织的全貌有一个大概的了解，如企业性质、职工人数、产品范围等。

(2) 日常工作情况信息，如某天生产的产品数量与质量，以及生产过程中遇到的问题等。

(3) 组织内部调整信息，如新经理上任、裁员等。

(4) 组织运作的详细信息，如企业生产经营状况及分析等。

虽然沟通可以改善管理方与劳动者双方的关系，减少冲突，但沟通并不能完全消除冲突，更不能从根本上解决双方利益和价值观上的差别，因而也无法根治冲突。

2. 共同协商

共同协商是指管理方在制定决策之前，先征求员工的意见，征得其同意的决策程序。共同协商的作用主要体现在下列几个方面：

(1) 共同协商使员工获得知情权的满足，理解与支持管理方的经营生产战略，从而使双方在思想和行动上取得一致。

(2) 员工通过共同协商表示不满之后，管理方可以通过这种互相尊重的民主形式，了解潜在冲突。

(3) 通过共同协商，双方可以局部地调整劳动关系。

(4) 共同协商的信息传输量大且涉及双方共同关注的组织发展问题，可以与集体谈判制度相互补充，推动双方的合作。

三、冲突

冲突的根源可以分为根本根源和背景根源两种。前者是指由于劳动关系的本质属性造成的冲突，后者是指由那些更加可变的，取决于组织、产业、地域、国家等因素的属性所造成的冲突。

(一) 冲突的根本根源

1. 异化劳动的合法化

亚当·斯密认为，当人们为自己而不是为他人工作时，会变得更加努力。但问题是，事实上大多数人并不是在为自己工作。为此，马克思指出，资本主义市场经济存在着资产阶级和无产阶级的分化。前者拥有并控制着生产工具，而后者则一无所有，只能靠出卖劳动力谋生。这种阶级地位的差别，决定了现代资本主义社会的主要特征是大多数劳动力市场的参与者都在为他人工作。实际上这也是目前资本主义经济中劳动关系最主要的特征。因为工人并非为自己工作，所以他们在法律上既不拥有生产资料、生产产品以及生产收益，也不控制工作的生产过程，从而在法律上造成了劳动者与上述生产特征的分离。工人为了保住工作，可能会认同这种工作安排并尽力工作。但是，在其他条件不变的情况下，工人缺乏努力工作的客观理由，因为生产资料、过程、结果及收益在法律上不归他所有，这本身就是管理的难题。

2. 客观的利益差异

市场经济更深层次的目标是企业利润最大化。马克思认为，在任何一个经济体系中，所有的价值都是由生产性劳动创造的。如果雇主按照劳动的价值给付工人报酬，那么利润就会变成空壳，投资方就没有任何投资的动机，最终会导致经济的崩溃。所以，资本主义存在的条件就是通过劳动力长期的过度供给(即失业)将工人置于不利的地位，从而支付少于工人劳动创造价值的工资，实现对工人的剥削。国外一些学者认为，无论是否接受剥削的论点，对利润的追求都意味着雇主和工人之间的利益存在着根本的冲突。在其他条件不变的情况下，雇主的利益在于给付工人报酬的最小化，以及从工人那里获得收益的最大化。同样，在其他条件不变的情况下，雇员的利益在于福利的最大化，以及在保住工作的前提下尽量少地工作。毋庸置疑，雇主与工人的利益是直接冲突的，即企业对利润的追求和员工对福利工资的要求是劳动关系深层次冲突的根本原因之一。

3. 雇佣关系的性质

管理方的权力在就业组织中是以一种等级分层(由上而下)的形式逐级递减的。这种权力来源于所有者的产权，在没有法律特别规定的情况下，雇员没有权力选举组织中直接的管理者或更高职位的人，而且管理者无须对下负责，雇员很难获得参与管理的权力。虽然雇员拥有退出、罢工和离开岗位的力量，并能够同管理方协商有关管理制度，但由于雇员难以真正行使参与管理的权利，所以雇员力量的作用在很大程度上是负面的。双方的这种雇佣关系使雇员不情愿地处于从属地位，从而造成对管理者的不信任。雇员与管理者冲突更深层的原因有两个：在一个崇尚个人自由和民主的社会，劳动者不愿意处于从属地位；更重要的是，这种权力的分布不是雇员的利益所在，而是资本所有者的利益(利润)所在。

4. 劳动合同性质

如果雇主和雇员签有详细的劳动合同，在合同中又明确规定了工人应当完成的工作任务、工作的质量和数量、工作的职责和范围，以及相应的报酬，那么前三种冲突的根源就会降低到次要地位。只有任何一方没有履行合同时，冲突才会出现，这时需要重新协商变更订立合同。但实际上，由于工作内容要求很难界定清晰，工作产出有时难以测量，因而劳动合同不可能订得非常详细周全、面面俱到，不产生任何歧义，考虑到所有变化因素的发生。

从目前全球劳动力市场看，劳动契约并不普遍，合同条款和内容不可能包罗万象，格式也不统一，有些岗位甚至没有书面的合同。劳动关系的一些内容，比如对工作的预期和理解等，并不能完全用书面的形式进行约定，有时它是建立在一种"心理契约"的基础上的，即建立在双方对"工资与努力程度之间的动态博弈"结果之上的，或者说，在心理契约形成之后，可以从薪酬水平推测出工人的努力程度。实际上心理契约比劳动契约要复杂得多，它包括组织的全部工作规则，如工人对工作保障、晋升机会、工作任务分配的预期，雇主对工人忠诚的预期等。由于这种理解和期望的复杂性和模糊性，在日常工作中经常会产生对于"公平合理安排"的不同看法。同时，即使在雇员个人和用人单位签有书面合同的情况下，也会由于双方对合同条款内涵的理解和解释的不同，产生激烈的冲突。这一点与工会在集体谈判、签订集体合同中遇到的问题是一样的。

劳动契约的这种模糊性和复杂性，也是造成潜在冲突的一个根源，在考虑雇员和管理方之间关系的性质及其潜在利益的冲突时，更是如此。劳动关系的性质使得双方对各自的角色和义务产生不同的看法和理解，导致了相互的不信任。在管理方单方引入新的管理规则，变更、破坏心理契约时，这种冲突更为明显。如果这时雇员缺乏相应的法律保护，他们常常会选择辞职。因而，工人以及工会领导人认为管理方政策不可靠，从而对管理方不信任，甚至采取对立态度，也就很容易理解了。

(二) 冲突的背景根源

除冲突的根本根源之外，还有背景根源，这种背景根源主要体现在以下几方面。

1. 广泛的社会不平等

工业主义理论的支持者认为，经济剥削是劳动关系双方冲突的重要原因。尽管经济剥削是导致20世纪工会和产业冲突增长的重要原因之一，但在全球工人的工作生活条件已经有了很大改善的情况下，工资已经不再是维持工人再生产的必要成本，而是一种财富积累的手段。因而，经济剥削程度的不断下降，已使经济剥削不能成为解释工会和产业冲突继续增长的缘由。这一观点的缺陷在于，没有认识到劳动者相对于雇主而言仍然受到了剥削，尤其是广泛存在的收入不公平更说明了剥削的加剧。进而，社会贫富分化加剧导致了工人的敌视和报复行为。

2. 劳动力市场状况

失业率的上升已经成为一个全球热点问题。这不仅给劳动者寻找工作带来了更大难度，同时也使用人单位因为有过多的选择机会而表现得更加挑剔。职业危害和安全生产问题在全球仍十分严峻。即使在西方发达国家，劳动者因工伤残和死亡的事件仍然时有发生，普遍存在着工作压力过大以及"过劳死"现象。在发展中国家，健康和安全问题更加严重。劳动力市场的另一个问题是工作的不公平。这不仅表现在垄断和非垄断行业之间，而且表现在不同地区、不同部门之间。工作场所中的性别不平等问题在全球仍十分突出。妇女要获得男子平等的工资福利，往往需要付出加倍的努力。对于劳动力市场的状况、工人面临的问题，以及工作场所的不平等等问题的探讨，是为了进一步分析冲突产生的深层次原因，而不仅仅是为了做出一个道德判断。尽管这些原因不会直接引发冲突行为，但这些社会问题所带来的不公平和不公正，会引起工人的不满和不安全感，从而影响劳动关系的和谐与稳定。

3. 工作本身的特征

激进派认为，雇主为了实现劳动成本的最小化和对工人控制程度的最大化，会不断降低对工人的技术需求，不断增加劳动强度以获得人均产出的最大化。雇主的这些政策给工人带来了工作的过度紧张和超负荷，使工人的工作范围过于狭窄，表现出工人附属于机器存在的工作特征，从而造成工作的高度分工和人性的异化。而工业主义理论家做出了比较乐观的结论，他们认为，人性的异化和工作的艰苦，是大工业生产技术和大量的工业工厂岗位造成的，随着更为先进的自动化技术的应用，以及高水平的、以解决问题和团队工作为特征的服务性岗位的增加，这些工作带来的难题将弱化甚至消失。

(三) 冲突的表现

冲突的表现形式，可以分为劳动者的表现和用人单位的举动。劳动者的表现包括罢工、不服从行为、联合抵制、辞职等形式。与此相对应，用人单位采取关闭工厂、解雇、上黑名单等手段给劳动者施加压力。

1. 罢工

罢工是冲突明显的表现形式。罢工从经济学角度理解虽然不经济，但从劳动者角度而言，却是非常理性的。罢工看上去是个经济问题，但实际上罢工是工会代表提出经济利益的诉求渠道，是工人被压抑的敌视情绪的宣泄方式。员工对管理方行为的不满经常是罢工的导火索。如果罢工渠道受阻，劳动者的敌视情绪继续被压抑；如果冲突缺乏其他的渠道，那么冲突最终会以更为激烈的形式表现出来。

2. 不服从行为

除了罢工，冲突还有其他表现形式，其中最明显的是各种不服从行为，例如工作松懈或低效率地工作、怠工，以及由主观原因造成的缺勤或出工不出力。

怠工是指雇员不离开工作岗位也不停止手头工作，只是放慢工作速度或破坏性地工作，是雇员采取产业行动的一种基本手段。与罢工不同，雇员进行怠工不需要离开工作岗位或离职，只是在工作中故意懒散、怠惰，或浪费雇主和企业的原材料，以达到维持或改善劳动条件的目的。如果不仔细观察，雇主甚至可能无法发现怠工行为的存在。

3. 联合抵制

劳动者所使用的联合抵制手段，就是阻止雇主出售最终产品，表现为劳动者不仅自己不买企业生产的产品，而且还通过广告的形式做反宣传，使社会上其他人也不买企业生产的产品，迫使企业管理者出于对产品销路的考虑而不得不接受劳动者的要求。

4. 辞职

员工辞职这种"退出"行为并不是因为他们有更多的选择，而是他们不能忍受雇主的态度和行为，以及雇主提供的工作条件。在这种情况下，辞职往往会成为回敬雇主和恢复自尊的最终行为。

5. 关闭工厂

关闭工厂是雇主最有力的武器。雇主通常把关闭工厂安排在工会准备罢工时。一开始，雇主暂时不会对工人提出要求，并声称这是不得已的行为。关闭工厂的主要目的是以少量损失避免产生重大损失甚至倒闭，同时通过解雇或者停职，断绝劳动者的工资来源，迫使劳动者完全屈服于管理者的权威。

6. 解雇

雇主与引起冲突的个别劳动者或者集体劳动争议中的劳动者代表解除劳动合同，以此作为报复。

7. 上黑名单

黑名单又叫黑表，是指雇主通过秘密调查，将一些不安分或有可能在劳资冲突中发挥主要或带头作用的劳动者秘密登记在一张表上，并暗中在本行业内扩散，导致上了名单的劳动者丧失被雇用的机会，在本行业内不能再被雇用。

四、冲突与合作的影响因素

（一）文化因素

从表面上看，劳动力市场状况的变化和工人的行为可以由文化因素来解释，它包括员工找到工作的价值观和信仰观，以及在工作期间对工作的态度和道德观等。换句话说，冲突是否出现，在很大程度上取决于工人对现实中自身所处地位的感受，以及工人对自身可以接受的行为的理解。如果员工在工作之前所处的文化较保守，提倡服从与尊重权威，并且如果工作岗位的文化氛围是员工对组织高度认同，敌视雇主和怠工会遭到其他员工的反对，那么冲突的程度就会降低。但如果工人处于一种"对抗性"的文化，将对管理方的敌视和挑战看作是可以理解的，并且对权威的服从和尊重是被其他员工所藐视的，那么就容易引发冲突。

（二）非文化因素的解释

文化因素不能完全解释冲突的变化。影响冲突变化的非文化因素很多，主要有以下几种。

（1）客观的工作环境。在文化因素相同的情况下，工作环境或多或少地存在着差异。员工工作的性质与条件会对冲突产生很大影响。例如，大型机器工业企业中的工人更能感受到来自管理方的异化压力，并更容易产生冲突行为。

(2) 管理方的管理政策与实践。如果工作中管理方的管理政策与实践是进步的，员工的满意度就会高些，工人的信任和认同感也会上升。

(3) 客观的经济环境和政府政策。例如，失业率与失业保险制度也会对冲突产生很重要的影响，因为它能够影响员工"被迫合作"的程度，以及工人对工作的态度和预期。

上述客观因素会通过影响工作环境的人际关系和文化氛围、双方的职业道德和心理契约，甚至通过影响社会的发展进程，间接影响冲突和合作的具体表现形式。当然，除了这些文化的和非文化发展进程，劳动关系双方具体的冲突或合作形式还具有很大程度的不确定性，要通过更加复杂的经济和社会运行机制来进行解释。

(三) 冲突和合作的根源与影响因素的关系

任何文化的客观因素都只能影响冲突和合作的程度与表现形式，而无法从根源上改变劳动关系的本质属性——冲突和合作的存在。通过根源与影响因素之间的比较，我们可以从以下两个方面有所收获。

(1) 人力资源管理的局限性。很多管理者为了保证工人的忠诚度和工作认同，采取了进步的人力资源策略，如设计更合理的工作程序、改善工作环境、建立协商与信息沟通机制等。这些策略确实起到了一定的积极作用，但是这些策略本身并不能消除冲突的根源，所以尽管管理方可以获得来自员工的忠诚与信任，但仍不能从根本上解决冲突。

(2) 工会及集体谈判制度的局限。工会是劳动者与管理方之间的人为屏障，并不是冲突产生的必要原因。无论工会是否建立，劳动者与管理方的冲突都会存在。尽管工会可能加剧了双方的冲突，但工会还是提供了一条解决冲突的渠道。工会参与的集体谈判和限制专权的程序是冲突有序解决的方法之一。因而工会既是问题的一部分，又是解决程序的途径。

第三节 劳动关系理论

引导案例

"996" 大讨论：奋斗与生活真的只能二选一吗

"996"的讨论席卷舆论场，从吐槽的员工到互联网巨头甚至科学家、学者，一场关于"奋斗"和"生活"、"工作"与"健康"的讨论，引发了人们的共鸣。

一方面是程序员们发起了"今天996，明天ICU"的反击战，一方面是996被一些老板捧成花儿。在最早进行"996·ICU"讨论的代码托管网站GitHub上，40余家企业被曝出实行"996"工作制。"996"早已成为互联网行业的"潜规则"。程序员们一边无奈加班，一边发出质疑："如果不对'996'加以抵制，等将来全民'996'的时候，谁又知道生活本来的滋味呢？"

2019 年 4 月 11 日，马云表示，能"996"是一种巨大的福气，很多人想"996"都没机会。不付出超越别人的努力和时间，怎么获得想要的成功？第二天夜间，他又在微博表示，任何公司不应该也不能强制员工"996"。不为 996 辩护，但向奋斗者致敬！刘强东也在朋友圈发文，分享了自己"8116＋8"的工作模式——早 8 时开始，工作到晚上 11 时，一周工作 6 天，周日工作 8 小时。与程序员们相比，许多企业家们高强度的工作已是家常便饭，甚至"711"(早 11 点到晚 11 点，每周工作 7 天)很常见。

资料来源："996"大讨论：奋斗与生活真的只能二选一吗？

http://www.xinhuanet.com/politics/2019-04/16/c_1124371149.htm

劳动关系理论研究，要从更广泛的角度考虑劳动关系赖以存在和发展的经济社会土壤，回顾经济社会思想史中关于劳动关系性质和发展方向的研究，探寻劳动关系发展的内在规律和线索。

一、早期的劳动关系理论

(一) 亚当·斯密与自由主义理论

自由资本主义时期，机器的广泛采用将千百万的手工业者排挤出生产过程，庞大的产业后备军使得资本家肆无忌惮地剥削和压榨劳动力，劳动关系问题成为一个"烫手的山芋"，影响着资本主义社会的协调与发展。亚当·斯密最早在理论上对此问题做出了回应。他在 1776 年出版的《国富论》中指出资本与劳动的价格应当由市场供求规则这一"看不见的手"来决定，国家只需采取自由放任的方针，无须去制约和限制资本与劳动的自由竞争。这种思想在早期的资本主义国家得到了充分的践行，政府只是充当"守夜人"角色，推崇不受管制和制度干预的放任自流的雇佣政策，甚至还与资方达成合谋，帮助资方过度攫取利润，协同其疯狂镇压劳工运动。

(二) 马克思与阶级斗争理论

马克思在空想社会主义理论与历史唯物主义世界观的基础之上，运用阶级分析方法，全面系统地揭示了资本主义劳动关系的内涵与实质。马克思认为它是两大阶级建立在生产资料私有制基础上的、通过雇佣劳动和剩余价值生产的形式表现出来的、赤裸裸的剥削与被剥削关系，是不可调和的阶级矛盾，劳资之间的"斗争是同工业资本的起源本身一起开始的"。《资本论》以大量的篇幅揭露了资本家敲骨吸髓式的剥削和工人阶级温饱未及的悲惨处境，主张工人要组织工会，进行集体谈判和罢工斗争以减少雇主剥削，最终用暴力革命来推翻资本主义制度。尽管阶级斗争理论产生在自由资本主义时期，具有一定的历史局限性，需要进一步的实践检验和理论创新，但不能否认的是，直到今天，该理论对分析世界各国的工人运动、劳资冲突和阶级矛盾仍然具有较强的指导意义。

(三) 涂尔干与工业主义理论

涂尔干认为社会是以所有成员的功能整合的方式发展的，秩序和进步代表着社会发展的主流，冲突和停滞仅仅是局部的问题，因此阶级冲突只是在"前工业社会"向"工业社会"的过渡过程中形成的一种短期表现或"病症"。一旦外部不公平减少，冲突就会自动消失，工人在工业化进程中遇到的大多数问题，也会自动终结，并被更加和谐的劳资关系取代。涂尔干乐观的态度和观点被20世纪很多学者所接受，到20世纪50至60年代，随着整个西方经济的繁荣，许多学者都认为，资本主义社会曾经出现的阶级冲突问题已经基本解决。

(四) 韦伯与官僚主义理论

在韦伯看来，官僚化的资本主义社会中，大规模的官僚组织盛行使权力不断集中在少数精英手中，以多种社会阶层和不同地位群体为代表的民主力量受到削弱，劳动者无法从工作中找到自我的个性、生活的意义和道德的目标。因此韦伯认为对人的主动性的忽视是官僚制最主要的缺点，人只能被动地接受事先被细致规划好了的规则和过程。但是另一方面，也正因如此，一切显得井然有序。同时在官僚制下，劳动者享有了较高的生活水平和工作保障，拥有较多的晋升机会，因此劳资冲突较为有限。现代观点认为，在当前高度变化和不确定的世界里，官僚制度已经过时，也已被更为柔性和自由的组织形式所取代。在新的组织形式下，劳动者的主动性和认同意识已是关键。

(五) 韦布夫妇与产业民主理论

作为费边社创始人的韦布夫妇，是第一次尝试对工会进行分析和科学研究的代表。他们将工会的作用概括为三个阶段：18世纪前行使行业垄断，维护熟练工匠的利益；18至19世纪根据劳动力市场的供求情况，与资方进行集体谈判；20世纪后通过劳工立法，保障工人基本的生活条件。他们将工会视为工业改革与产业民主的代理人，希望通过劳工运动把政治范围内的代议制民主原则扩大到产业范围中去，消除由于自由劳动力市场和个体工人交涉能力的不足而使产业工人处于仆从状态。产业民主理论在大多数西方国家发挥了巨大的理论效应，其工会运动与集体谈判的思想对于西方国家劳动关系协调机制的形成有着不可磨灭的影响。

早期的劳动关系理论，对于当时资本主义所处阶段的社会现实具有相当程度的解释力，并为后来劳动关系理论的发展与完善提供了很强的指导和借鉴意义，启发了此后各领域的学者对劳动关系问题的思考。

二、当代劳动关系理论：各学派的观点

西方学者从不同的立场、理念和对现象的认识出发，对劳动关系进行研究，得出了各不相同的结论，形成了比较有代表性的五大理论学派：新保守主义、管理主义、正统多元主义、自由改革主义、激进主义。

(一) 新保守主义

受亚当·斯密自由主义理论的影响，米尔顿·弗里德曼(1962)《资本主义与自由》、约翰·穆斯(1981)《英美背景》、乔治·吉尔德(1985)《财富与贫困》等著作相继出版，形成了新保守学派。该学派将市场化视为解决效率和公平两大问题的最佳途径，根据供求理论，认为劳动力市场从长远来看完全可以自我调整，其供求双方——劳方与资方由于具有经济理性，进行的是自由平等的交易，因此双方的力量将趋于均衡，不需要工会进行调整。工

会或劳工运动只会产生煽动矛盾和增加摩擦等副作用或反面影响。工会形成的垄断制度，还会阻碍管理方对员工行使处置权，令管理方处于劣势。

在奉行新保守主义思想的国家中，以美国模式最为典型，加拿大和爱尔兰的主流思想也是新保守主义思想。在发达国家中，美国的劳动法律体系虽然比较完善，但功能较弱。雇员也相信并遵从"意思自治，选择自由"的理念，只要雇主不违反国家制定的反歧视法或劳动法，就可以在任何时候、以任何理由合法地解雇雇员，而无须提前通知，也无须支付解雇补偿费。由此许多人认为美国正在走向后契约式的就业模式。在这种模式下，雇主与雇员利益的一致程度很低，雇主很少向雇员提供培训机会，工作保障程度较低。雇员对雇主也没有归属感，仅仅是对经济激励做出反应。美国工会的组建率较低。根据美国劳工部的数据，截至 2018 年，工会组建率为 10.5%，工会会员人数是 1474 万。其中公共部门的会员率尚有 33.9%，而私营部门的会员率已经下滑到 6.4%，公共部门员工加入工会的比例大约是私营部门员工的 5 倍之多；从事社会保护性服务的职业，以及教育、培训和图书馆职业的劳工，加入工会的比例最高；黑人比白人、亚裔和西班牙裔的工人，加入工会的比例要高；男性的会员率高于女性；纽约州以 23.8% 的会员率高居榜首。另外，美国的罢工发生率也低于加拿大等其他国家。一些学者认为，这反映了美国的低工会密度和低罢工力量，低罢工率反映的不是相互满意的关系，而是被压抑的劳动关系。事实上，美国的劳资关系是发达国家中最对立的，其主要原因是美国劳动法体系作用较弱，雇主很容易隔离和瓦解一个已经成立的工会，因而形成雇主和雇员对立的环境。所以，罢工率虽然并不高，但仍能说明美国劳资关系的对立。不过调查显示，美国是世界上人均国内生产总值最高的国家，而且失业率相对较低。如果新保守主义政策可以带来像美国那样的经济绩效，那么，在全球推行这一政策会受到大多数人的欢迎。

(二) 管理主义

由涂尔干的工业主义理论发展出的管理主义学派，其代表人物与著作主要有：弗雷德里克·泰罗(1911)《科学管理原理》、彼得·德鲁克(1947)《有效的管理者》、赫伯特·A.西蒙(1977)《管理决策的新科学》等。该学派主要从人力资源管理的角度研究劳动关系问题，其基本理论假设是，劳资双方都希望企业不断发展，因此本质上并不存在固有的矛盾，他们之间局部的利益冲突，只是源于雇员对自己被管理的从属地位感到不满。该学派强调劳资合作与员工忠诚，希望通过加强企业人力资源的开发管理来代替工会的作用。该学派一方面建议建立管理方和员工之间相互信任、员工对组织高度认同的管理模式；另一方面对工会的态度模糊，在反对工会的同时又主张与工会建立合作关系。不过总的来看，该学派还是建议减少工会会员数量，直至取消工会。

自 20 世纪 70 年代后期起，日本劳动关系模式成为该学派主张的典范，直到 90 年代日本经济发展遇到困难，这一模式的影响力才开始变弱。近年来，英国劳动关系的改革也在朝该学派的方向发展。

终身雇佣、年功序列、企业工会是日本劳动关系的突出特点。日本模式的产生与其社会文化传统和价值观念、信仰有关。在日本，企业更像"家族"，雇员被当成企业终身的成员，雇主愿意对其进行投资，并提供长期的就业和工作保障。工会以企业为基础，具有明显的企业工会主义特征，在企业中发挥着高度合作的作用。在日本每年 3 月举行的"春斗"

中，谈判双方之间没有那么直接对立，而且不太容易引起罢工。管理主义认为，这种和谐劳动关系产生的原因是，管理者自身也处于与雇员同样的薪酬支付体系之中，相对而言，他们不那么容易压低雇员工资；此外，因为雇员被认为是企业的成员，更有义务维持企业的长期发展，因此他们也愿意接受相对较低的工资增长率。

与管理主义主张比较接近的还有英国模式。英国在 20 世纪八九十年代推行了强硬的新保守主义政策，但在 1997 年，随着托尼·布莱尔领导的新工党上台，政策开始发生变化，其中比较著名的改革是 1999 年对劳动法的修改。这一改革规定了工会要取得集体谈判资格，不仅要在谈判单位中获得多数支持，还要遵循法律上的"承认"程序。新法律对集体谈判的内容也做了限制性规定，仅限于对工资、福利和休假进行谈判，在罢工持续 8 周以上时，雇主可以依法雇用永久性替代工人。同时规定，雇员个人也可以在集体谈判协议基础上与雇主进行个别协商，签订劳动合同。英国劳动法的改革是建立在管理主义"效率与公平完全和谐"的假设基础之上的，其宗旨是在工作场所建立一种新型伙伴关系，鼓励劳资双方进行合作。新法律规定雇主必须每 6 个月至少与工会领导会面一次，商讨有关培训等事宜，如果雇主没有按期举行这样的会议，将被处以高额罚款。

(三) 正统多元主义

韦伯的官僚主义理论演化出正统多元学派和自由改革主义学派。正统多元学派包括了约翰·R.康芒斯(1934)《制度经济学》、约翰·K.加尔布雷斯(1973)《经济学和公共目标》、D.C.诺思(1981)《经济史中的结构与变迁》等经典之作，该学派追求以工会、劳动法律制度为代表的公平和以市场为代表的效率之间的均衡，认为员工个人几乎没有什么力量能与雇主抗衡，因此需要联合起来形成强大的工会，以集体谈判抵制雇主的专横和某些不合理行为。该学派指出尽管雇主与员工之间的共同利益是主要的，但依然有冲突，冲突的根源在于"公平"和"效率"这两个目标之间的矛盾，解决的方法是通过各种渠道将冲突转化为可以控制的、劳资双方共同遵守的规则，这将产生一种有利于组织发展的积极力量。

德国是实施正统多元主义政策最典型的国家，德国模式也是该学派最推崇的现实模式。德国模式的特色是强势劳动法、员工参与制度、工厂委员会制度，政府为工会提供信息、咨询服务和共同决策权等制度。集体谈判主要在产业级别上进行，雇主可以自愿通过雇主协会同工会在产业层面上谈判，冲突的协商也不在工作岗位层面上进行。工会在产业层面上的集体谈判和协商，要比工厂委员会在企业层面上更能发挥作用。而且，通过谈判达成的协议即使在覆盖绝大多数工人的情况下，也不要求工人必须参加工会和缴纳会费。因而，德国工会在产业层面上具有相当强的调整劳动关系的能力。集体谈判的覆盖面很广，10 个工人中会有 8 个被集体谈判签订的协议覆盖。德国罢工活动非常少，反映了德国的工会已经整合到德国的体制中，成为社会经济结构的一部分。集中化的集体谈判结构、工厂委员会及工人代表参与管理委员会制度，为冲突的显性化提供了另外的道路，避免了冲突的加剧。所以，与罢工率同样很低的美国相比，德国的低罢工率非但不是一个不良表现，反而是一个制度运行良好的信号。

(四) 自由改革主义

自由改革主义学派通过约翰·L.希克斯(1939)《价值与资本》、保罗·A.萨缪尔森(1947)

《经济分析的基础》、阿瑟·奥肯(1975)《平等与效率》等一系列著作，强调了产业民主和工人自治，认为现实中雇主往往凭借特殊权力处于组织中的主导地位，现存的劳动法和就业促进法还不能为员工提供足够的权利保护。该学派提出"结构不公平"理论，将经济部门划分为核心和边缘两种类型。核心部门是指规模较大、资本密集且在产品市场上居于主导地位的厂商；边缘部门则是规模较小、劳动密集且竞争性更强的厂商。在核心部门中，工会难以战胜强大的资方，作用发挥极为有限；而边缘部门雇员的工作更不稳定，更易遭受裁员等风险，因此更需要工会帮助，但这些部门的工会却是最无效的。因此，为了解决员工受到的不平等和不公正待遇问题，只有寄希望于政府，让政府更多地干预劳动力市场，加强对弱势劳工群体的保护。

瑞典模式是自由改革主义最具代表性的实例。瑞典是世界上最著名的社会福利国家之一，在传统上遵循积极的劳动力市场政策，被临时解雇的工人将享有不错的失业福利(相当于失业前收入的 80%)，主要用于为再培训计划以及再培训之后寻找新工作提供补助。瑞典工会在国家政策和管理方面的影响力很大，与福利社会有密切的联系，对失业保险体系的管理负有主要责任。在集体谈判方面，瑞典于 20 世纪 90 年代早期结束了传统的集中化集体谈判模式。如今，集体谈判很大程度上是在产业层面上进行的，允许有更大的变更，谈判在各部门之间显示出高度的协调性。另外，在瑞典任何工人团体都可以自由组成工会，其协议自动覆盖该工会所在的产业，工会的这些权力无须像北美那样要经过法定的"承认"程序。

(五) 激进主义

马克思的阶级斗争理论发展出以建立雇员所有制为目标的激进学派，保罗·巴兰(1957)《增长的政治经济学》、霍华德·谢尔曼(1972)《激进政治经济学》、杰弗·霍奇森(1982)《资本主义、价值和剥削》等是其代表作。该学派认为权利和财富的不平等根植于资本主义的经济体系，因此劳方利益与资方利益是完全对立的，劳资之间的矛盾是工作场所固有的和内生的。工人要想获得真正公正合理的利益，必须直接成为企业的管理者和所有者，既能参与决策和利润分成，又能占有生产资料。在如何建立体制方面，该学派没有延续马克思的社会革命思想，而是主张采用一般改良的方法，认为只要资本主义经济体系不发生变化，工会的作用就非常有限，尽管它可能使工人的待遇得到某些改善，但这些改善相对于资本的力量而言是微不足道的。

在实践模式上，激进主义面临的主要问题是：用何种社会制度来代替资本主义制度，以及如何完善这种新制度。该学派的主要倾向是建立雇员集体所有制。前南斯拉夫建立的工人自治制度、瑞典的梅得尔计划，以及直到今天仍很成功的西班牙巴斯克地区的蒙作根体系，曾受到该学派的特别关注。

蒙作根这种合作性质的经济体系显示了很强的财务绩效，同时对工业民主及其成员的工作保障具有积极作用。然而，蒙作根体系在近年也出现了许多问题。其中之一就是如何吸引和留住技术工人，因为该体系奉行高度平均主义的政策，技术工人的工资低于私营企业相应的工资水平，因而针对工资制度进行过多次改革。另外，随着该体系的发展，出现了一些是雇员但不是企业所有者的雇佣关系(即雇员集体所有制)，甚至在某些情况下还包含传统的私营所有制企业的成分。现在的问题是，不能确认如果该体系照搬到其他国家能否成功，也不能确认巴斯克地区是不是适合这一学派政策条件的唯一地区。另外一个问题是，它是否真的具有社会主义性质，或者仅仅是在给予工人少量权力的情况下为经济发展服务的成功方法。无论如何，蒙作根体系说明了在该体系得到其自身的金融和教育制度支持时，雇员所有制所具有的潜在效益。激进主义认为该体系是未来劳动关系的发展道路，但不大可能作为现阶段的实际选择。

西方劳动关系学派的理论和观点反映了不同群体和个人对劳动关系的评判及其根深蒂固的价值观和理念。这些学派都承认劳动关系双方之间存在目标和利益差异，但在以下方面存在区别：

(1) 对雇员和管理方之间的目标和利益差异的重要程度、认识各不相同；

(2) 在市场经济中，对这些差异带来的问题提出了不同的解决方案；

(3) 对双方的力量分布和冲突的作用持不同看法，尤其是对冲突在劳动关系中的重要程度，以及雇员内在力量相对于管理方是否存在明显劣势这两个问题存在明显分歧；

(4) 在工会的作用，以及当前体系所需的改进等方面各执一词。

20 世纪 80 年代以后，由于各个国家劳动关系问题的严峻性有所降低，基本上以对话和妥协为主，劳资冲突的数量大大减少；全球化造成产业结构和工人队伍结构发生了深刻的变化，工会力量无可挽回地衰落了；企业雇佣方式多元化态势愈发明显，各种非典型雇佣方式因为能降低企业成本而得到大规模采用。这些因素使劳动关系研究进入一个新的时期。

思 考 题

1. 试述劳动关系的特征。
2. 简述劳动关系的实质。
3. 试述冲突与合作的影响因素。
4. 试述无固定期限劳动合同的签订条件。
5. 试述劳动关系各学派的观点。

第二章　劳动关系的主体

　　劳动关系主体是指劳动关系中劳动力的所有者和劳动力的使用者，即拥有劳动力的雇员(劳动者)和使用劳动力的雇主(用人单位)。其中，劳动者也称劳动主体，用人单位亦称用人主体。从狭义上讲，劳动关系的主体包括两方：一方是雇员以及以工会为主要形式的雇员团体，另一方是雇主以及雇主协会。从广义上讲，劳动关系的主体还包括政府。在劳动关系发展过程中，政府通过立法介入和影响劳动关系，其调整、监督和干预作用不断增强，因而政府也是广义的劳动关系的主体。

第一节　工　　会

引导案例

工会主席被解雇　法院：须经上级工会同意

　　2014年8月16日，某公司与陈某签订劳动合同，约定公司聘请陈某担任行政人事经理及与此相关附带工作，工作时间按公司考勤制度执行。该公司员工手册规定，正常上班时间为周一至周六，无故不上班或不上班又不请假及无故不打卡者，作旷工处理，员工存在一个月累计旷工达3天或一年累计达10天的，予以解除劳动合同。

　　陈某作为公司行政人事经理，工作内容包括制定行政管理各项规章制度，建立文件使用管理办法，负责草拟、审查和修改公司文件。自2016年起至公司与陈某解除劳动合同，其间陈某一直担任公司工会委员会主席。2019年9月20日，公司向陈某发出解除劳动关系通知书，以陈某多次迟到、旷工及存在其他违反规章制度情形为由，决定于2019年9月22日起与陈某解除劳动关系。

　　2019年10月21日，陈某申请劳动仲裁，请求公司支付陈某违法解除劳动合同赔偿金67 672元、加班费24 538元及未休年休假工资差额2828元。常州市钟楼区劳动人事争议仲裁委员会裁决该公司支付陈某赔偿金67 672元及加班工资差额2767元，不予支持陈某其他仲裁请求。陈某、公司均不服，起诉至法院。

　　法院认为，陈某作为公司行政人事经理及工会主席，其工作职责包括制定行政管理各项规章制度，建立文件使用管理办法，负责草拟、审查和修改公司文件。即便公司未提供员工手册民主制定程序的相关证据，也系其失职所致，其不能因其自身工作失职而获益，故员工手册在本案中可以作为公司解除与陈某之间劳动合同所依据的规章制度。公司可以依据上述规章制度解除劳动合同，但应履行相应程序。公司虽然于 2019 年 11 月 19 日出具证明称其履行了通知程序，但应当事先书面征得本级和上一级工会同意，公司并未提供证据证明其解除与陈某之间的劳动合同得到上级工会的同意，属于违法解除。

最终，法院判决公司向陈某支付赔偿金 67 672 元、加班工资差额 2936 元。一审宣判后，各方当事人在法定期间均未提出上诉，一审判决已经发生法律效力。

资料来源：工会主席被解雇法院：须经上级工会同意
https://news.sina.com.cn/minsheng/2021-06-08/doc-ikqcfnaz9758358.shtml

工会以一种独特的社会组织形式出现在人类历史舞台上，它同其他任何社会组织一样，在特定的社会历史条件下产生和发展。工会组织由劳动者自发自愿结合而成，通过集体谈判维持并改善劳动条件与生活状况，并保障劳动者本身权益以及整个社会利益。

一、工会的内涵

在工会及工人运动的发展史上，工会是市场经济体制下劳动关系矛盾运行的产物，因为其特定的背景，常常被赋予不同的含义。最经典且最经常被引用的工会定义是西德尼·韦布与比阿特丽斯·韦布(1920)在《工会史》中做出的：那些挣工资的人为了维持或改善他们的工作条件而建立的一种持续的联系；所谓的持续的联系，意味着一种长久的状态。而艾伦·弗兰德斯认为：工会所一直坚持的基本社会目标就是参与工作的管理，但参与本身并不是最终目的，它只是提供了一种使员工能够在更大程度上控制他们工作与生活的手段。

从法律层面上，各个国家对工会也给出了不同的定义。英国在 1992 年提出的《工会和劳资关系法案》中把工会定义为：一个拥有全部或部分员工的、以管理员工与雇主或雇主联合会之间的关系为主要目标的组织。法律更进一步要求对这些组织进行认证，然后才允许这些组织成为工会。我国 2021 年第三次修正后的《中华人民共和国工会法》(以下简称《工会法》)第二条明确指出："工会是中国共产党领导的职工自愿结合的工人阶级群众组织，是中国共产党联系职工群众的桥梁和纽带。中华全国总工会及其各工会组织代表职工的利益，依法维护职工的合法权益。"

综上所述，工会是职工自愿结合的群众组织，主要通过集体谈判方式代表职工在工作场所以及在整个社会中的利益。对工会概念的理解主要应把握以下四点：

第一，工会是劳动关系矛盾冲突的产物。一无所有的劳动者为了与资本的力量相抗衡而组织起来，于是就形成了工会。因此工会的存在就是为了平衡劳动关系双方的力量，协调双方的关系，并使劳动关系冲突的解决走向制度化。

第二，工会是由雇员自愿结合而成的。劳动者可以自主地建立或选择某个工会作为自己的代表。

第三，工会以维护雇员的利益以及整个社会的利益为主要职能。其首要职能便是为会员谋求工资、就业、劳动保护等经济利益，同时通过集体谈判、民主参与管理等途径促进劳动者的民主权利，实现民主政治利益。

第四，工会以集体谈判为实现形式。集体谈判是工会谋取雇员利益的基本手段，是劳动者一方集体劳动关系的核心运行机制。

二、工会的类型

工会的组织结构是指工会组织构成以及组建的形式和原则。根据不同的工会组织结构，可以将工会划分为四种类型。

(一) 职业工会

职业工会是将具有某种特殊技能、从事某种特殊职业的所有雇员组织起来的工会，它不考虑这些雇员所处的行业。这样就出现了一个企业中可以有几个不同的职业工会，或一个职业工会中包括不同企业的工人的情况。在这种组织原则下，雇员所从事的工作以及他们在工作等级中所处的位置就构成了他们团结在一起的内在力量，即共同利益。由于职业工会的成员广泛分布于许多行业，因此它具有明显的横向特征。职业工会可分为以下几种：

(1) 同行工会。同行工会是最早的工会组织形式，具有很强的内部一致性。这种一致性一方面源于对加入工会者所从事职业的控制，另一方面源于它对工会会员有特殊的技能要求。同行工会以那些未受过学徒训练且属于体力劳动者的技术工人为吸收对象，这些技术工人的技术是在从业过程中摸索得到的，他们沿着内部晋升路线从最低技术等级上升到最高技术等级。正是这种共同的晋升经历构成了技术工人组建工会的初始动力。

(2) 半技术与非技术工人工会。19 世纪末出现的新工会主义主张将没有加入技术工人工会的半技术及非技术工人组织起来建立工会。后来，这些工会有的合并成为总工会的核心，有的则与同一行业的技术工人工会合并成为行业工会。

(3) 白领工会。由于这类工会所招募的会员对象的工作领域被限定为白领的工作领域，因此它可以被划入职业协会之列。

(二) 企业工会

企业工会是依企业原则形成的工会，以企业为单位将企业内所有的会员都组织在一个工会内，并且它享有组织和活动的完全自主权。

(三) 行业工会

行业工会是将某一特定行业中从事工作的所有工人都组织起来的工会，而不考虑这些雇员的技术、技能以及所从事的职业。由于行业工会力图吸纳全行业各阶层的劳动者，因此它具有明显的纵向特征。行业工会又分为垄断性行业工会和单一性行业工会。

(1) 垄断性行业工会。这种工会把一个行业中的所有雇员都吸收进来，从而在劳动力市场上形成垄断力量。垄断性行业工会尤其适合以下两种场合：① 生产或服务过程需要特殊知识和技能，而且这些技术和技能专属于某个特定行业，不容易向其他行业扩散或转移；② 生产或服务过程构成了一个特殊的工作环境，使本行业雇员与其他行业雇员相隔离。

(2) 单一性行业工会。这种工会虽然也把会员的募集范围限定在某一特定行业，但并没有把本行业的所有雇员都吸收进来。

(四) 总工会

它是在职业工会或行业工会的基础上经过合并逐渐形成的，其组织原则就是对会员募集不加任何限制，既不考虑职业因素，也不考虑行业因素，从而体现了对职业工会和行业工会分化现象的一种修正。

三、工会组织的职能

由于社会主义市场经济体制的改革，我国劳动关系已经发生了极其深刻的变化。工会的全部工作及其职能的调整必须适应市场经济条件下劳动关系变化的新形势。根据《工会法》的规定和维护劳动者合法权益的实践，工会的职能具体表现在以下方面。

(一) 维护职工合法权益的职能

《工会法》明确规定，维护职工合法权益是工会的基本职责，是工会的首要职能。《工会法》第六条规定："维护职工合法权益、竭诚服务职工群众是工会的基本职责。工会在维护全国人民总体利益的同时，代表和维护职工的合法权益。工会通过平等协商和集体合同制度等，推动健全劳动关系协调机制，维护职工劳动权益，构建和谐劳动关系。工会依照法律规定通过职工代表大会或者其他形式，组织职工参与本单位的民主选举、民主协商、民主决策、民主管理和民主监督。工会建立联系广泛、服务职工的工会工作体系，密切联系职工，听取和反映职工的意见和要求，关心职工的生活，帮助职工解决困难，全心全意为职工服务。"

(二) 建设职能

《工会法》第七条规定："工会动员和组织职工积极参加经济建设，努力完成生产任务和工作任务。"工会的建设职能，就是工会吸引职工群众积极参加改革，吸引职工群众参加经济建设，充分发挥广大职工在改革和发展中的作用，促进生产力的发展。这是从根本上维护了职工群众的长远利益。

(三) 参与职能

工会的参与职能是工会代表和组织职工参与国家和社会事务的管理，组织职工参与本企业的民主管理的职能。《工会法》第五条规定："工会组织和教育职工依照宪法和法律的规定行使民主权利，发挥国家主人翁的作用，通过各种途径和形式，参与管理国家事务、管理经济和文化事业、管理社会事务；协助人民政府开展工作，维护工人阶级领导的、以工农联盟为基础的人民民主专政的社会主义国家政权。"

(四) 教育职能

《工会法》第七条规定："教育职工不断提高思想道德、技术业务和科学文化素质，建设有理想、有道德、有文化、有纪律的职工队伍。"第八条规定："工会推动产业工人队伍建设改革，提高产业工人队伍整体素质，发挥产业工人骨干作用，维护产业工人合法权益，保障产业工人主人翁地位，造就一支有理想守信念、懂技术会创新、敢担当讲奉献的宏大产业工人队伍。"

四、工会组织建设的法律保障

工会组织在劳动关系调整控制中发挥着极其重要的作用，也是保障劳动力市场有序竞争最重要的制度结构安排之一。为保障工会依法履行职责，应发展和强化工会组织的建设，强化工会组织建设的法律保障。

(一) 组织建设保障

《工会法》规定，上级工会可以派员帮助和指导企业职工组建工会，任何单位和个人不得阻挠。任何组织和个人不得随意撤销、合并工会组织。用人单位有会员二十五人以上的，应当建立基层工会委员会；不足二十五人的，可以单独建立基层工会委员会，也可以由两个以上单位的会员联合建立基层工会委员会，也可以选举组织员一人，组织会员开展活动。职工二百人以上的企业、事业单位、社会组织的工会，可以设专职工会主席。工会专职工作人员的人数由工会与企业、事业单位、社会组织协商确定。

(二) 工会干部保护

为使工会维护职工合法权益得到落实，必须强化对工会干部的保护力度。《工会法》规定，工会主席、副主席任期未满时，不得随意调动其工作。因工作需要调动时，应当征得本级工会委员会和上一级工会的同意。罢免工会主席、副主席必须召开会员大会或者会员代表大会讨论，非经会员大会全体会员或者会员代表大会全体代表过半数通过，不得罢免。基层工会专职主席、副主席或者委员自任职之日起，其劳动合同期限自动延长，延长期限相当于其任职期间；非专职主席、副主席或者委员自任职之日起，其尚未履行的劳动合同期限短于任期的，劳动合同期限自动延长至任期期满。

(三) 工会经费保障

《工会法》规定，建立工会组织的用人单位按每月全部职工工资总额的百分之二向工会拨缴经费；拨缴的经费在税前列支。工会经费主要用于为职工服务和工会活动。企业、事业单位、社会组织无正当理由拖延或者拒不拨缴工会经费的，基层工会或者上级工会可以向当地人民法院申请支付令；拒不执行支付令的，工会可以依法申请人民法院强制执行。

第二节 雇主与雇主组织

引导案例

一年休息 140 天、收入超 7000、加班可耻……打工人的"梦中情司"胖东来

面对竞争日益激烈的职场，打工人面临的不仅有 996 这样的"生理考验"，还有诸如职场 PUA、精神内耗等"精神难题"，完美的职场究竟是什么样的？

河南企业胖东来似乎成为中国职场界的"桃花源"："员工不想上班，请假不允许不批假""一天只需要工作 7 小时""员工每年休假 140 天"……

胖东来的职场硬币：福利待遇超同行，但惩罚制度也不少。

随着董事长于东来的一篇讲话内容曝光，胖东来再一次因为童话般的员工福利成为所有中国人心目中的"梦中情司"。

据胖东来商贸集团微信公众号，2023 年 11 月 25 日上午，胖东来创始人于东来在分享会上表示："现在胖东来上班时间是 7 个小时，每周要按 8 个小时工作制来算，其实我们的上班时间是实现双休了，双休是 104 天，我们有年休假 30 天到 40 天，再加上春节 5 天闭店休息，我们的休假基本上就在 140 天了。另外，胖东来的管理层已经实现 190 天的休假了，而且收入也不低，就像中层管理层配的都是奔驰，高管都配了 300 多万的车。"

在互联网企业不断卷工作时长的时候，胖东来每天只需要上班 7 小时，而超 140 天的年假则更让人羡慕，这几乎相当于一年只上 7 个月的班。这种工作时长的节制与董事长于东来本人的工作理念息息相关，他明确地表示"加班可耻"，告诉员工"应该学会享受生活，人生不能只剩下赚钱"，要求员工"每周最多工作四十小时，到点下班必须离开公司"，如若加班，罚款 5000。

除了假期之外，胖东来员工的收入在当地也是"遥遥领先"。据于东来分享会内容，胖东来员工平均工资超 6500 元，"截止到上个月，我们的员工收入基本上在 7000 以上了，平均最低的可能 6500 元，高的就像天使城上个月工资都拿了 8400 元了，而且这还不是最好的部门，最好的部门比这个还高。"

但世界上大多数事情都像硬币一样具有两面性，福利待遇都属于当地"顶配"的胖东来门槛并不低。据时代财经报道，2022 年以来，胖东来的招聘要求也有所提高，其 2022 年年初发布的线上运营岗位，及此前多个岗位招聘多要求中专、大专及以上学历。但从 2022 年 10 月开始，胖东来陆续发布新媒体视频编辑、企划员、超市理货员等岗位，均要求本科及以上学历。

此外，也有员工称，胖东来对员工要求严格。据 Tech 星球报道，有员工提到，胖东来虽然福利待遇好，但公司对员工要求也比较严格，有专门的员工手册，员工行为规范需要符合标准，比如员工之间不让闲聊、接电话需回避顾客等。此外，胖东来的惩罚制度很多，一旦行为不规范或违规将面临扣分、罚款等惩罚，小问题扣分、大问题罚款，通常罚款金额在 10～500 元不等，严重就会被辞退。

资料来源：一年休息 140 天、收入超 7000、加班可耻……打工人的"梦中情司"胖东来为什么不离开河南？

https://mp.weixin.qq.com/s?__biz=MzU2MDQwOTc2Mw==&mid=2247565706&idx=1&sn=
63df627cd3911d627ff1f2aa51eacb56

和谐的劳动关系是社会稳定、经济发展的保障，雇主作为劳动关系的主体之一，在促进企业的发展、加快经济建设、改善劳动关系、稳定社会秩序等方面都发挥着重要作用。

一、雇主的含义

雇主是指一个组织中，雇用雇员进行有组织、有目的的活动，且向雇员支付工资报酬的法人或自然人。西方国家在工业化发展的过程中，企业领导制度经历了从"企业主经营管理制"到"经理经营管理制"的转变过程，相应地，雇主的主体也随之改变。"雇主"一词在不同历史时期也表现出不同的内涵。18 世纪，雇主主要指资本家，当时正处于工业社会发展初期，企业规模小，生产力水平低、技术简单，资本家既是投资者也是经营者，企业所有者凭经验直接管理企业，集财产所有权、决策权、监督权、管理权于一身，资本家与雇主的概念重合。19 世纪中期之后，随着资本原始积累的增加，企业规模有了较快的发展，企业的权力结构发生了重大变化，企业所有权与管理权开始分离，产生了受雇于资本家的经理阶层。这时的资本家仅仅通过所有权管理企业，具体的经营管理职能则由职业经理人行使，由经理人员雇佣工人进行生产劳动，这时雇主就由原来的资本家变成了职业经理人。职业经理人经营管理企业，行使雇佣工人的权力，实际扮演着雇主的角色，雇主不再等于资本家。特别是随着公司制度的实行，企业的投资者主要通过行使股权对企业施加影响，而雇佣员工、管理员工、分配工资的实际权力是由经营者来行使的，经营者才是名副其实的雇主。

在《劳动法》《劳动合同法》中，对劳动力使用者用"用人单位"这一概念进行表述。中国的劳动法并非按照雇佣关系的一般规律进行法律规制，没有在法律上确立雇主的客观存在，取而代之的是对"用人单位"的制度约束。根据劳动法规的规定，用人单位包括：

(1) 企业，包括各种所有制性质、各种组织形式的企业；

(2) 个体经济组织，仅限于个体工商户；

(3) 国家机关，既包括国家的权力机关也包括国家的执政党机关；

(4) 事业组织，包括文化、教育、卫生、科研等各种非营利性单位；

(5) 社会团体，包括各个行业的协会、学会、联合会、研究会、基金会、商会等民间组织。

由此可见，雇主是指在具体劳动关系中与劳动者相对应的另一方。如果说劳动关系作为劳动者与生产资料结合的具体形式，那么，雇主在劳动关系中即是生产资料的代表。据此，劳动关系中的雇主可以界定为，在现代劳动关系中，代表资方从事管理和处理事务，并向雇员支付工作报酬的法人和自然人。

二、雇主组织的含义和特征

随着社会经济的发展，在雇主阶层逐渐扩大的同时，雇员阶层也渐渐要求更高的权利，成立了工会组织，与雇主之间的关系逐步激化。为了平衡与工会之间的力量对比，对抗工会对资方的冲击，西方很多国家纷纷成立了雇主组织。雇主组织的目标是，在社会和劳动领域代表、维护雇主利益，促进企业的自主发展。

(一) 雇主组织的含义

雇主组织是指由雇主依法组成的，旨在代表、维护雇主利益，并努力调整雇主与雇员以及雇主与工会之间关系的团体组织。其目的是通过一定的组织形式，使单个雇主形成一种群体力量，在产业和社会层面通过这种群体优势同工会组织抗衡，最终促进并维护每个雇主成员的具体利益。

国外的雇主组织多数是以协会的形式存在，有两种主要的协会组织：行业协会和雇主协会。行业协会是由经济利益结成的组织演变而成的，多数欧洲国家称这种组织为"经济组织"。这种行业协会主要负责行业规范、税收政策、本行业营销定价与技术革新等事务，并不处理劳动关系。通常所说的雇主组织是指另外一种雇主协会。这种雇主协会是由劳资关系而结成的组织演变而来的，被称为"社会组织"，主要负责处理劳资关系各个方面的事务，其中与工会协商劳资关系是其主要工作。而大部分的雇主组织既具有雇主组织的功能，又兼具行业协会的功能；既处理劳动关系，也负责本行业的生产事务。

（二）雇主组织的特征

尽管各国雇主组织的形式不尽相同，但是一般来说，雇主组织都具有以下特征：

（1）雇主组织必须由一定数量的雇主组成，并具有相当的代表性，但是对于雇主组织成员的数量，各国的规定存在区别。

（2）雇主组织必须由雇主自愿加入。

（3）雇主组织具有法人资格，是独立于雇主之外的主体，并实行独立核算，依靠为雇主服务取得服务性收入。

（4）雇主组织机构主要为会员大会和理事会，前者决定重大事项，后者处理日常事务。

（5）雇主组织的活动宗旨是维护所代表的雇主在劳动关系中的利益，不得有政治目的。

（6）雇主组织不得从事反工会活动，不得制造困难阻止雇员加入工会或参加工会活动，不得干涉工会事务，不得破坏工会组织的罢工，不得拒绝按规定程序与工会进行集体谈判或阻碍集体谈判的正常进行。

（7）雇主组织负有协调劳资关系的法定职责。

（8）雇主组织会员有缴纳会费的义务。

（9）雇主组织内部组织机构及其活动方式可以自行确定。

三、雇主组织的类型

雇主组织的层级不同决定了雇主组织的规模和主要职责任务不同。按照雇主组织的层级，可以分为以下几种。

（一）行业协会

行业协会是由某一行业组成的、单一的全国性组织。很多国家将这种组织视为"经济"组织，因为这种行业协会不处理劳动关系，而主要负责行业规范、税务政策、产品标准化等事宜。但在其他一些国家，行业协会作为地区和国家级雇主组织的中间环节，直接参与劳资谈判，确定行业性的集体协议框架。例如，中国电力企业联合会是中国电力企事业单位和电力行业性组织自愿参加的自律性的全国性行业协会组织，是非营利的社会团体法人。

（二）地区协会

地区协会是由某一地区的多种企业组成的地区性组织，代表该地区雇主的共同利益。这种协会一般与全国性雇主协会一样负责处理劳动关系等涉及雇主利益的事宜。在我国，广州市企业协会、广州市企业家协会分别成立于1984年和1985年，以广州地区各类企事业单位、企业家和管理工作者为主体，与有关专家、学者、新闻工作者自愿联合组成，经广州市政府批准，是在社团登记管理机关核准登记的具有法人资格的非营利社会团体。

(三) 国家级雇主协会

国家级雇主协会是由全国行业和地区雇主协会组成的，也是人们通常所说的国家级雇主组织。它主要负责处理劳资关系各个方面的事务，包括工会的管理，劳工政策，参与劳动立法、行政管理和仲裁，其中与工会协商劳资关系是其主要工作。

在我国，中国企业联合会(简称中国企联)是以企业、企业家(企业经营管理者)为主体，有专家、学者、新闻工作者参加的，为推进企业改革和发展，提高企业经营管理水平，沟通企业与政府的联系，维护企业和企业家合法权益的全国性社团法人组织。目前，中国企联拥有省、自治区、直辖市企业团体40个，全国性企业团体30个，主要工业城市企业团体220个，共同发起组建单位6个，会员企业54.5万家，下设企业管理宣传工厂委员会、维护企业和企业家合法权益工厂委员会、企业信息工厂委员会、咨询管理委员会等八个分支组织，已经形成了全国性的组织体系。作为中国雇主组织的代表，中国企联参与国家协调劳动关系三方机制的建设、国际劳工大会及国际劳工组织的各项活动。

中华全国工商业联合会(简称工商联)是以非公有制企业和非公有制经济人士为主体的人民团体和商会组织。工商联参与协调劳动关系的职能主要表现为：代表非公企业参与协调劳动关系三方会议，共同推动劳动关系立法和劳动关系协调机制建设，共同研究解决劳动关系中的重大问题和参与劳动争议调解、仲裁；引导非公有制企业依法与工会就职工工资、生活福利、社会保险等涉及职工切身利益问题进行平等协商，签订集体合同；协调处理投资者利益和劳动者权益的关系，引导非公有制企业建立和谐劳动关系，积极创造就业岗位，严格遵守国家相关法律法规和政策措施，尊重和维护员工合法权益，依法建立工会组织，开展工会活动。

四、雇主组织的作用

雇主组织的作用发挥是由其成员的需求所决定的，而雇主的需求则取决于一国的经济形势以及企业的发展方向和目标。随着经济全球化的发展以及商业竞争环境的日益激烈，雇主组织在协调劳动关系方面发挥着越来越重要的作用，其主要的作用可以表现在以下几个方面。

(一) 协调劳动关系

协调劳动关系的目的是通过和谐、稳定的社会关系促进经济发展。劳动关系反映社会中的利益结构，强调此系统的主要参与者，即工人、雇主和国家的利益关系，并通过合作的方式进行协商和谈判。当劳资双方对全国性或地区性集体协议的解释出现分歧，而企业的内部申诉体制又无法解决这些问题时，雇主组织可以采取调解和仲裁的方式来解决这些问题。另外，劳动关系政策通过建立公正、公平、稳定的条件，来促进经济发展。劳动关系政策旨在在劳工和管理层之间获取一种平衡，是建立和保护一个多元化的社会所必需的。

(二) 参与法律政策制定和修订

雇主组织的另一个重要作用是参与立法和政策的制定和修订，尤其是与劳动关系相关的法律的制定和修订。这主要体现在国家级雇主组织中，尽管有时候它也发生在行业领域中。雇主组织在立法和政策制定中发挥作用，一般是通过在有关立法机构中吸收雇主组织代表来实现的。很多国家的立法和政策制定都要依靠雇主组织和工会组织的力量，也有的国家雇主组织是通过扮演游说角色来影响政府在立法和政策制定中的立场的。

(三) 为雇主提供相关服务

一般雇主组织的成立是为了面对日益增长的工会的挑战，处理与劳资关系相关的问题。雇主组织有义务为会员组织提供有关处理劳动关系事宜的一般性帮助和建议。但是近年来，随着经济的发展以及一些其他新的情况的出现，雇主组织为会员提供其他方面的服务也日益成为雇主组织的重要作用之一，而且提供服务的范围已经或正在从传统的劳资关系服务等向多种形式的服务扩展，如培训、人力资源管理等领域。

(四) 督促企业关注社会责任

企业承担社会责任越来越受到社会的关注，这项工作也是很多国家雇主组织发挥作用的领域。社会责任不仅要求雇主以合理的价格为消费者提供优质产品，还要求雇主在遵守社会道德和遵循职业规划的基础上谋求利润，对社会负责。雇主组织要呼吁企业界以自主的行为，尊重商业道德，按照劳工标准和环境方面的相关国际原则行事，以具有社会责任感的企业为表率，倡议全球的企业积极承担社会责任，坚持可持续发展的理念，推动建立一个自由、平等、繁荣的新世界。企业的社会责任越来越受到社会的关注，上述工作也就成为很多国家雇主组织发挥作用的领域。

第三节　政　府

引导案例

三门峡市加快构建新时代和谐劳动关系

2022 年以来，三门峡市扎实做好"六稳"工作，全面落实"六保"任务，积极推动企业开展职工民主协商，创新建立四方协调机制，切实维护职工合法权益，有力保障了职工队伍和谐稳定。

三门峡市健全以职工代表大会为基本形式的企事业单位民主管理制度，保障职工民主权利，提高职工主人翁地位。

三门峡市广泛开展集体协商，全市共发出集体协商要约 1112 份，覆盖企业 5020 家、职工 26.8 万人，工资集体合同动态签订率保持在 90%以上。新就业形态领域签订集体合同 6 份，覆盖企业 36 家、职工 4720 人。培育集体协商典型单位 8 个，涵盖保安、煤矿、化工、制药、高新材料、黄金、服饰、医疗服务等行业。其中，三门峡经济开发区集体协商案例入选全国集体协商"稳就业促发展构和谐"行动计划十佳案例。快递行业集体协商帮助快递行业建立了用工制度，落实了职业伤害保险制度，使快递员最低工资提高 1000 元，涵盖全市快递企业 28 家，覆盖从业人员 2100 余人。

三门峡市统筹协调工会、法院、人社、司法部门建立四方联席会议制度，促进协商、调解、仲裁、诉讼相互协调，源头推进劳动争议矛盾纠纷多元化解工作，调解职工劳动争议案件 13 起。运用网上法律咨询平台、"豫工惠"APP 及"12351"职工维权热线，解答法律咨询 845 人次，为 21 件职工案件提供法律援助，引导职工理性维权。

资料来源：三门峡市加快构建新时代和谐劳动关系 https://www.henan.gov.cn/2022/12-27/2662775.html

在现代社会，政府的行为已经渗透到经济、社会和政治生活的各个方面，政府的政治理念对劳动关系政策和实践会产生重大影响。

一、政府的概念

什么是政府？《辞海》的解释是："政府，即国家行政机关，国家机构的组成部分。"《布莱克韦尔政治学百科全书》认为，就其作为秩序化统治的一种条件而言，政府是国家的权威性表现形式。政府正式的功能包括制定法律、执行和贯彻法律、解释和应用法律，这些功能在广义上对应于立法、行政和司法功能。可以这样认为：政府是整个国家统治和管理以及为公民服务的机关，政府是国家主权的管理者和行使者。就广义而言，政府是指行使国家权力的所有机构，包括立法、行政、司法机关等；就狭义而言，政府仅指国家行政机关。劳动领域中的政府，其概念应定义为广义的政府，因为在劳动关系领域中起作用的不只是国家行政机关，立法、司法等机关也起着非常重要的作用。

政府作为国家权力的组织体现，其本质是由国家的本质决定的。马克思主义经典理论认为，国家是实行阶级统治的社会公共组织。其中有两个层次的含义：第一，国家是实行阶级统治的组织；第二，国家必须履行特定的管理职能。政治统治是以执行某种社会职能为基础的，并且政治统治只有在它执行了这种社会职能时才能持续下去。可见，国家权力是一种不同于原始社会公共权力的特殊的公共权力，政府正是执掌这一权力的国家机关。因此政府权力也具有两重性：一方面，它是一种阶级权力，体现了统治阶级的意志和利益；另一方面，它又是一种社会公共权力，扮演着超然于社会各阶级、阶层、集团之上的公共利益代表者的角色，管理着国家的政治、社会和经济生活，通过控制社会矛盾、缓和社会矛盾，保证社会的持续、平稳发展。

在劳动关系领域，首先，政府要代表统治阶级的意志和利益，这可以从各国政府在制定相关法律时所体现的基本利益倾向和立法原则中得到证明。第二，政府作为超越于劳资双方的公共权力，综合和代表着双方的利益、缓和双方的矛盾，通过提供制度和规则，把双方的行为限定在法律和制度的框架内，把劳资冲突控制在既有的社会秩序范围之内，保证社会经济的稳定性和持续性。

二、政府在劳动关系中的角色

政府在劳动关系中充当着特殊的角色，不同的角色有助于政府去实现其应该承担的特殊责任。政府在劳动关系中的角色，不是对劳动关系是否进行干预的问题，而是干预的程度和干预的领域问题。政府在劳动关系中的角色可以总结为以下几点。

(一) 劳动者基本权利的保护者

政府的第一个角色是保护者或管制者。政府通过立法机关制定法律，介入和影响劳动关系。政府的角色在于制定劳动政策并推进其实施。政府制定的政策与法律不仅反映了劳资双方施加的压力，而且反映了公共舆论以及劳资力量对比的变化。政府是否颁布劳动保护法以及该法律保护的程度，直接反映了政府是否能够维持劳动力市场的社会正义，并反映了政府对劳动关系的基本理念，如对公平与公正、权利与职权、个人主义与集体主义等问题的基本价值判断。例如，最低工资立法是劳动力市场中最能体现社会正义的政策，法律通过强制确定最低工资标准和加班工资津贴、禁止使用童工等条款来保证每个雇员得到与其劳动相适应的报酬，保证雇员获得"维持生活工资"水平以上的工资，消除极端贫困。劳动保护立法的内容包括反对性别歧视、公平报酬、安全与卫生、职业教育、冗员与解雇等许多方面，它确定了劳动关系的调整框架，为保护劳动者的基本权益提供了各项制度和规范。同时，政府还要监察劳动标准以及劳动安全卫生的执行。劳动监察是政府的第一个角色衍生出的重要任务。

(二) 集体谈判与雇员参与的促进者

政府的第二个角色是促进者。根据不同的经济、社会问题，政府要采取不同的方针、政策和行动，为管理方和工会之间开展集体谈判创造宏观环境，积极促进双方自行谈判与对话，促使其在遵循劳动法基本规则和基本劳动标准基础上发展适合其特点的劳动条件。多数国家的劳动法律都规定了集体谈判的主体资格、谈判机构、谈判双方的责任、谈判的程序和内容、集体协议的签订和约束力。这里，政府的角色首先体现为确定合法产业行动的边界范围以及工会采取产业行动的程序性规定；其次，政府保护工会罢工权的重要体现是政府是否保护罢工雇员免遭解雇。政府是以促进者的角色，而不是直接干预者的角色，推动集体谈判的开展以及雇员参与的。

(三) 劳动争议的调停者

政府的第三个角色是劳动争议的调停者，有时也是调解者或仲裁者。劳动争议是工业社会的必然现象，政府必须建立一套迅速而有效的劳动争议处理制度。为了维持良好的劳动关系，政府通常作为中立的第三方提供调解和仲裁服务。通常，管理方会认为政府干预会影响企业的经营自主权，削弱企业竞争力；而工会则希望政府作为公平的第三方积极干预劳动关系。因此，在劳动关系中，如果管理方的力量占优势，则政府将按照自愿原则提供调解和仲裁服务；相反，如果工会占优势，则政府将采取强制性调解和仲裁措施，以此来平衡劳资双方的利益冲突。

理想的政府应该作为中立的仲裁者，为劳动关系营造一个公平的外部环境，使劳资双方能够平等地通过协商或谈判来解决内在冲突，使产业冲突减小到最低程度。对一些涉及国计民生的公用事业部门如天然气、电力、饮用水与污水处理、医疗机构、学校、交通等特殊部门的工会罢工问题，政府会特别关注。这些部门的工会举行罢工，将对经济和社会生活的正常运转构成严重威胁，甚至导致社会瘫痪。因此，政府一般会限制这些工会的罢工权，通过仲裁方式解决产业冲突。

(四) 就业保障与人力资源的规划者

政府的第四个角色是规划者，要为全体劳动者建立一套就业保障体系。这个体系包括三大支柱：职业培训、就业服务和失业保险。在当今自由化、国际化和竞争日趋激烈的社会，政府应该在教育培训、研究开发、人力资源规划等领域进行整体设计，提供更多、更有力的支持，以增强企业的国际竞争力。政府的角色在于保持劳动关系稳定、促进劳资合作和实现经济繁荣。

(五) 公共部门的雇佣者

政府的第五个角色是公共部门的雇佣者。公共部门的雇员包括政府与地方公务人员，在一些国家还包括公用事业部门的雇员，其规模和人数在各国不尽相同，但都占相当比重。政府作为公共部门的雇主，应该提供合法、合理的劳动条件，以模范雇主的身份参与和影响劳动关系，使之成为私营部门劳动关系的"样本"。

政府在扮演这五种角色时，作为保护者和规划者，应该积极而主动地完成任务；作为促进者和调停者，应该采取中立和不过多干预的态度；至于政府作为雇佣者的角色，必须真正成为民营企业家的表率，合法化、企业化和民主化是基本要求。

三、劳动行政部门

劳动行政是指在国家劳动政策和劳动关系领域内的公共行政活动。作为政府的职能部门，劳动行政部门是指专门负责和从事劳动行政事务的公共行政机构，包括中央和地方等多个层级。我国的劳动行政部门是指人力资源和社会保障部及所属的地方各级人力资源和社会保障部门。

在处理劳动关系事务过程中，劳动行政部门的职责主要包括：参与国家和地方的劳动立法以及对劳动法律法规、劳动政策、劳动标准的实施进行落实、组织协调和监督检查；为经营者和劳动者及其各自的代表组织提供服务，以促进政府与经营者、经营者组织、劳动者、工会相互之间的有效协商与合作；根据经营者、劳动者及其各自代表组织的要求，提供物质支持和技术帮助；根据劳动行政部门的职能，使各项工作能够覆盖尚未纳入劳动法律关系的相关劳动者(如农民工和城镇灵活就业的各类劳动者)，最大限度地为其提供帮助；代表政府参与国际劳工组织的各项重大活动以及国际社会有关协调劳动关系的重大事宜；在劳动关系三方协商机制中发挥主导作用，协调劳动关系双方代表组织之间的关系，对危及社会公共利益的劳动纠纷和突发事件采取应急措施；推进劳动法治化建设，健全完善各项劳动法律制度；参与劳动争议仲裁工作，对重大劳动争议案件进行调解和斡旋，为劳动关系双方提供法律服务和援助；规范劳动力市场的运作，形成城乡之间劳动力的有序流动，促进劳动者平等就业。

四、协调劳动关系的三方机制

(一) 协调劳动关系的三方协商机制的含义

劳动关系中的三方协商机制，是指政府、雇主、劳动者三方代表，根据一定的议事规则或程序，通过特定的形式开展协商谈判而形成的共同参与决定、相互影响、相互促进、相互制衡的一种制度。三方协商机制也可以称为三方协调机制、三方机制或三方格局，是专门解决劳动关系中矛盾和争议的制度，在市场经济成熟的西方国家被普遍采用，被认为是社会效益高的劳动关系协调机制，有利于兼顾国家、雇主和劳动者三方利益。

具体来说，该机制的含义包括以下几方面：

(1) 三方协商机制的主体是政府、雇主和劳动者。在三方机制中，政府一方一般是管理劳动事务的劳动行政部门或有关主管部门的代表；雇主一方可以是雇主代表，也可以是雇主协会(联合会)的代表；劳动者一方一般是工会代表。

(2) 三方协商的内容往往是劳动关系领域内重大的事务，诸如劳动立法、经济与社会政策制定、就业与劳动条件、工资水平、劳动标准、职业培训、社会保障、职业安全与卫生、劳动争议与处理及对产业行为的规范等。

(3) 三方协商的方式是在平等基础上进行对话、协商、谈判。

(4) 三方协商的宗旨是促进三方合作，维护劳动秩序，稳定劳动关系，促进国家经济发展，提高人民生活水平。

(二) 三方协商机制的级别与主体

三方协商的不同级别在协商的主体和所要解决的问题上有所不同，依据国际劳工组织的文件和各国实施三方协商的实践，主要分为以下几种级别：

(1) 国家一级协商。三方协商机制最主要和最基本的一级是国家一级的协商。国际劳工组织在其有关三方协商的文件中所强调和侧重的也是国家一级的三方协商。参加国家一级三方协商的主体分别是：政府的代表，是政府的劳动部门和有关经济部门；雇主的代表，是全国一级的最有代表性的雇主组织；工人的代表，是全国一级的最有代表性的工会组织。

(2) 产业一级的协商。产业一级的协商一般指国家一级产业的协商。产业一级的协商主体是政府的产业部门、产业的雇主协会和产业工会。产业一级协商是三方协商的重要组成部分，在解决跨国、跨地区企业和涉外企业的劳动关系问题时会更适宜。产业一级协商可以充分发挥产业特色，借鉴和运用系统内类似矛盾的协调经验，更善于化解劳资矛盾，保持社会稳定，促进经济发展。

(3) 地方一级的协商。地方一级的协商主要指地方政府主导下的协商。其协商的主体为地方政府的劳动和经济有关部门、地方雇主协会、地方工会。这一级别的协商主要针对本地区劳动关系中出现的各种情况和问题，对本地区的劳动关系协调提出建议，具有区域性特征。相对于国家一级和产业一级的协商，地方一级的协商内容更加具体，各方的职责也更为微观。

(4) 企业一级的协商。在过去，企业一级的协商并不作为三方协商的直接构成级别，而只是作为国家和产业一级协商的基础和相关内容。但目前企业一级的协商越来越受到关注，并被作为三方协商机制的直接内容加以研究和应用。企业协商的直接主体是雇主和企业工会，政府部门一般不直接参与，但在协调出现障碍无法继续时，政府也会出面调解。并且，有些国家规定企业一级协商或谈判的结果要在政府有关部门登记或认定为有效。这种两方协商的形式在其他级别的协商中也会出现，比如产业一级的集体谈判，也可以看作是两方的协商。除此之外，劳资双方还可以就双方关心的问题展开任何一级的协商，但主要是在企业一级。企业一级的协商一般有两种形式：一种是企业的集体谈判，这种形式比较正式并且受到法律约束；另一种是集体谈判之外的双方就企业涉及劳资关系的问题进行灵活的接触和协商。

三方协商是以企业的劳资协商为基础，以国家一级的协商为重点和主导的。协商的内容根据不同的时期以及级别的不同而有所差别，并且由于各个国家的历史背景和实际情况不同，不能一概而论。

(三) 三方协商机制的主要职能

三方协商机制的职能主要体现在以下几个方面。

1. 磋商和咨询职能

磋商和咨询在三方协商中，主要是针对一个国家的劳动立法和劳工政策的制定提出意见和建议。西欧等工业国家的三方机构对于制定劳动法规和劳动标准享有建议权。在东欧一些国家，劳动立法一般也是经过三方委员会的反复磋商才通过的，如匈牙利 1991 年制定的《罢工法》和修改的《工会法》，捷克斯洛伐克 1990 年制定的《集体谈判法》，波兰 1991年制定的《工会法》，罗马尼亚从 1991 年起制定的《集体合同法》和《处理劳动冲突法》等，都经过了这个程序。关于社会政策的制定，在一些三方机制比较完善的国家，在涉及就业、社会保障、职业培训等有关问题时，都要听取三方委员会的意见，协商解决。磋商和咨询是三方委员会最主要、最经常的职能与工作。

2. 谈判和决定职能

三方机制的谈判职能主要体现在以工资为中心的劳动标准的确定上。劳动标准特别是工资标准，直接涉及雇主和工人的切身利益，同时也直接涉及社会经济的发展政策。三方对此都会有自己的具体立场和要求，解决这一问题的基本手段便是谈判。协商或磋商与谈判之间的差别在于：协商或磋商是人们就某些重要的社会经济问题提出意见和交换看法，其结果可能会有一个比较统一的意见，也可能仍然各执己见；谈判则要求双方在阐明自己观点的同时必须考虑对方的意见，即谈判是为了取得一个共同的协议，为此双方必须做出某些让步。当然，这种界限并不是绝对的，两者在一定的情况下可以互相转换，协商可以发展为谈判，谈判没有结果也只能限于协商。但涉及劳动标准特别是工资问题，不经过谈判很难达成一个正式的协议。在三方委员会中，国家一级和地方一级的谈判主要是最低工资标准和劳动标准的问题，产业和企业一级的谈判则主要是具体的劳动条件和就业条件的问题。

3. 仲裁和协调职能

这一职能主要是指在集体劳动争议发生时，通过三方委员会的努力，调解矛盾，化解冲突，以缓解劳资矛盾和社会不满，防止社会动乱。通常，各国的三方委员会都具有劳资矛盾调解人的权力，这一机构与政府或工会等单一的组织机构相比，其意见和态度更易于被社会接受。尤其是在社会转型和动荡时期，三方委员会的这一作用更加明显。

思　考　题

1. 试述工会组织的职能。
2. 试述雇主组织的作用。
3. 试述政府在劳动关系中的角色。
4. 试述三方机制的主要职能。

第三章　劳动关系的调整

劳动关系订立后并不是一成不变的，在实际运行中，会遇到不同的问题，需要不断进行调整。

第一节　劳动关系的调整方式

引导案例

闫佳琳诉浙江喜来登度假村有限公司平等就业权纠纷案

2019 年 7 月，浙江喜来登度假村有限公司(以下简称喜来登公司)通过智联招聘平台向社会发布了一批公司人员招聘信息，其中包含有"法务专员""董事长助理"两个岗位。2019 年 7 月 3 日，闫佳琳通过智联招聘手机 App 软件针对喜来登公司发布的前述两个岗位分别投递了求职简历。闫佳琳投递的求职简历中，包含有姓名、性别、出生年月、户口所在地、现居住城市等个人基本信息，其中户口所在地填写为"河南南阳"，现居住城市填写为"浙江杭州西湖区"。据杭州市杭州互联网公证处出具的公证书记载，公证人员使用闫佳琳的账户、密码登录智联招聘 App 客户端，显示闫佳琳投递的前述"董事长助理"岗位在 2019 年 7 月 4 日 14 点 28 分被查看，28 分时给出岗位不合适的结论，"不合适原因：河南人"；"法务专员"岗位在同日 14 点 28 分被查看，29 分时给出岗位不合适的结论，"不合适原因：河南人"。闫佳琳因案涉公证事宜，支出公证费用 1000 元。闫佳琳向杭州互联网法院提起诉讼，请求判令喜来登公司赔礼道歉、支付精神抚慰金以及承担诉讼相关费用。

杭州互联网法院于 2019 年 11 月 26 日作出(2019)浙 0192 民初 6405 号民事判决：一、被告喜来登公司于本判决生效之日起十日内赔偿原告闫佳琳精神抚慰金及合理维权费用损失共计 10 000 元。二、被告喜来登公司于本判决生效之日起十日内，向原告闫佳琳进行口头道歉并在《法治日报》公开登报赔礼道歉(道歉声明的内容须经本院审核)；逾期不履行，本院将在国家级媒体刊登判决书主要内容，所需费用由被告喜来登公司承担。三、驳回原告闫佳琳其他诉讼请求。宣判后，闫佳琳、喜来登公司均提起上诉。杭州市中级人民法院于 2020 年 5 月 15 日作出(2020)浙 01 民终 736 号民事判决：驳回上诉，维持原判。

法院认为：平等就业权是劳动者依法享有的一项基本权利，既具有社会权利的属性，亦具有民法上的私权属性，劳动者享有平等就业权是其人格独立和意志自由的表现，侵害平等就业权在民法领域侵害的是一般人格权的核心内容——人格尊严，人格尊严重要的方面就是要求平等对待，就业歧视往往会使人产生一种严重的受侮辱感，对人的精神健康甚至身体健康造成损害。据此，劳动者可以在其平等就业权受到侵害时向人民法院提起民事诉讼，寻求民事侵权救济。

闫佳琳向喜来登公司两次投递求职简历，均被喜来登公司以"河南人"不合适为由予以拒绝，显然在针对闫佳琳的涉案招聘过程中，喜来登公司使用了主体来源的地域空间这一标准对人群进行归类，并根据这一归类标准而给予闫佳琳低于正常情况下应当给予其他人的待遇，即拒绝录用，可以认定喜来登公司因"河南人"这一地域事由要素对闫佳琳进行了差别对待。

《中华人民共和国就业促进法》第三条在明确规定民族、种族、性别、宗教信仰四种法定禁止区分事由时使用"等"字结尾，表明该条款是一个不完全列举的开放性条款，即法律除认为前述四种事由构成不合理差别对待的禁止性事由外，还存在与前述事由性质一致的其他不合理事由，亦为法律所禁止。何种事由属于前述条款中"等"的范畴，一个重要的判断标准是，用人单位是根据劳动者的专业、学历、工作经验、工作技能以及职业资格等与"工作内在要求"密切相关的"自获因素"进行选择，还是基于劳动者的性别、户籍、身份、地域、年龄、外貌、民族、种族、宗教等与"工作内在要求"没有必然联系的"先赋因素"进行选择，后者构成为法律禁止的不合理就业歧视。劳动者的"先赋因素"，是指人们出生伊始所具有的人力难以选择和控制的因素，法律作为一种社会评价和调节机制，不应该基于人力难以选择和控制的因素给劳动者设置不平等条件；反之，应消除这些因素给劳动者带来的现实上的不平等。将与"工作内在要求"没有任何关联性的"先赋因素"作为就业区别对待的标准，根本违背了公平正义的一般原则，不具有正当性。

本案中，喜来登公司以地域事由要素对闫佳琳的求职申请进行区别对待，而地域事由属于闫佳琳乃至任何人都无法自主选择、控制的与生俱来的"先赋因素"，在喜来登公司无法提供客观有效的证据证明，地域要素与闫佳琳申请的工作岗位之间存在必然的内在关联或存在其他的合法目的的情况下，喜来登公司的区分标准不具有合理性，构成法定禁止事由。故喜来登公司在案涉招聘活动中提出与职业没有必然联系的地域事由对闫佳琳进行区别对待，构成对闫佳琳的就业歧视，损害了闫佳琳平等地获得就业机会和就业待遇的权益，主观上具有过错，构成对闫佳琳平等就业权的侵害，依法应承担公开赔礼道歉并赔偿精神抚慰金及合理维权费用的民事责任。

资料来源：最高人民法院指导案例 185 号 https://www.court.gov.cn/shenpan/xiangqing/364691.html

依据调节手段的不同，劳动关系的调整方式主要分为七种，即通过劳动法律、法规对劳动关系的调整，劳动合同规范的调整，集体合同规范的调整，民主管理制度(职工代表大会、职工大会)的调整，企业内部劳动规则(规章制度)的调整，劳动争议处理制度的调整，国家劳动监督检查制度的调整。

一、劳动法律、法规

劳动关系在社会关系体系中居于重要地位，对劳动关系进行规范和调整，是各国劳动法的重要任务，也是劳动法产生的社会条件。劳动立法在各国都是调整劳动关系的主要机制。劳动法律、法规由国家制定，体现国家意志，覆盖所有劳动关系，通常为调整劳动关系应当遵循的原则性规范和最低标准。其基本特点是体现国家意志。

二、劳动合同

劳动合同是劳动者与用人单位确立劳动关系、明确双方权利义务的协议。订立劳动合同的目的是在劳动者和用人单位之间建立劳动法律关系，规定劳动合同双方当事人的权利和义务。劳动者和用人单位签订劳动合同法律地位平等，但在劳动合同履行过程中，劳动者必须参加到用人单位的劳动组织中，担任一定职务或工种、岗位的工作，服从用人单位的领导和指挥，遵守用人单位的劳动纪律、内部劳动规则和各项规章制度；同时享有用人单位的工资、劳动保险和福利待遇。劳动合同是劳动关系当事人依据国家法律的规定，经平等自愿、协商一致缔结的，体现当事人双方的意志，是劳动关系当事人双方合意的结果。其基本特点是体现劳动关系当事人双方的意志。

三、集体合同

在现代市场经济条件下，企业或行业劳动条件既不是由雇主(用人单位)也不是由雇员或雇员的组织——工会单方面决定的，而是在国家法律、法规规定的最低标准的基础之上，由劳动关系双方经平等协商确定。

集体合同是集体协商双方代表根据劳动法律、法规的规定，就劳动报酬、工作时间、休息休假、劳动安全卫生、保险福利等事项，在平等协商一致的基础上签订的书面协议。根据劳动法的规定，集体合同由工会代表职工与企业签订，没有成立工会组织的，由职工代表代表职工与企业签订。

集体合同根据协商、签约代表所代表的范围不同，分为基层集体合同、行业集体合同、地区集体合同等。我国集体合同体制以基层集体合同为主导体制，即集体合同由基层工会组织与企业签订，只对签订单位具有法律效力。在劳动力市场中，不管从哪种视角观察，劳动者个人都不具备同雇主进行个别协商的同等实力。这一事实决定了雇员有组织起来以增强协商影响力的必要。集体协商、订立集体合同作为劳动关系调整的核心内容，确定工资和其他劳动条件的机制和调整劳动关系的手段，之所以能够吸引众多的雇员，主要原因就在于，通过集体协商，雇员可以向雇主施加集体影响，使雇主接受他们提出的有关工作条件的要求。在工作场所中，有两个原因决定了集体协商比个别协商更为必要。

第一，由于企业内的分工、协作和资本使用的统一性和社会性，使得企业中很多事务属于"公共事务"，也就是说，这些事务对每一个雇员都有影响。一个人受益(受损)的同时，不能阻止其他人受益(受损)。例如，劳动时间制度、工资制度、绩效考核制度、劳动安全卫生条件、生产线的速度、争议处理程序、社会保险、裁员与晋升政策等事务明显地影响到雇员整体。在同一个用人单位，每一个雇员的权利义务都同其他雇员的权利义务相互关联，其实现过程中难免发生冲突。集体合同有利于协调不同雇员之间因实现各自权利义务所产生的矛盾，有利于营造全体劳动者实现各自权利义务的良好秩序。集体决定的方式是必要的，没有一个集体性组织，个人将很少考虑其行为对他人的影响。

　　第二，工作于企业组织内的雇员个人，由于其劳动力的本质性特征以及劳动力市场的状况，不可能与雇主保持在力量上的均衡。在劳动力市场的特殊地位，使得他们必须组织起来以增强对雇主的影响力，他们需要通过一个集体性的组织来反映他们的利益。由工会代表雇员与雇主订立集体合同，可以改善单个雇员在劳动关系中的地位，有效地防止雇主侵犯雇员的合法劳动权益。此外，劳动关系各方面的内容都由劳动合同具体规定，必然增加协商、确定劳动合同的成本。集体合同对劳动关系的主要方面和一般条件做出规定后，劳动合同只需就单个劳动者的特殊情况做出约定即可，可以提高建立劳动关系的效率。

　　工会或劳动者代表雇员一方与雇主签订集体合同，其当事人一方是企业，另一方不能是雇员个人或劳动者中的其他团体或组织，而只能是工会组织的代表；没有建立工会组织的，则由雇员按照一定的程序推举的代表为其代表。集体合同的基本特点是体现劳动关系当事人双方团体的意志。

四、民主管理(职工代表大会、职工大会)制度

　　在现代社会，工会和雇员已普遍获得了参与企业管理的权利。国家通过立法，保障工会和雇员对管理的参与权。工会和雇员代表参与企业管理，主要是对企业经营活动提供咨询，或与雇主一道共同参与对企业某些问题的决策，以便双方的相互理解和配合。《劳动法》第八条规定："劳动者依照法律规定，通过职工大会、职工代表大会或者其他形式，参与民主管理或者就保护劳动者合法权益与用人单位进行平等协商。"根据劳动法的有关规定，可以看到：第一，雇员参与是雇员以与雇主相对的一方当事人的身份，即以被管理者的身份对企业管理进行参与，而不是作为企业管理人员执行管理职务。通过参与，实现职工的意志对企业意志的影响和制约，企业意志对职工意志的吸收和体现。第二，参与的对象是企业内部管理事务，而不是其他社会事务。第三，参与形式多种多样，在劳动关系存续期间，雇员可以通过多种形式参与，如有组织地参与(职工大会)、代表参与(经合法程序产生职工代表参与)、岗位参与(质量小组)、个人参与(合理化建议)等。目前，我国职工参与管理的形式主要是职工代表大会制度和平等协商制度，其基本特点是劳动者意志对企业意志的渗透和影响。

五、企业内部的劳动规则

　　企业内部劳动规则是企业规章制度的组成部分，企业内部劳动规则的制定和实施是企业以规范化、制度化的方法协调劳动关系，对劳动过程进行组织和管理的行为，是企业以经营权为基础决定的、行使用工权的形式和手段。《劳动法》第四条规定："用人单位应当依法建立和完善规章制度，保障劳动者享有劳动权利和履行劳动义务。"《劳动合同法》第四条进一步规定："用人单位应当依法建立和完善劳动规章制度，保障劳动者享有劳动权利、履行劳动义务。用人单位在制定、修改或者决定有关劳动报酬、工作时间、休息休假、劳动安全卫生、保险福利、职工培训、劳动纪律以及劳动定额管理等直接涉及劳动者切身利益的规章制度或者重大事项时，应当经职工代表大会或者全体职工讨论，提出方案和意见，与工会或者职工代表平等协商确定。在规章制度和重大事项决定实施过程中，工会或者职工认为不适当的，有权向用人单位提出，通过协商予以修改完善。用人单位应当将直接涉

及劳动者切身利益的规章制度和重大事项决定公示，或者告知劳动者。"企业内部劳动规则以企业为制定的主体，以企业公开、正式的行政文件为表现形式，只在本企业范围内适用。制定内部劳动规则是用人单位的单方法律行为，制定程序虽然应当保证劳动者的参与，但是最终由单位行政决定和公布。企业内部劳动规则是企业和劳动者共同的行为规范。企业内部劳动规则规范在劳动过程中的企业和劳动者之间以及劳动者相互之间的关系。企业内部劳动规则所调整的行为是作为劳动过程组成部分的用工行为和劳动行为，既约束全体劳动者，又约束企业行政各职能部门和企业的各组成部分。企业内部劳动规则是企业经营权与职工民主管理权相结合的产物。制定企业内部劳动规则必须保证企业职工的参与。企业职工既有权参与相关制度的制定，又有权对制度的实施进行监督。企业内部劳动规则的基本特点是企业或者说雇主意志的体现。

六、劳动争议处理制度

劳动争议处理制度是一种劳动关系处于非正常状态时，经劳动关系当事人的请求，由依法建立的处理机构——调解机构、仲裁机构——对劳动争议的事实和当事人的责任依法进行调查、协调和处理的程序性规范，是为保证劳动实体法的实现而制定的有关处理劳动争议的调解程序、仲裁程序和诉讼程序的规范。

劳动争议处理制度中的调解是劳动关系当事人的一种自我管理形式，其基本特点是：第一，群众性。调解委员会既不是司法机构，又不是行政机构，而是群众组织，它依靠组织内成员的直接参与化解矛盾，其组成决定了它的群众性。第二，自治性。它是用人单位组织内的成员对本单位内的劳动争议实行自我管理、自我调解、自我化解矛盾的一种途径。第三，非强制性。调解委员会调解劳动争议贯彻自愿原则，即申请调解自愿、调解过程自愿、达成协议自愿、履行协议自愿。

劳动争议仲裁是劳动争议仲裁机构根据劳动争议当事人一方或双方的申请，依法就劳动争议的事实和当事人应承担的责任做出判断和裁决的活动。劳动争议仲裁的组织机构是劳动争议仲裁委员会，它是由国家授权、依法独立处理劳动争议案件的专门机构。它由劳动行政部门代表、同级工会代表、用人单位方面的代表三方组成，是劳动关系协调中贯彻"三方原则"在劳动争议处理体制中的具体表现。劳动争议仲裁是兼有司法性特征的劳动行政执法行为。综合而言，劳动争议处理制度的基本特点是对劳动关系的社会性调整。

七、劳动监督检查制度

《劳动法》第八十五条规定："县级以上各级人民政府劳动行政部门依法对用人单位遵守劳动法律、法规的情况进行监督检查，对违反劳动法律、法规的行为有权制止，并责令改正。"第八十七条规定："县级以上各级人民政府有关部门在各自职责范围内，对用人单位遵守劳动法律、法规的情况进行监督。"第八十八条规定："各级工会依法维护劳动者的合法权益，对用人单位遵守劳动法律、法规的情况进行监督。"从上述有关规定可以看出：劳动监督检查制度是为了保证劳动法的贯彻执行而设立的，是关于法定监督检查主体的职权、监督检查的范围、监督检查的程序以及纠偏和处罚的行为规范。劳动监督检查制度具有保证劳动法体系全面实施的功能。

第二节　劳　动　法

引导案例

《劳动合同法》的争议

2008 年 1 月 1 日，《劳动合同法》正式实施。此后经年，关于劳动合同法的争议从未停止。

2015 年 4 月 24 日，时任财政部部长楼继伟在清华大学管理学院发表讲话，谈到 2008 年出台的《劳动合同法》是一部过分超前的法，可能超前 50 年，但修改它要取得共识是很难的。《劳动合同法》是很有弊端的，主要在于降低了劳动力市场的流动性和灵活性。职工可以炒雇主，但雇主不能解雇职工，很多投资人离开中国也是这个原因。此番讲话，一石激起千层浪。2016 年 2 月 29 日，国务院新闻办公室举行新闻发布会，时任人力资源社会保障部部长尹蔚民表示，劳动合同法是我们国家调整劳动关系的一部重要法律。实施 8 年来，在规范用人单位用工行为、维护劳动者和用人单位的合法权益、构建和谐劳动关系方面发挥了积极作用。在实施的过程中，也反映出一些问题，主要集中在两个方面：第一，劳动力市场的灵活性不够。第二，企业用工成本比较高。他同时提出，随着经济社会的发展，出现了一些新的业态、新的就业形式，这是在制定劳动合同法时还没有出现的。因此，人社部正在进行积极研究，适时提出意见。

2016 年 1 月 16 日，著名经济学家张五常在广州发表讲话，提出 2008 年初推出的新劳动法一定要取缔，中国的经济才有可为，其理论依据是政府不应干预劳动力市场供求双方的行为。

劳动关系学界关于《劳动合同法》立法宗旨的讨论亦未停止过。常凯与董保华关于《劳动合同法》的宗旨是单保护、双保护还是倾斜保护的争议最为引人关注。董保华认为，《劳动合同法》应贯彻《劳动法》的倾斜保护，即向弱势的劳动者进行倾斜。而常凯则认为，《劳动法》是劳动者权利保护法，劳动者权利保护法相对应的就是雇主义务法。劳动者是法律保护的主体，提出双保护，在市场经济国家是不可想象的。所谓倾斜保护是对双保护的修饰，是双保护的变形，因为倾斜保护的前提仍然是两者都要保护。

资料来源：楼继伟清华大学演讲全文：前期刺激与当前出路
https://www.thepaper.cn/newsDetail_forward_1326853
人社部：将就新的就业形式等对劳动合同法提出意见
https://www.chinanews.com.cn/cj/2016/02-29/7777190.shtml
张五常：2016 中国经济怎么看 http://jer.whu.edu.cn/jjgc/14/2016-03-08/2454.html
《劳动合同法》草案二审 常凯董保华再争锋
https://finance.sina.com.cn/review/20070115/03003245153.shtml

《劳动法》《劳动合同法》《中华人民共和国劳动争议调解仲裁法》(以下简称《劳动争议调解仲裁法》)《工会法》《中华人民共和国就业促进法》《中华人民共和国社会保险法》等一系列法规的出台,标志着我国劳动法律制度不断完善。

一、劳动法的概念

法或法律是一定经济基础之上的上层建筑,由国家专门机关创制,以权利义务的设定为调整机制,并通过国家强制力保证的调整社会关系的规范的总和。不同的法律部门的总和构成了一个国家的法律体系。劳动法是一国法律体系的重要组成部分。劳动法的含义可以有多种理解。20世纪30年代我国法学界有代表性的观点对劳动法的定义是:"劳动法为关系劳动之法。详言之,劳动法为规范劳动关系及其附随一切关系之法律制度之全体。"世界上,作为成文法代表之一的德国法对世界很多国家和欧盟的法律制度有深刻的影响,德国法学界对劳动法的界定是:"劳动法是关于劳动生活中处于从属地位者(雇员)的雇佣关系的法律规则的总和。"《简明不列颠百科全书》对劳动法的定义是:"适用于雇佣、报酬、工作条件、工会及劳资关系的法律总称。"

当前,我国法学界关于劳动法的定义虽有不同的表述,但是基本内容是一致的。劳动法的基本内容有如下几点:其一,狭义的劳动法仅指劳动法律部门的核心法律,即《劳动法》这一规范性文件。其二,广义的劳动法则是指调整劳动关系以及与劳动关系密切联系的其他一些社会关系的法律规范的总和。其三,劳动法是指法律科学中的一个亚学科,是以劳动法作为研究对象的理论体系,即所谓的劳动法学。法律体系中存在劳动法,也就必然产生以劳动法为研究对象的劳动法学:研究劳动法产生的历史条件及其发展、劳动法的基本理论和实践。本书中的劳动法的概念是指第二种含义。

二、劳动法渊源

法律渊源是指具有法的效力作用和意义的法或法律的外在表现形式。中外学者对法律性质认识的差异造成了对法律渊源不同的理解,因而劳动法律渊源也就具有几种不同的含义。第一种含义是指对劳动法产生决定性影响的所有因素,如劳动法学文献、国家劳动行政、法院实践、国民意识等都属于法律渊源。因为上述文献、规范和观念都可以影响劳动立法、执法、劳动争议仲裁和司法适用。第二种含义仅仅指对法律适用者有约束力的规范才是法律渊源。法学家认为法只能是由国家制定、维护和强制执行的规则。但是在这些规则之外,实际上是存在不由国家制定,却在一定范围内可以作为直接和强制的规则来适用的规范。也就是说,不由国家制定,却仍然具有约束力的规范是存在的。立法本身并不是法的目的,法的实施、法对社会关系进行有效的调整、法成为社会关系调整控制的有效手段和工具、各类法律关系主体依照法律规范行事才是法的目的。在此基础之上,学者将法或法律定义为所有可以得到国家强制程序保障的规范的总和,而这些规范的表现形式就是法律渊源。无论劳动法的具体内容是什么,劳动法律渊源都是一个重要问题。法律渊源主要应解决劳动法的监督检查机关、劳动争议仲裁或司法机关适用的问题。不能适用的法是无意义的。对纠纷做出评判时,不能凭借主观感觉,而要有所依据。第三种含义是指法的表现形式,即法是由何种国家机关、通过何种方式并表现为何种法律文件形式而获得成立的，根据创制机关的不同、方式的不同而划分为不同的类别并具有不同等级的效力范围。劳动法的渊源就是由国家制定认可的劳动法律规范的表现形式。在我国劳动法学中，将劳动法律渊源理解为第三种含义。

(一) 宪法中关于劳动问题的规定

宪法是国家的根本大法，由国家最高权力机关全国人民代表大会制定，它规定国家的根本经济制度、政治制度及公民的基本权利和义务，在国家的法律体系当中具有最高的法律效力，其他任何法律和规则都不能与宪法相抵触。宪法中关于劳动问题的规定是我国劳动法的首要渊源。宪法中的有关规定是劳动法基本原则的依据，指导和规范劳动法的制定、修改和废止。我国宪法全面规定了劳动者的基本权利，如劳动权、报酬权、休息休假权、劳动安全卫生保护权、物质帮助权、培训权、结社权等原则。宪法关于劳动的规定保证了劳动法的权威与劳动法制的统一。

(二) 劳动法律

全国人民代表大会及其常务委员会依据宪法制定的调整劳动关系的规范属于劳动法律，其法律效力仅低于宪法。劳动法律包括《劳动法》《劳动合同法》《工会法》《中华人民共和国就业促进法》《中华人民共和国社会保险法》等。

劳动法律必须符合宪法规定的基本原则是劳动立法的基本准则。劳动法律是劳动法的最主要的表现形式。其主要内容分为劳动关系法与劳动标准法。劳动标准通常为最低标准，实际的劳动标准一般高于最低标准规定的水平。而且，劳动法律所规定的标准通常属于强制性规范，具有单方面的强制力，不能由劳动关系的当事人协议予以变更。在当代，虽然强调当事人意思自治，但是在劳动法领域，当事人的意思自治不能够低于法律规定的标准。劳动合同、集体合同确实可以约定广泛的劳动条件，但是只能高于法律规定的标准。

(三) 国务院劳动行政法规

国务院是国家最高行政机关。为管理劳动事务，有权根据宪法和劳动法律制定调整劳动关系和各项劳动标准的规范性文件，这些规范性文件统称为劳动行政法规，其效力低于宪法和法律，在全国具有普遍的法律效力。国务院劳动行政法规是当前我国调整劳动关系的主要依据，规范性文件数量很多，覆盖劳动关系的各个方面，例如《中华人民共和国劳动合同法实施条例》(以下简称《实施条例》)《工伤保险条例》《劳动保障监察条例》《女职工劳动保护特别规定》等。劳动行政法规是由法律授权的国家行政机关按照特别的程序制定的规范性文件，是劳动法律的具体化，是人民法院审理劳动案件的依据，属于"法"的范畴。

(四) 劳动规章

国务院组成部门依据劳动法律和劳动行政法规，有权在本部门范围内制定和发布规范性文件，其中关于调整劳动关系的规章，也是劳动法的渊源。《劳动法》第九条规定："国务院劳动行政部门主管全国劳动工作。"依据法律规定，我国人力资源和社会保障部主管全国劳动工作，依据部门职责的规定，人力资源和社会保障部的职责之一就是起草劳动和社会保险法律法规，制定行政规章和基本标准并组织实施和监督检查；制定劳动和社会保险政策服务咨询机构的管理规则；代表国家行使劳动和社会保险的监督检查职权，制定劳动和社会保险的监督检查规范，监督地方劳动和社会保险监督检查机构的工作。人力资源和社会保障部发布的规范性文件称为劳动规章。

(五) 地方性劳动法规

在我国，依据法律规定，省、自治区、直辖市人民代表大会及其常委会和政府，为管理本行政区域内的劳动事务，在不与宪法、法律和劳动行政法规相抵触的前提下，可以制定和发布地方性劳动法规，报全国人民代表大会常委会、国务院备案或批准后生效；依据有关规定，地方县级以上各级人民代表大会及其常委会和政府，依照法律规定的权限，制定和发布规范性文件。所有这些只在本行政区域内具有效力的规范性文件也都属于劳动法渊源的范畴。

(六) 我国立法机关批准的相关国际公约

有关国际组织按照法定程序制定或通过的国际公约、决议涉及劳动关系或劳动标准，属于国际劳动立法的范畴，其中经过我国立法机关批准的公约在我国具有法律效力。例如，国际劳工组织制定的国际劳工公约，经过我国立法机关批准，即成为国内劳动法的渊源。

(七) 正式解释

对已经生效的劳动法律、行政法规等规范性文件，任何人都可以根据自己的理解做出解释，律师、法学家、公民个人的解释属于任意解释，任意解释不具有法律效力。但是，有权制定法律规范的国家机关(国家权力机关、国家行政机关、国家司法机关)对已经生效的劳动法律、行政法规等规范性文件所做的阐释和说明，可以适用，具有法律效力，因此也是劳动法的渊源。根据解释主体的不同，正式解释分为立法解释、司法解释和行政解释。正式解释可以保证相关法律或行政法规在法律适用中不产生歧义，使其得到有效的实施。例如，为了贯彻执行劳动法，人力资源和社会保障部发布的《关于贯彻执行〈中华人民共和国劳动法〉若干问题的意见》《关于劳动合同制职工工龄计算问题的复函》等即为行政解释，《最高人民法院关于在民事审判工作中适用〈中华人民共和国工会法〉若干问题的解释》《最高人民法院关于审理劳动争议案件适用法律的若干问题的解释(一)》等则属于司法解释。正式解释作为重要的法律渊源意义重大，在劳动法律关系主体选择、确定、规范自己的行为上，在仲裁与司法实践中得到广泛的适用，不可忽视。

三、劳动法的体系

劳动法的体系是指劳动法的各项具体劳动法律制度的构成和相互关系。我国劳动法的体系是根据劳动关系法律调整的特点和内容而构成的，《劳动法》的颁布和实施，使我国劳动法的体系趋于完善。我国劳动法的体系由以下劳动法律制度构成。

(一) 促进就业法律制度

在市场经济条件下，通过劳动力市场的自发运行已经证明不可能实现充分就业，劳动力供给与需求在总量与结构上都可能存在失衡。为了保证劳动者的劳动权，提高劳动力资源的利用水平，促进经济增长，国家有责任通过制定经济政策实现充分就业。促进就业制度的主要内容是规范国家在促进就业方面的职责，各级政府促进就业的职责，对社会特定人口群体如妇女、残疾人员、少数民族人员、退出现役的军人等的专门促进就业措施。

(二) 劳动合同和集体合同制度

劳动合同和集体合同制度包括：劳动合同的订立、履行、变更、解除、终止；集体合同协商、订立的程序、原则，集体合同履行、监督检查等规则。任何国家的劳动立法都不能覆盖劳动关系运行的全部劳动行为和用工行为，为了使劳动关系处于一种稳定和谐的状态，劳动关系当事人的权利义务除国家立法所规定的原则性规范和最低标准以外，必须由当事人平等协商确定，而劳动合同和集体合同制度适应了劳动关系运行的这种需要。建立和谐的劳动关系，必须发挥合同规范在调整劳动关系中的作用。

(三) 劳动标准制度

劳动标准制度包括工作时间和休息休假制度、工资制度、劳动安全卫生制度以及女职工和未成年工特殊保护制度等。《劳动法》所规定的劳动标准为最低劳动标准，一般属于强制性法律规范，以绝对肯定的形式予以规定，具有必须严格执行的法律约束力，具有单方面的强制性，不能由当事人协议予以变更。劳动关系当事人协议约定的劳动条件标准可以高于国家规定的标准，但是不能低于国家规定的标准，低于国家标准的劳动条件不具有法律约束力。例如劳动关系当事人约定的工资可以高于国家规定的最低工资标准，但是不能低于该项标准；再如工作时间，在正常情况下可以低于每日8小时的标准工作日，但是不能约定超过8小时的工作日，当然，依照法定程序延长工作时间的不在此列。即使依照法定程序延长工作时间，在正常情况下，每月也不能超过36小时。

(四) 职业培训制度

职业培训是指对要求就业的或已经就业的劳动者进行的专业技术知识和职业技能的教育与训练，其目的在于开发劳动者的职业技能，提高劳动者素质，增强劳动者的就业能力和工作能力。职业培训是国家国民教育体系的重要组成部分。职业培训制度规定政府有关部门和用人单位在发展培训事业和开发劳动者职业技能方面的职责、管理权限、职业分类、通用标准和职业技能考核鉴定制度。

(五) 社会保险和福利制度

社会保险制度在于保障劳动者的物质帮助权，其功能是使劳动者在年老、患病、工伤、失业和生育等情况下能够获得帮助和补偿。社会保险制度的主要内容包括：社会保险的体制，社会保险的项目、种类，社会保险的适用范围，享受社会保险待遇的资格条件和标准，社会保险待遇的支付原则以及社会保险基金的筹集、运营和管理等。

(六) 劳动争议处理制度

劳动争议处理制度是为了保证劳动实体法的实现而制定的有关劳动争议处理的调解

程序、仲裁程序和诉讼程序的规范，以及劳动争议处理机构的组成，调解、仲裁程序应遵循的原则等内容。

(七) 工会和职工民主管理制度

工会和职工民主管理制度的目的在于保障劳动者的结社权和民主管理参与权。该项制度规定工会的法律地位，工会的职责与任务，工会的工作方式与活动方式，以及规定劳动者民主参与管理的形式，职工大会、职工代表大会的职权等内容。

(八) 劳动法的监督检查制度

劳动法的监督检查制度是为有效地贯彻实施劳动法，保护劳动者的合法权益，对用人单位和其他有关单位遵守劳动法的情况实行监督、检查、纠偏、处罚活动的主体、监督检查的目的、监督检查的客体、监督检查的方式，对违反劳动法的行为进行制止、纠正和追究违法行为人法律责任的规定的总称。劳动法的监督检查的内容既包括《劳动法》各项规定的实施状况，也包括劳动法律部门各项劳动法律规范的实施状况。劳动法的监督检查的功能是保障劳动法体系的全面实施。劳动法的监督检查制度与其他各项劳动法律制度的区别主要是以下方面：第一，其他各项劳动法律制度主要规定劳动关系的内容、运行规则和调整原则与方式，而劳动法的监督检查制度主要是规定以何种手段实现和保证各项劳动法律制度的实施；第二，其他各项劳动法律制度是劳动监督检查实施时确定监督检查客体的行为合法与否的标准以及对违法情况进行处理的法律依据，而劳动监督检查制度是实施劳动监督检查的职权划分和行为规则；第三，劳动监督检查制度既独立于其他各项劳动法律制度之外，同时又是其他各项劳动法律制度的组成部分，即各项劳动法律制度的范围与劳动监督检查制度的范围是一致的。正因为两者范围的一致性，所以才能保证各项劳动法律制度得到有效的实施。

四、劳动法律关系及其特征

任何一种社会关系经相应的法律规范调整后即转变为法律关系，即当事人之间以权利义务为内容的法律关系。实际运行的劳动关系同样表现为劳动法律关系。所谓劳动法律关系是指劳动法律规范在调整劳动关系过程中所形成的劳动者(雇员)与用人单位(雇主)之间的权利义务关系，即雇员与雇主在实现现实的劳动过程中所发生的权利义务关系。劳动关系转变为劳动法律关系的条件有二：其一，存在现实的劳动关系；其二，存在着调整劳动关系的法律规范。显然，如果没有国家意志的干预，劳动关系就完全根据当事人双方的意志形成，是纯粹的双方的行为。近现代社会倡导意思自治，契约自由，只要雇员与雇主意思表示一致，双方合意，即可以形成劳动关系。劳动关系的存在及其运行并不以劳动法律规范是否存在为前提条件。只要生产的客观条件与主观条件产生分离，那么要进行劳动，两者就必须结合起来。在劳动力与生产资料结合的过程中，必然形成劳动关系。劳动关系不过是劳动的社会形式，因而，劳动关系的产生是以劳动条件的分离为其条件的。但是，由于在劳动关系的运行中，劳动关系当事人的不同目标和必然产生的利益差异导致劳动关系运行的冲突，在利益冲突普遍化的状态下为保持必要的社会秩序，使劳动关系处于一种有序的状态，才需要法律加以规范。在现代社会，劳动关系是基于劳动合同而建立的，劳动合同制度本身就是一种法律制度。当劳动关系受到法律确认、调整和保护时，劳动关系也就不完全取决于雇主与雇员双方的意志。在确定劳动关系各方面的内容以及劳动关系当事人各自的行为时，如确定工时、工资、劳动条件，以及变更、解除和终止劳动关系等时，必须服从国家意志的制约，使确立的劳动关系既符合当事人双方的意志，又符合国家法律意志的要求。与此同时，任何一方违反法律规范，都将承担法律责任。劳动关系经劳动法律规范、调整和保护后，即转变为劳动法律关系，雇主和雇员双方有明确的权利义务。这种受到国家法律规范、调整和保护的雇主与雇员之间以权利义务为内容的劳动关系即为劳动法律关系，它与劳动关系的最主要区别在于劳动法律关系体现了国家意志。

(一) 劳动法律关系是劳动关系的现实形态

劳动法律关系是以劳动关系和劳动法律规范为前提而形成的社会关系，是法律对人们的劳动行为及其相互关系进行调整而出现的一种状态。存在于各类劳动法律渊源中的权利与义务只是以规范与观念形态存在的权利义务，这种权利义务称为法定权利义务。它是统治阶级通过国家的立法活动将本阶级的主观意志客观化的结果，是权利义务存在的主要形态。现实权利义务是指法律关系主体实际行使和履行的权利义务。法定的权利义务只有转化为现实的权利义务才对劳动关系主体有实际的价值，才是真实的和完整的；对于国家来说，才算实现了国家的意志和法律的价值。从以抽象状态存在的劳动权利义务向现实的劳动法律关系的转变是一个决定性的转变，这种转变就是劳动法律的效力与实效的关系。法律一经国家权力机关或授权机关以规范性文件宣布生效之后，就具有法律效力，但此时其效力只停留在应然的状态。只有法定权利转化为主体实际享有的权利和利益，法定义务转化为主体实际承担和履行的义务时，才是现实化的义务，法律才具有实效。从劳动关系控制和调整的视角观察，必须充分注意这种转化。劳动关系是劳动法律关系的现实基础，而劳动法律关系则是劳动关系的法律形式。实际上，劳动法对劳动关系的调整是通过将劳动关系转化为劳动法律关系来实现的。若不存在相应的劳动法律规范以及依此形成的劳动合同规范和集体合同规范，劳动关系就是劳动关系而非劳动法律关系，由于劳动法律规范不可能覆盖劳动关系的全部内容，所以，未在法律规范调整范围内的劳动关系不具有法律关系的性质。劳动法律的规范性作用于劳动关系，提供了劳动法律关系的当事人行为模式标准及其行为准则。

(二) 劳动法律关系的内容是权利和义务

劳动法律关系是以法律上的权利义务为纽带而形成的社会关系，运用劳动法的各种调整方式将劳动关系转化为劳动法律关系是劳动法对劳动关系的第一次调整，雇员与雇主按照法律规范分别享有一定的权利、承担一定的义务，从而使雇主与雇员之间的行为与要求具有法律意义。劳动关系转化为劳动法律关系后，若其运行出现障碍，如违约行为、侵权行为出现，则劳动法将对劳动法律关系继续进行调整，这是劳动法的第二次调整，其目的在于消除劳动法律关系运行的障碍，使其恢复顺利运行。符合法律规范的行为受到肯定的评价，违反法律规范的行为受到否定的评价，即承担由失范行为而应承担的法律责任。可见，法律责任在于侵权行为或违约行为而带来的法律后果。法律责任通常最终由国家的专门机关或经授权的机关认定，特别是在出现劳动争议的时候，仲裁裁决或法院判决可以认定侵权行为人或违约行为人的第二性义务，亦即第一性义务未履行而承担相应的第二性义务。例如，雇员按照劳动合同的约定提供了劳动给付，而雇主未按照合同约定支付工资，经过当事人的申诉或诉讼，仲裁或法院不仅判令雇主支付应支付的工资，而且还须支付补偿金或赔偿金。

(三) 劳动法律关系的双务关系

劳动法律关系是一种双务关系，雇主、雇员在劳动法律关系之中既是权利主体，又是义务主体，互为对价关系。雇员的权利即为雇主的义务，而雇主的权利则为雇员的义务。如雇员劳动给付的义务与雇主管理劳动、指挥劳动的权利；雇主支付工资的义务与雇员获得劳动报酬的权利等。在通常情况下，任何一方在自己未履行义务的前提下无权要求对方履行义务，不能只要求对方履行义务而自己只享有权利，否则就违背了劳动法律关系主体地位平等的要求。

(四) 劳动法律关系具有国家强制性

劳动法律关系是以国家强制力作为保障手段的社会关系，是由观念抽象状态转化为现实秩序的一种状态。国家强制力是否立即发挥作用，取决于劳动法律关系主体行为的性质；强行性规范而形成的劳动法律关系内容受国家法律强制力的直接保障，如不得使用童工，不得低于最低工资标准雇用员工，雇主提供的劳动安全卫生条件不得低于国家标准等；任意性规范形成的劳动法律关系的内容，当其受到危害时，则须经权利主体请求后，国家强制力才会显现。由于法律的国家性、普遍性，再加上劳动关系在现实生活中通常表现为劳动法律关系，是劳动关系的现实状态，故人们在运用劳动关系的概念时，一般对劳动关系与劳动法律关系并不加以严格的区分，如建立或解除劳动关系、劳动关系的运行、劳动关系的调整等，其中的劳动关系既是指劳动关系，又是指劳动法律关系。

五、劳动法律事实

依法能够引起劳动法律关系产生、变更和消灭的客观现象为劳动法律事实。并不是任何事实都可以成为劳动法律事实，只有依据劳动法的规定，带来一定劳动法律后果的事实才能成为劳动法律事实。产生劳动法律关系的事实为合法事实，双方意思表示必须一致；变更、消灭劳动法律关系的事实一般也需双方意思表示一致。但是在一些场合，单方的意思表示以及违法行为或事件也能使劳动法律关系变更或消灭。依据劳动法律事实是否以当事人的主观意志为转移，法律事实可以分为两类。

(一) 劳动法律行为

劳动法律行为是指以当事人的意志为转移，能够引起劳动法律关系产生、变更和消灭，具有一定法律后果的活动，包括合法行为、违约行为、行政行为、仲裁行为和司法行为等。在劳动法律关系中，合法行为才能产生劳动法律关系，违法行为不能产生劳动法律关系。

同时，单方行为通常也不能产生劳动法律关系，这是与民事法律关系不同的特点。例如，只有当事人双方经过平等自愿协商一致的合法行为才能产生劳动法律关系。以欺诈、胁迫等行为产生的劳动关系为无效劳动关系，这类劳动合同从其产生时起就不具有法律效力。而在民事法律关系中，违法行为或单方行为则有可能产生民事法律关系。例如，公民损坏他人财产的违法行为可以引起损害赔偿的民事法律关系；单方的馈赠行为也可以产生民事法律关系等。此外，产生劳动法律关系的法律行为不同于变更、终止、消灭劳动法律关系的行为。产生劳动法律关系的行为只能是合法行为，违法行为或单方行为都不能产生劳动法律关系。但是，除了合法行为以外的违法行为或单方行为也可以使劳动关系变更或消灭。例如劳动者辞职或严重的违约行为，用人单位单方解除劳动合同等可以导致劳动法律关系的变更或消灭。

行为人做出意思表示是劳动法律行为成立的一般要件(即事实要素)，应符合以下基本要求：

(1) 行为人的意思表示必须包含建立、变更、终止劳动法律关系的意图，即包含追求一定法律效果的意图。

(2) 意思表示必须完整地、合于规范地表达劳动法律关系建立、变更、终止的必需内容。残缺不全的，通常不能使法律行为成立。

(3) 行为人必须以一定的方式将自己的内心意图表达于外部，可以由他人客观地加以识别。

(二) 劳动法律事件

劳动法律事件是指不以当事人的主观意志为转移，能够引起一定的劳动法律后果的客观现象，例如企业破产，劳动者伤残、死亡，战争或其他现象。

第三节　参与管理与集体协商

引导案例

某亿滋食品有限公司工会诉某亿滋食品有限公司集体合同纠纷案

亿滋工会亿滋食品企业管理(上海)有限公司工会委员会(下称"亿滋工会")与被告亿滋公司亿滋食品企业管理(上海)有限公司(下称"亿滋公司")，于2012年9月17日签订集体合同。其中约定：期限为2012年10月1日至2015年9月30日；该合同期满前45日，双方协商后，可续签新的集体合同。

2015年6月26日，亿滋工会向亿滋公司发送了"平等协商集体合同要约书"，要求在2015年7月15日召开集体协商会议，协商集体合同续签事宜。

2015年7月3日，亿滋工会向亿滋公司发送了工会联席会会议纪要，亿滋公司总经理于同日回复亿滋工会称其8月份将安排时间和与正式代表会面。之后，亿滋工会又于2015

年7月6日、8月3日、8月17日、8月21日、9月1日向亿滋公司发送电子邮件，要求协商签订集体合同。

2015年9月16日，双方代表召开会议，就集体合同相关内容进行了讨论，达成了下一步行动计划。2015年9月23日，亿滋公司为2015年度集体合同协商代表授权。

2015年9月25日，亿滋工会以亿滋公司为被申请人，向上海市徐汇区劳动人事争议仲裁委员会申请仲裁，要求：(1) 依法裁定亿滋公司立即与亿滋工会进行集体合同的续约协商；(2) 依法裁定新"集体合同"未能续约之前，原集体合同继续有效。

该仲裁委员会于2015年9月25日作出通知，以亿滋工会的请求事项不属于劳动争议受理范围为由，不予受理。

2015年9月30日，亿滋工会再次向亿滋公司提出协商集体合同的要求，亿滋公司于同日通过电子邮件回复亿滋工会称，亿滋公司与亿滋工会已就集体合同事宜开始了商谈，所以没有必要延续目前的集体合同，亿滋公司的代表在十月第三周可以与各工会代表分别开会商谈集体合同事宜。

2015年10月9日亿滋工会起诉至上海市徐汇区人民法院，请求判令：

(一) 亿滋公司立即与亿滋工会进行集体合同的续约协商并签订集体合同；

(二) 新集体合同未能续约之前，亿滋公司继续履行双方于2012年9月17日签订的集体合同。

本案争议焦点有二：一是本案是否应属于人民法院的受案范围？二是是否应当继续履行双方于2012年9月17日签订的集体合同？

法院审理后认为，当事人之间是否签订集体合同以及集体合同的具体条款，均属于当事人意思自治的范畴，故亿滋工会的第一项诉讼请求，不属于人民法院依法处理争议的范围，对此不作处理；亿滋工会要求被告继续履行双方于2012年9月17日签订的集体合同的诉讼请求，无事实依据和法律依据，不予支持。判决驳回亿滋工会亿滋食品企业管理(上海)有限公司工会委员会要求亿滋公司亿滋食品企业管理(上海)有限公司继续履行双方于2012年9月17日签订的集体合同的诉讼请求。原告亿滋工会亿滋食品企业管理(上海)有限公司工会委员会未提出上诉，一审判决书生效。

资料来源：律师代理某亿滋食品有限公司参与该亿滋食品有限公司工会诉其集体合同纠纷案

http://alk.12348.gov.cn/Detail?dbID=40&dbName=LGLD&sysID=294

"既竞争又合作"是劳资双方相互关系的写照，竞争在于维持各自的权益，而合作则是为了确保和扩大所有成员的权益。劳资之间没有合作，共同权益将不存在，竞争也将失去其目标和价值。劳资之间在资讯、经济实力、管理权等方面的差异，使员工参与成为双方合作的基础。

一、员工参与管理

一般而言，员工参与是一种员工影响企业内部决策的程序和制度，它和集体协商相同，都是产业民主的重要机制。员工参与主要是员工以受雇者身份参与企业的决策制定，这些决策主要涉及员工的待遇和工作条件。工作场所的参与是劳动者对切身工作相关事务的参与，有员工建议制度、质量圈、工作团队、工作生活品质方案等方式；企业经营决策的参与是较高层次的参与，常见的有员工代表会、共同决定等方式。员工参与的方式根据国际劳工组织的分类，有"获得资讯""劳资协商""共同管理"和"自我管理"四种不同层次的参与。

(一) 职工代表大会

职工代表大会，即企业民主管理制度，是我国国有企业实行企业民主的最基本形式，是员工行使民主管理权力的机构，由民主选举的员工代表组成。职工代表大会制度对保障员工权益、充分发挥员工的积极性和主动性、提高劳动生产率、建立和谐的劳动关系、稳定社会秩序具有重大意义。

职工代表大会制度是建立以职代会制度为主体的员工参与、民主选举、民主决策、民主管理、民主监督，维护员工权利和利益，协调企业内部劳动关系的维权机制。职工代表大会的工作机构是企业工会，具有审议权、同意或否决权、决定权、监督权、选举权等职权，具体包括：审议企业生产经营重大决策，审议通过企业重大改革方案，参与决定员工集体福利重大事项以及民主评议和推荐、选举企业领导干部等。

(二) 厂务公开

厂务公开制度是我国企业，特别是国有企业大力推行的民主管理的重要形式。厂务公开民主管理，不仅可以搭建职工知情、参与、监督的平台，让广大职工充分参政议政、共建共享和谐，同时可以为企业铺就科学发展的道路。厂务公开制度的建设可以从厂务公开的原则、范围、内容、形式、程序和职责等方面考虑。企业性质不同，厂务公开制度的内容、形式等也不同。总体而言，可以通过公告栏、专题会议等多种形式，做到重大决策公开、制度管理公开、经营绩效公开、人事调整公开等。企业的实践证明，厂务公开制度有利于形成和谐合作、互利双赢的员工关系。厂务公开能够调动员工的积极性、主动性和创造性，提高企业的经济效益，促进企业健康持续地发展。

(三) 工人董监事制度

工人代表进入企业董事会或监事会的做法是员工进入企业领导层直接参与企业最高决策和监督的一种制度设计。工人董事、工人监事，是指依照法律规定，通过职工代表大会民主选举一定数量的职工代表进入董事会、监事会，代表职工行使参与企业决策权力、发挥监督作用的制度。董事会中的员工代表称为工人董事，监事会中的员工代表称为工人监事。工人董事、工人监事制度使员工代表对公司决策进行监督，及时反映员工的意愿和要求；平衡与投资者、管理者的关系；能够把员工利益和公司利益结合在一起，共同承担风险、承担责任、共享利益；在促进公司发展、协调劳资关系方面起到重要作用。在我国，工人董事、工人监事是职代会制度的延伸，是完善我国公司法人治理结构的重要内容，是公司实行民主管理的重要形式。但工人董事、工人监事制度，通常只在已有董事会或监事会的公司制企业(有限责任公司和股份有限公司)中建立。

(四) 员工持股计划

员工持股计划(Employee Stock Ownership Plan，ESOP)作为一种企业内部激励方式，自

20 世纪中期在美国诞生以来，逐渐被企业广泛接受并在实践中获得不断完善。主要内容是：企业成立一个专门的员工持股信托基金会，基金会由企业全面担保，贷款认购企业的股票。企业每年按照一定比例提取出工资总额的一部分，投入到员工持股信托基金会，偿还贷款。还款后，该基金会根据员工相应的工资水平或劳动贡献大小，把股票分配到每个员工的"持股基金账户上"。员工离开企业或退休，可将股票出卖还给员工持股信托基金会。实行员工持股计划后，员工既是雇员，又是股东，因其自身利益与公司存亡发展直接相关，故而会更加关注和参与企业的经营管理，管理方也因此更加重视与员工的沟通，更加重视企业的持续发展，劳资关系一般会更加稳定和谐。

(五) 员工自治小组

员工自治小组或自治团队，是工人在工作场所直接参与企业经营管理活动的一种制度和常见做法。与其他员工参与或介入的做法不同，员工自治小组通常是员工自发发起，志愿参与并得到企业领导认可或企业规章保障的团队活动。在实践中，一旦启动，员工自治小组一般自行商讨安排工作计划，自己决定完成任务的方式，在工作中自行承担相关责任，也拥有较大的自主决定的权力。20 世纪中叶日本实行的"质量圈"计划就是这种员工参与形式的成功范例。在这种参与形式下，员工结合自身工作，直接参与相关领域的决策和工作改进实践，表现出较强的忠诚感、责任感和创新精神，而企业和管理方也据此维持了良好稳定的劳资关系，增强了内部的凝聚力和团队精神。

质量圈，也叫质量改善小组，是指从事相关工作的志愿人员组成的小组，在训练有素的领导下定时聚会讨论和提出改善工作方法或安排。实施质量圈计划，其目的是给予工人更多运用他们经验和知识的空间，给雇员提供发挥他们智慧的机会，提高生产力和质量，改善雇员关系，赢得雇员对企业的责任心。通过参与质量圈计划，雇员能够在提供建议和解决问题的过程中获得心理满足，这有助于增进劳资双方的沟通，因而它是员工参与管理，提高企业生产率的一个重要手段。质量圈的工作内容：质量圈由 5~10 人的志愿者组成，定期举行时长大约一小时的会议，选择要解决的问题(问题包括工作设计、任务分配、工作进度、产品质量、生产成本、生产率、安全卫生、员工士气等各种生产问题)，讨论问题成因，运用系统的分析技术或集体讨论方法来解决问题，提出解决建议，实施纠正措施，共同承担解决问题的责任。该管理团队的直线管理人员或该团队自我选举的一位成员作为协调人主持会议。

(六) 共同协商

所谓共同协商，是指资方为协调与员工的关系而在制定决策之前，先征求员工的意见或态度，但不需要征得员工或其代表同意的决策程序。其组织机构是协商委员会，由员工和管理方代表组成，主席往往由委员会成员每年选举产生。共同协商是一种最常见的员工参与管理的方式，本质上是使管理者和雇员集聚在协商委员会讨论并决定影响他们共同或各自利益的事务的一种形式。共同协商的目的是为管理者和雇员共同研究和讨论事关双方的问题提供一种手段。通过观点和信息交流，形成一种双方同意的解决办法。共同协商提供了一种机制，它使管理者能够将影响雇员利益的提议传达给雇员，并使雇员能够表达他们对这些改变的想法，对工作的组织方式(如弹性安排)、工作条件、人事政策、各种程序、卫生和安全的运作方式提出自己的意见。共同协商并非权力分享，雇员并不会参与策略性政策的制定，如投资、产品市场开发、合并或接管等。

不同国家、不同企业，员工参与管理的形式也不尽相同。因此，要依据企业的具体情况选择最适合本企业的管理形式，以调动员工的积极性、主动性和创造性，使企业充满生机和活力，让员工都能直接参加企业管理，真正体现员工在企业中的主人翁地位，从而挖掘企业潜力，促进企业技术进步，提高企业经济效益。

二、集体协商(谈判)

集体协商和订立集体合同是形成集体劳动关系过程中的两个阶段，集体协商与签订集体合同是一件事情的两个部分，集体协商是签订集体合同的程序和前提，不进行集体协商就无法签订集体合同；签订集体合同是集体协商的结果，也是集体协商的最终目的。因此，集体谈判权是通过集体协商和集体合同来实现和保障的，集体协商与集体合同是不可分离的。

集体协商(谈判)与工业革命带来的经济、社会、人口的变化是分不开的。技术革新带来的机械化使一些雇员的传统技能不再被需要，劳动力市场竞争加剧，形成了劳动力的买方市场，单个雇员难以通过个别谈判、签订个人劳动合同与雇主抗衡，维护自身利益，因而出现了雇员自发组成的群体性的组织——工会的前身，并开始了集体谈判。国际劳工公约对集体谈判的定义为：集体谈判是适用于一名雇主、一些雇主或一个或数个雇主组织为一方，一个或数个工人组织为另一方，双方就以下目的所进行的所有谈判：① 确定工作条件和就业条件；② 调整雇主与工人之间的关系；③ 调整雇主组织与工人组织之间的关系。

国际劳工组织通过了一系列有关集体谈判的国际劳工公约和建议书，主要包括：1948年《结社自由及组织保护权公约》(第 87 号)、1949 年《组织权利和集体谈判权利原则的实施公约》(第 98 号)、1971 年《工人代表公约》(第 135 号)、1981 年《集体谈判公约》(第154 号)。其中，第 98 号公约作为集体谈判的基本人权公约，其目的是保护劳动者履行组织权利，禁止工人组织和雇主组织之间互相干涉，鼓励自愿性的集体谈判。

(一) 集体协商内容

集体谈判是市场经济国家劳动关系制度的核心，它不仅规定了劳动者的工资福利水平，而且确立了以集体协议的方式调整劳动关系的正式规则。集体谈判也是解决冲突的一种重要途径，它能有效地促使双方互相让步，达成妥协，签订协议，从而大大减少诸如怠工、辞职等冲突的产生。集体谈判使劳资冲突得以规范化，是市场经济国家规范和调整劳动关系十分有效的基本手段和主要方法，也是现代工业社会劳动者应当拥有的一项权利。通过集体谈判确定的就业标准，不仅规范着工会化部门的劳动关系，而且对非工会化部门的劳动标准也具有示范作用。在劳动关系体系中，集体谈判的作用有三：一是确定和修改工作场所的规章制度；二是协调劳资双方共同关心的事务；三是调解、解决劳资纠纷。

工会组织与企业雇主双方通过集体协议方式，决定短期货币工资及其他一般劳动条件，已经成为现代市场体制普遍接受的工资及其他劳动条件的决定方式。《劳动法》第三十三条规定，企业职工一方与企业可以就劳动报酬、工作时间、休息休假、劳动安全卫生、保险福利等事项，签订集体合同。《集体合同规定》第三条规定："本规定所称集体合同，是指用人单位与本单位职工根据法律、法规、规章的规定，就劳动报酬、工作时间、休息休假、劳动安全卫生、职业培训、保险福利等事项，通过集体协商签订的书面协议；所称专项集体合同，是指用人单位与本单位职工根据法律、法规、规章的规定，就集体协商的某一项内容签订的专项书面协议。"

在集体协商中，协商的双方是一种双务关系，彼此不能分离，双方存在着互相依赖的关系。互赖关系非常复杂，它比一方独立于其他方或一方完全地依赖于其他方的场合要复杂得多。由于相互依赖，因而彼此相互需要对方才能达到各自的目标。相互依赖的目标是协商的重要方面，协商各方相互依赖的结构决定了协商可能达成结果的范围，并蕴涵着协商者在协商中的策略与方法。协商的结果可能是一种"单赢"的结局，如果一方获得越多，另一方就要损失越多的话，协商的焦点就只能是对有限成果的分配。这种协商可称之为竞争型协商，一方实现目标的程度会阻碍他方目标的实现程度，协商各方的目标之间存在负向的关联。但同时，协商也可能是一种双赢的结果，即存在着协商双方在协商中都能获利的解决办法，协商各方目标的实现有助于他方目标的实现。在这种结构中，协商各方是一种相互增进的关系，双方目标的达成是一种正面的关联，此种协商则是合作型协商。关于决定一般劳动条件的集体协商应从竞争型协商转向合作型协商。

(二) 集体协商代表

《劳动合同法》第五十一条规定："集体合同由工会代表企业职工一方与用人单位订立；尚未建立工会的用人单位，由上级工会指导劳动者推举的代表与用人单位订立。"该规定明确了集体协商代表的产生。

依据《集体合同规定》，集体协商代表是按照法定程序产生并有权代表本方利益进行集体协商的人员。集体协商双方的代表人数应当对等，每方至少 3 人，并各确定 1 名首席代表。职工一方的协商代表由本单位工会选派。未建立工会的，由本单位职工民主推荐，并经本单位半数以上职工同意。职工一方的首席代表由本单位工会主席担任。工会主席可以书面委托其他协商代表代理首席代表。工会主席空缺的，首席代表由工会主要负责人担任。未建立工会的，职工一方的首席代表从协商代表中民主推举产生。用人单位一方的协商代表，由用人单位法定代表人指派，首席代表由单位法定代表人担任或由其书面委托的其他管理人员担任。集体协商双方首席代表可以书面委托本单位以外的专业人员作为本方协商代表。委托人数不得超过本方代表的三分之一。首席代表不得由非本单位人员代理。用人单位协商代表与职工协商代表不得相互兼任。

集体协商代表履行职责的期限由被代表方确定。协商代表应履行下列职责：① 参加集体协商；② 接受本方人员质询，及时向本方人员公布协商情况并征求意见；③ 提供与集体协商有关的情况和资料；④ 代表本方参加集体协商争议的处理；⑤ 监督集体合同或专项集体合同的履行；⑥ 法律、法规和规章规定的其他职责。协商代表应当保守在集体协商过程中知悉的用人单位的商业秘密。

集体协商代表可以变更。工会可以更换职工一方协商代表；未建立工会的，经本单位半数以上职工同意可以更换职工一方协商代表。用人单位法定代表人可以更换用人单位一方协商代表。协商代表因更换、辞任或遇有不可抗力等情形造成空缺的，应在空缺之日起 15 日内按照规定产生新的代表。

(三) 集体协商的程序

用人单位与本单位职工签订集体合同或专项集体合同，以及确定相关事宜，应当采取集体协商的方式。集体协商主要采取协商会议的形式。劳动关系双方的任何一方均可向对方提出集体协商的要求，其步骤如下：

(1) 提出协商要求。集体协商任何一方均可就签订集体合同或专项集体合同以及相关事宜，以书面形式向对方提出进行集体协商的要求。一方提出进行集体协商要求的，另一方应当在收到集体协商要求之日起 20 日内以书面形式给予回应，无正当理由不得拒绝进行集体协商。

(2) 协商前准备。协商代表在协商前应进行下列准备工作：熟悉与集体协商内容有关的法律、法规、规章和制度；了解与集体协商内容有关的情况和资料，收集用人单位和职工对协商意向所持的意见；拟定集体协商议题，集体协商议题可由提出协商一方起草，也可由双方指派代表共同起草；确定集体协商的时间、地点等事项；共同确定一名非协商代表担任集体协商记录员。记录员应保持中立、公正，并为集体协商双方保密。

(3) 召开协商会议。集体协商会议由双方首席代表轮流主持，并按下列程序进行：宣布议程和会议纪律；一方首席代表提出协商的具体内容和要求，另一方首席代表就对方的要求作出回应；协商双方就商谈事项发表各自意见，开展充分讨论；双方首席代表归纳意见。集体协商未达成一致意见或出现事先未预料的问题时，经双方协商，可以中止协商。中止期限及下次协商时间、地点、内容由双方商定。

(4) 形成集体合同草案。经平等协商达成一致的，应当依据协商结果形成集体合同草案或专项集体合同草案。

(5) 职代会讨论通过。《劳动合同法》第五十一条规定："集体合同草案应当提交职工代表大会或者全体职工讨论通过。"职工代表大会或者全体职工讨论集体合同草案或专项集体合同草案，应当有三分之二以上职工代表或者职工出席，且须经全体职工代表半数以上或者全体职工半数以上同意，集体合同草案或专项集体合同草案方获通过。

(6) 首席代表签字。集体合同草案或专项集体合同草案经职工代表大会或者职工大会通过后，由集体协商双方首席代表签字。

(7) 集体合同审查与公布。《劳动合同法》第五十四条规定："集体合同订立后，应当报送劳动行政部门；劳动行政部门自收到集体合同文本之日起十五日内未提出异议的，集体合同即行生效。"集体合同或专项集体合同签订或变更后，应当自双方首席代表签字之日起 10 日内，由用人单位一方将文本一式三份报送劳动保障行政部门审查。劳动保障行政部门对报送的集体合同或专项集体合同应当办理登记手续。劳动保障行政部门应当对报送的集体合同或专项集体合同的下列事项进行合法性审查：① 集体协商双方的主体资格是否符合法律、法规和规章规定；② 集体协商程序是否违反法律、法规、规章规定；③ 集体合同或专项集体合同内容是否与国家规定相抵触。劳动保障行政部门对集体合同或专项集体合同有异议的，应当自收到文本之日起 15 日内将《审查意见书》送达双方协商代表。用人单位与本单位职工就劳动保障行政部门提出异议的事项经集体协商重新签订集体合同或专项集体合同的，用人单位一方应当在规定时间内将文本重新报送劳动保障行政部门审查。劳动保障行政部门自收到文本之日起 15 日内未提出异议的，集体合同或专项集体合同即行生效。生效的集体合同或专项集体合同，应当自其生效之日起由协商代表及时以适当的形式向本方全体人员公布。

第四节 企业劳动规章制度

引导案例

王某与某公司深圳分公司、某公司劳动合同纠纷案
——劳动者严重违反管理制度的认定

原告王某于 2001 年 1 月 1 日入职被告某公司深圳分公司。工作岗位为销售经理。2015 年 9 月 7 日，某公司深圳分公司向王某发出《解除劳动合同通知书》，主要内容为："王某先生：经查实，在 2015 年 2、4、5、6 月份个人财务报销中，你未如实提供真实的出差酒店住宿费报销，伪造费用报销以及提供虚假发票。你的行为已违反了公司的《工作守则》第 10.3.B22 条：员工在要求个人财务报销或福利时，提供虚假、误导的说明或文件，包括但不限于：员工在明知发票虚假的情况下，提供虚假发票报销，提供不属于可报销范围的发票，伪造实际未发生的费用报销等。根据公司《工作守则》第 10.3.B22 条的规定和相关劳动法律法规，你的劳动合同被立即解除并没有任何经济补偿。请你于两周内到公司人力资源部办理离职手续和你的最后结算。"

深圳市福田区人民法院于 2016 年 5 月 6 日作出(2016)粤 0304 民初 6418 号民事判决，依照《中华人民共和国劳动合同法》第三十九条(二)项、第八十七条，《中华人民共和国民事诉讼法》第六十四条第一款，第一百四十二条的规定，判决：驳回王某的诉讼请求。案件受理费共 10 元，收取 5 元，由原告负担。王某不服，提起上诉。深圳市中级人民法院于 2016 年 10 月 31 日作出(2016)粤 03 民终 14261 号民事判决，驳回上诉，维持原判。二审案件受理费人民币 10 元，由上诉人王某负担。

法院认为：某公司深圳分公司已经充分举证证实了王某 2015 年 2 月至 6 月期间进行虚假报销，次数多，金额大，获得不当利益，违反了旧版《工作守则》第 10.6 条规定以及新版《员工手册》第 10.3.B22 规定。在王某 2001 年 1 月 1 日、2012 年 4 月 9 日知晓《工作守则》，2015 年 5 月 19 日知晓《员工手册》的情况下，新版《员工手册》作为旧版《工作守则》的修订版以及延续，可以作为处罚的依据。王某上诉主张《员工手册》送达时间为 6 月份以后的时间，发生在 6 月份的报销也不应受该手册条款约束和作为处罚依据，理由不成立，法院不予支持。王某的行为已经严重违反企业的规章制度，某公司深圳分公司依据《劳动合同法》第三十九条第(二)项的规定，单方作出解除与王某劳动合同的行为，并在作出解除决定之前征求工会的意见，符合法律的规定，无须支付解除劳动合同赔偿金。王某上诉主张要求某公司深圳分公司、某公司支付违法解除劳动合同赔偿金，理由不成立，法院不予支持。王某上诉主张其虽有违纪行为，但虚假报销所得均用在工作上，且该行为

达不到足以解除劳动合同的程度，对此，法院认为，劳动合同具有人身属性以及财产属性，在劳动合同的履行过程中，劳动者为用人单位提供劳动，其劳动结合用人单位的生产资料，为用人单位创造效益，因此，彼此之间相互信任尤为重要。王某虚假报销行为虽然并没有给某公司深圳分公司造成太大损失，但是某公司深圳分公司此前已在规章制度中反复告知员工不得欺诈，在员工有欺骗公司行为后，对员工的不诚信行为采取零容忍态度，单方解除亦不违反法律规定，故王某的主张缺乏依据，法院不予支持。

资料来源：2020 年深圳法院劳动争议典型案例汇编 案例 8
https://mp.weixin.qq.com/s/BqLLkGjRTeFHH FcJdMuirw

在长期的劳动实践过程中，人们逐渐形成了一套必须共同遵守的、有关劳动的规章、制度、纪律，乃至道德、习惯，这就是劳动规范。其中，有关劳动的规章、制度、纪律等，是对劳动的正式社会控制，具有权威性、强制性和直接性。而习惯、舆论、职业道德等，则是对劳动的非正式社会控制，其权威性、强制性和直接性要弱于正式控制，但具有广泛性、现实性和持久性。显然，不论是对劳动的正式社会控制，还是非正式社会控制，其都在社会层面上有助于实现协同劳动。同样，进入到企业的层面，在同一企业中劳动的不同劳动者也需要能够遵守其劳动的企业内部劳动规范。显然，这种企业内部的劳动规范更多是为实现企业目标而服务的，带有明显的企业特征，并由此表现出一定的多样性。这种企业内部的劳动规范常常被称为企业劳动规章制度。

一、企业劳动规章制度的概念

所谓劳动规章制度，是指用人单位依法制定并在本单位实施的组织劳动和进行生产经营管理的制度，也称为内部劳动规则、厂规厂纪。劳动规章制度内容主要包括：劳动报酬、工作时间、休息休假、劳动就医、保险福利、职工培训、劳动纪律以及劳动定额管理等。《劳动合同法》第四条第一款规定用人单位有制定规章制度的义务，其目的是保护劳动者的合法权利，当然，也是管理劳动行为的手段。这一规定与《劳动法》第四条的规定完全一致，且《劳动合同法》在《劳动法》的基础上大大丰富了规章制度从制定程序、修改程序到要件生效的相关规定。《劳动合同法》第三十九条的规定，使得规章制度与严重违纪解除劳动合同密切相关，所以，不论在企业管理实践中，还是在司法审判实践中，企业劳动规章制度都是关注的重点。

对于企业劳动规章制度的理解应该注意以下几点：

其一，企业劳动规章制度是企业规章制度的一部分。企业规章制度的涉及面很广，如对战略、组织、流程等做出的具体规定；而企业劳动规章制度则是与劳动者及其劳动有关的那一部分，涉及面相对要小，如对劳动者的权利、义务以及劳动关系等做出的规定。尽管如此，企业劳动规章制度的目的并不是为了保障劳动者享有劳动权利和履行劳动义务，有效预防和妥善处理劳动争议；而是要将这些内容视为一种手段，其目的是实现企业的经营目标。

其二，企业劳动规章制度是根据国家法律、法规和政策制定的，这就要求企业劳动规章制度不得与国家法律法规和政策相违背；但同时也说明，企业劳动规章制度不应该是国家法律法规和政策的翻版，而应该是国家法律、法规和政策的延伸和具体化，是国家法律、法规和政策与企业具体情境相结合的产物。

其三，企业劳动规章制度是用人单位和劳动者在劳动过程中的行为规则，它对用人单位和劳动者的约束只限于劳动过程。因此，在用人单位的规章制度中凡是关于劳动过程之外事项的规定，都不属于劳动规章制度的范畴。

其四，企业劳动规章制度的调整对象是劳动过程中的用人单位和劳动者之间以及劳动者与劳动者之间的关系，它所规范的是劳动过程中的劳动行为和用人行为。因此，企业劳动规章制度既约束用人单位，也约束劳动者；它既保障用人单位和劳动者在劳动过程中的权利，也规范用人单位和劳动者在劳动过程中的义务。

其五，企业劳动规章制度是结合企业的实际情况而制定的。每个企业都有其独特的发展历史，因此，企业根据其自身实际情况和特点制定的劳动规章制度，都带有企业专属的属性，即对于某一企业来说是比较适用的劳动规章制度，搬到其他企业则可能完全不再有效。

二、规章制度的生效要件

根据《劳动合同法》，规章制度具有法律效力的三个要件：① 规章制度制定主体要合法；② 规章制度内容要合法；③ 规章制度的制定和通过要符合民主程序，制定后向员工公示。

(一) 主体合法

规章制度是用人单位管理层主导、劳动者参与而制定的行为规范，劳动者只是参与者，制定主体应是用人单位。根据《劳动合同法》第二条规定，"用人单位"的范围包括："中华人民共和国境内的企业、个体经济组织、民办非企业单位等组织"。根据我国《中华人民共和国民法典》(以下简称《民法典》)的相关规定，法人是具有民事权利能力和民事行为能力，依法独立享有民事权利和承担民事义务的组织。具有独立法人资格的企业属于"用人单位"的范围，是制定劳动规章制度的合法主体。

最高人民法院《关于适用<中华人民共和国民事诉讼法>的解释》第五十二条规定，"民事诉讼法第四十八条规定的其他组织是指合法成立、有一定的组织机构和财产，但又不具备法人资格的组织，包括：(四) 依法成立的社会团体的分支机构、代表机构；(五) 依法设立并领取营业执照的法人的分支机构；(六) 依法设立并领取营业执照的商业银行、政策性银行和非银行金融机构的分支机构。"根据该规定，依法设立并领取营业执照的法人的分支机构具有诉讼主体资格，可以作为民事诉讼的当事人。据此，分支机构有独立制定劳动规章制度的主体资格。

企业法人的管理部门应该属于一个企业的内设机构，不具有独立的民事主体地位，没有制定劳动规章制度的主体资格，其制定的部门规定、奖金分配、内部考核等原则上只约束本部门的员工，不能对全体员工产生约束力。但是，如果该管理部门被明确授权可以制定具体的实施细则、专业管理办法就可以成为制定劳动规章制度的主体。

(二) 内容合法

企业劳动规章制度的内容合法不仅指其内容不能违反法律、行政法规的强制性规定，不得违反公序良俗，还要求其客观适度，即合理行使企业经营自主权。下面从合法性要求和合理性要求两方面提出企业劳动规章制度的内容合法这一效力要件。

《劳动合同法》第四条第一款规定，用人单位应当依法建立和完善规章制度，保障劳动者享有劳动权利、履行劳动义务。这里的"依法"应当作广义理解，指所有的法律、法规和规章，包括：宪法、法律、行政法规、地方性法规，民族自治地方还要依据该地方的自治条例和单行条例，以及有关劳动方面的行政规章。

企业劳动规章制度的内容应该合理、适度、客观，即企业应本着合理行使其经营自主权的原则。具体来说，合理性原则包括以下层面：企业劳动规章制度不得侵犯劳动者的基本权利；企业劳动规章制度权利义务的规定必须对应、适度；劳动规章制度的内容应该具有客观性、可操作性。

我国现行劳动法律、法规对违纪行为的规定使用了大量的程度副词，如"严重违纪""重大损失"等，在这些情况下，企业可以解除劳动合同，但对什么是违纪行为、违纪行为达到何种程度才构成"严重违纪"等，却没有进行具体列举，这就需要企业根据不同岗位要求，在规章制度中将其细化和量化。所谓细化，是指全面列举违纪行为的具体表现。所谓量化，是指在程度上尽量使用客观的数字说明、描述相应的行为。如不要使用"经常迟到早退"，而应使用"迟到或早退累计达三次"；不要使用"凡给公司造成严重经济损失的行为"，而应使用"给公司造成经济损失达 XX 元以上者"。惩处标准是指不同程度的违纪行为对应不同的惩处力度，惩处标准应科学、合理，如"当月迟到一次扣发当月奖金的2%，迟到两次扣发当月奖金的 5%，累计迟到三次视为旷工一天"等。

(三) 程序合法

企业规章制度的制定应符合法定民主程序。《劳动合同法》第四条第二款规定，用人单位在制定、修改或者决定有关劳动报酬、工作时间、休息休假、劳动安全卫生、保险福利、职工培训、劳动纪律以及劳动定额管理等直接涉及劳动者切身利益的规章制度或者重大事项时，应当经职工代表大会或者全体职工讨论，提出方案和意见，与工会或者职工代表平等协商确定。

《劳动合同法》第四条第四款规定，用人单位应当将直接涉及劳动者切身利益的规章制度和重大事项决定公示，或者告知劳动者。

三、依据规章制度惩处的程序

(一) 建立合法有效的规章制度

规章制度是用人单位内部实施的组织劳动和进行劳动管理的规则，在劳动关系的调整体系中发挥着重要作用。合法有效的规章制度是法律在企业内部的延伸，其范围可以涉及一切与劳动有关的规定和调整机制，如工时制度、休假规定、薪酬福利制度、录用考核制度、考勤请假制度等。

(二) 调查和取证

惩处应建立在事实清楚、证据确凿的基础之上。《最高人民法院关于审理劳动争议案件适用法律问题的解释(一)》第四十四条规定:"因用人单位作出的开除、除名、辞退、解除劳动合同、减少劳动报酬、计算劳动者工作年限等决定而发生的劳动争议,用人单位负举证责任。"企业在处理违纪员工时,不要操之过急,应该先调查了解情况。只有在事实依据和法律依据充分,并有相关证据能够证明的情况下,才能作出处理决定。管理方要避免对员工进行草率惩罚,更不能在惩罚员工之后,再去收集、寻找相关证据。

(三) 符合程序

公司对员工的惩处要符合程序,尤其在解除劳动合同时有法律规定的程序。《劳动合同法》第四十三条规定,用人单位单方解除劳动合同,应当事先将理由通知工会。用人单位违反法律、行政法规规定或者劳动合同约定的,工会有权要求用人单位纠正。用人单位应当研究工会的意见,并将处理结果书面通知工会。

(四) 书面记录

凡是违纪处罚,一定要有书面记录,并在员工档案中保存。即使是口头警告,也要如此。书面记录可以为以后可能发生的劳动争议提供证据,提高企业预防劳动争议的能力。

尽管法律没有规定用人单位运用规章制度处理劳动者有时效限制,但是从证据收集和用人单位正常运营角度来说,都应当对劳动者的违纪行为及时进行处理。而在运用规章制度对劳动者进行处罚时,还应将处罚结果送达给劳动者,否则,用人单位的处罚将不能产生法律效力。

思 考 题

1. 试述劳动关系的调整形式。
2. 劳动法的法律渊源是什么?
3. 劳动法体系的具体内容有哪些?
4. 劳动法律关系的特征是什么?
5. 试述员工参与管理的形式。
6. 简述集体协商的程序。
7. 试述企业规章制度的生效要件。

下篇 实 务 篇

第四章 劳动合同的订立

　　劳动合同关系是用人单位与劳动者在劳动过程中的权利义务关系，是劳动法律关系最主要的形式。规范和调整劳动关系双方的权利义务，构建和谐的劳动关系，是我国劳动合同立法的目的。依法订立劳动合同是实施劳动合同制度的前提和基础。

第一节 劳动合同制度

引导案例

房玥诉中美联泰大都会人寿保险有限公司劳动合同纠纷案

　　房玥于 2011 年 1 月至中美联泰大都会人寿保险有限公司(以下简称大都会公司)工作，双方之间签订的最后一份劳动合同履行日期为 2015 年 7 月 1 日至 2017 年 6 月 30 日，约定房玥担任战略部高级经理一职。2017 年 10 月，大都会公司对其组织架构进行调整，决定撤销战略部，房玥所任职的岗位因此被取消。双方就变更劳动合同等事宜展开了近两个月的协商，未果。12 月 29 日，大都会公司以客观情况发生重大变化、双方未能就变更劳动合同协商达成一致为由，向房玥发出《解除劳动合同通知书》。房玥对解除决定不服，经劳动仲裁程序后起诉要求恢复与大都会公司之间的劳动关系并诉求 2017 年 8 月至 12 月未签劳动合同二倍工资差额、2017 年度奖金等。大都会公司《员工手册》规定：年终奖金根据公司政策，按公司业绩、员工表现计发，前提是该员工在当年度 10 月 1 日前已入职，若员工在奖金发放月或之前离职，则不能享有。据查，大都会公司每年度年终奖会在次年 3 月份左右发放。

　　上海市黄浦区人民法院于 2018 年 10 月 29 日作出(2018)沪 0101 民初 10726 号民事判决：一、大都会公司于判决生效之日起七日内向原告房玥支付 2017 年 8 月至 12 月期间未签劳动合同双倍工资差额人民币 192 500 元；二、房玥的其他诉讼请求均不予支持。房玥不服，上诉至上海市第二中级人民法院。上海市第二中级人民法院于 2019 年 3 月 4 日作出(2018)沪 02 民终 11292 号民事判决：一、维持上海市黄浦区人民法院(2018)沪 0101 民初 10726 号民事判决第一项；二、撤销上海市黄浦区人民法院(2018)沪 0101 民初 10726 号民事判决第二项；三、大都会公司于判决生效之日起七日内支付上诉人房玥2017年度年终奖税前人民币138 600元；四、房玥的其他请求不予支持。

本案的争议焦点系用人单位以客观情况发生重大变化为依据解除劳动合同，导致劳动者不符合员工手册规定的年终奖发放条件时，劳动者是否可以获得相应的年终奖。对此，一审法院认为，大都会公司的《员工手册》明确规定了奖金发放情形，房玥在大都会公司发放2017年度奖金之前已经离职，不符合奖金发放情形，故对房玥要求2017年度奖金之请求不予支持。二审法院经过审理后认为，现行法律法规并没有强制规定年终奖应如何发放，用人单位有权根据本单位的经营状况、员工的业绩表现等，自主确定奖金发放与否、发放条件及发放标准，但是用人单位制定的发放规则仍应遵循公平合理原则，对于在年终奖发放之前已经离职的劳动者可否获得年终奖，应当结合劳动者离职的原因、时间、工作表现和对单位的贡献程度等多方面因素综合考量。本案中，大都会公司对其组织架构进行调整，双方未能就劳动合同的变更达成一致，导致劳动合同被解除。房玥在大都会公司工作至2017年12月29日，此后两日系双休日，表明房玥在2017年度已在大都会公司工作满一年；在大都会公司未举证房玥的2017年度工作业绩、表现等方面不符合规定的情况下，可以认定房玥在该年度为大都会公司付出了一整年的劳动且正常履行了职责，为大都会公司做出了应有的贡献。基于上述理由，大都会公司关于房玥在年终奖发放月之前已离职而不能享有该笔奖金的主张缺乏合理性。故对房玥诉求大都会公司支付2017年度年终奖，应予支持。

资料来源：最高人民法院指导案例183号 https://www.court.gov.cn/shenpan/xiangqing/364671.html

劳动合同制度是我国基本的劳动制度。《劳动合同法》是我国劳动法律体系的重要组成部分，是调整和规范劳动合同订立、履行、变更、解除、终止和续订的法律规范，对于规范劳动力市场秩序和企业用工形式，协调、平衡用人单位和劳动者双方的利益关系，发展和谐劳动关系具有重要意义。

一、劳动合同的概念

《劳动法》第十六条规定，劳动合同是劳动者与用人单位确立劳动关系、明确双方权利义务的协议。订立劳动合同的目的是在劳动者和用人单位之间建立劳动法律关系，规定劳动合同双方当事人的权利和义务。

理解这一概念，应把握以下三点：

(1) 劳动合同的双方当事人为用人单位与劳动者。用人单位是指依法签订劳动合同，招用和管理劳动者，并按法律规定或合同约定向劳动者提供劳动条件、劳动保护和支付劳动报酬的劳动组织。劳动者是指在法定就业年龄范围内，具有劳动权利能力和劳动行为能力，在用人单位管理下独立给付劳动并获取劳动报酬的自然人。

(2) 劳动合同内容是双方的劳动权利义务。依据《劳动法》第三条，劳动者应当完成劳动任务，提高职业技能，执行劳动安全卫生规程，遵守劳动纪律和职业道德。同时，劳动者享有平等就业和选择职业的权利、取得劳动报酬的权利、休息休假的权利、获得劳动安全卫生保护的权利、接受职业技能培训的权利、享受社会保险和福利的权利、提请劳动争议处理的权利以及法律规定的其他劳动权利。

(3) 劳动合同是劳动关系当事人依据国家法律的规定，经平等自愿、协商一致缔结的，体现当事人双方的意志，是劳动关系当事人双方合意的结果。其基本特点是体现劳动关系当事人双方的意志。

二、劳动合同的特点

基于劳动合同的概念，劳动合同具有以下特点：

(1) 劳动合同的主体具有特定性。劳动合同主体一方为劳动者，另一方为用人单位。作为劳动合同主体的劳动者必须是年满16周岁以上，有就业要求，具有劳动行为能力的自然人。《劳动合同法》第二条规定："中华人民共和国境内的企业、个体经济组织、民办非企业单位等组织(以下称用人单位)与劳动者建立劳动关系，订立、履行、变更、解除或者终止劳动合同，适用本法。国家机关、事业单位、社会团体和与其建立劳动关系的劳动者，订立、履行、变更、解除或者终止劳动合同，依照本法执行。"

(2) 劳动合同是双务合同。依据当事人双方确立义务的分担方式，合同分为双务合同与单务合同。双务合同是指当事人双方相互享有权利、承担义务的合同，如买卖、贸易、租赁、承揽、运送、保险等合同均为双务合同。单务合同，是指当事人一方只享有权利，另一方只承担义务的合同，如赠与、借用合同就是单务合同。劳动合同是典型的双务合同，用人单位负有支付劳动报酬、提供劳动安全卫生条件、依法缴纳社会保险费等义务；相应地，劳动者负有提供劳动、遵守规章制度和劳动纪律、保守单位商业秘密等义务。劳动合同主体既是权利主体，又是义务主体，任何一方在自己未履行义务的条件下，无权要求对方履行义务。

(3) 平等性与隶属性并存。劳动合同当事人的法律地位平等，但在组织管理上具有隶属关系。劳动合同一经签订，劳动者在行使权利的同时也必须承担相应的义务，服从用人单位的领导和工作安排；同时，用人单位也有权利和义务对劳动者进行管理。劳动合同当事人这种职责上的隶属关系是在双方当事人权利、义务关系对等的基础上，依照社会化大生产劳动过程的分工要求形成的，并不是一种人身依附关系。如果合同解除了，那么这种职责上的身份关系也自然解除。

(4) 劳动合同属于法定要式合同。所谓要式合同是指必须具备特定的形式或履行一定手续方具有法律效力的合同。由法律直接规定的要式合同则是法定要式合同。根据《劳动法》和《劳动合同法》的规定，劳动合同应当以书面形式订立、劳动合同必须具备法定条款等。上述法律规定使劳动合同成为法定要式合同。

三、劳动合同订立原则

订立劳动合同的原则，是指在劳动合同订立过程中双方当事人应当遵循的法律准则。《劳动合同法》第三条规定："订立劳动合同，应当遵循合法、公平、平等自愿、协商一致、诚实信用的原则。"相比《劳动法》增加了"公平"和"诚实信用"的原则。

(一) 合法的原则

合法原则，是指劳动合同的订立要遵守法律的规定，遵守社会公共利益，不得与法律、法规相抵触，不得违背公序良俗。合法是劳动合同有效并受国家法律保护的前提条件，它的基本内涵应当包括以下方面：

（1）订立劳动合同的主体必须合法。主体合法，即当事人必须具备订立劳动合同的主体资格。用人单位的主体资格是指其必须具备法人资格或经国家有关机关批准依法成立，必须有被批准的经营范围和履行劳动关系权利义务的能力，以及承担经济责任的能力；个体工商户必须具备民事主体的权利能力和行为能力。劳动者的主体资格，是指必须达到法定的最低就业年龄，具备劳动能力。

（2）订立劳动合同的目的必须合法。目的合法，是指当事人双方订立劳动合同的宗旨和实现法律后果的意图不得违反法律、法规的规定。劳动者订立劳动合同的目的是实现就业，获得劳动报酬；用人单位订立劳动合同的目的是使用劳动力来组织社会生产劳动，发展经济，创造效益。

（3）订立劳动合同的内容必须合法。内容合法，是指双方当事人在劳动合同中确定的具体权利与义务条款必须符合法律、法规和政策的规定。劳动合同的内容涉及工作内容、工资分配、社会保险、工作时间和休息休假以及劳动安全卫生等多方面的内容，劳动合同在约定这些内容时，不能违背法律和行政法规的规定。

（4）订立劳动合同的程序与形式合法。程序合法，是指劳动合同的订立必须按照法律、行政法规所规定的步骤和方式，一般要经过要约和承诺两个步骤。形式合法，是指劳动合同必须以法律、法规规定的形式签订。《劳动合同法》第十条规定："建立劳动关系，应当订立书面劳动合同。"这一规定明确了订立劳动合同的形式，并对不订立书面劳动合同的行为追究责任，对劳动者造成损害的，还要承担赔偿责任。

（二）公平的原则

公平是法律追求的最高价值目标，也是我国劳动合同订立的基本原则。用人单位在与劳动者订立劳动合同时，应给予全体劳动者公平的劳动待遇，不得因民族、种族、年龄、性别、用工方式的不同而不同。《劳动合同法》增加"公平"为订立劳动合同的原则，主要考虑的是双方当事人之间的利益平衡，强调了劳动合同当事人在订立劳动合同时，对劳动合同内容的约定中，双方承担的权利义务中不能要求一方承担不公平的义务。劳动合同是双务合同，任何一方当事人都是既享有权利，也要承担义务，双方的权利义务要对等。如果双方订立的劳动合同内容有失公平，则该劳动合同中显失公平的条款无效。

（三）平等自愿的原则

平等，是指订立劳动合同的双方当事人具有相同的法律地位。在订立劳动合同时，双方当事人是以劳动关系平等主体资格出现的，有着平等要求利益的权利，不存在命令与服从的关系，任何以胁迫、欺骗等非法手段订立的劳动合同，均属无效。这一原则赋予了双方当事人公平地表达各自意愿的机会，有利于维护双方的合法权益。

自愿，是指订立劳动合同必须出自双方当事人自己的真实意愿，是在充分表达各自意见的基础上，经过平等协商而达成的协议。这一原则保证了劳动合同是由当事人根据自己的意愿独立作出决定而订立的。劳动合同内容的确定，必须完全与双方当事人的真实意思相符合。采取暴力、强迫、威胁、欺诈等手段订立的劳动合同无效。

(四) 协商一致的原则

协商一致，是指当事人双方就劳动合同订立的有关事项，应当依法采用协商的办法达成一致协议。这一原则是维护劳动关系当事人合法权益的基础。这条原则重点在"一致"，只有通过协商达到统一，才能真正体现平等自愿的原则。如果在订立劳动合同时，双方当事人不能达成一致的意思表示，劳动合同就不能成立。

(五) 诚实信用的原则

诚实信用，是合同订立和履行过程中都应遵循的原则。《劳动合同法》增加"诚实信用"为订立劳动合同的原则，表明当事人订立劳动合同的行为必须诚实，双方为订立劳动合同提供的信息必须真实。双方当事人在订立与履行劳动合同时，必须以自己的实际行动体现诚实信用，互相如实陈述有关情况，并忠实履行签订的协议。当事人一方不得强制或者欺骗对方，也不能采取其他诱导方式使对方违背自己的真实意思而接受对方的条件。有欺诈行为签订的劳动合同，受损害的一方有权解除劳动合同。《关于劳动人事争议仲裁与诉讼衔接有关问题的意见(一)》第十九条规定，"用人单位因劳动者违反诚信原则，提供虚假学历证书、个人履历等与订立劳动合同直接相关的基本情况构成欺诈解除劳动合同，劳动者主张解除劳动合同经济补偿或者赔偿金的，劳动人事争议仲裁委员会、人民法院不予支持。"

四、劳动合同的作用

《劳动合同法》第一条规定："为了完善劳动合同制度，明确劳动合同双方当事人的权利和义务，保护劳动者的合法权益，构建和发展和谐稳定的劳动关系，制定本法"，明确了《劳动合同法》的立法宗旨。可见，劳动合同是确立劳动关系的法律形式，对于保障劳动者的合法权益，促进用人单位的合理用工以及构建和谐劳动关系都起到积极的推动作用。

(一) 有利于尊重劳动，保护劳动者权益

劳动合同是劳动者实现劳动权，维护劳动者合法权益的重要保障。劳动合同一方面从形式上确立劳动关系，为劳动者实现劳动权提供重要法律形式，从而为劳动者获得劳动报酬、休息休假、社会保险等各项法定权益奠定了基础；另一方面又从内容上具体约定了劳动者的工资、工作内容、工作时间等权益，从而为劳动者实现劳动保障权益提供了依据。

(二) 有利于维护用人单位合法权益

劳动合同不仅有利于规范用人单位用工行为，提高管理效率，而且保障了用人单位的合法权益。如依赖于劳动合同的竞业限制制度就有利于保护用人单位的商业秘密和知识产权，促进创新和公平竞争。

(三) 有利于构建和谐劳动关系

劳动关系和谐稳定，是保证企业正常的生产经营秩序、促进经济社会和谐发展的前提

和基石。劳动合同的签订建立在自愿平等、协商一致的基础上，是劳动者和用人单位实现双向选择的重要途径，有利于劳动力市场的稳定以及劳资双方利益和力量的平衡。此外，劳动合同是预防和正确处理劳动争议的重要手段，是劳动争议有效解决的重要依据。

五、劳动合同管理

从广义讲，劳动合同的管理是指司法机关、劳动争议处理机构、劳动保障行政机关、用人单位、工会组织以及用人单位内部行政和工会组织，按照法律、法规的要求，在各自的职责范围内，运用指导、组织、监督、检查、评价、诉讼、仲裁等手段，分别对劳动合同的订立、履行、变更、解除等行为进行管理，并对违反劳动法规的行为予以纠正或者处罚，以保证劳动合同制度正常运行的活动。从这一视角分析劳动合同管理可将其分为劳动合同争议的仲裁与诉讼、行政管理、社会管理以及用人单位的内部管理。从狭义讲，劳动合同的管理仅指用人单位内部的劳动合同管理。

目前，我国已经建立起劳动合同制度，但该制度还处于健全与完善阶段，一些用人单位和劳动者还没有意识到劳动合同的重要性，对劳动合同各环节的操作缺乏必要的法律知识，不能充分发挥劳动合同对劳动关系的调节作用。因此，各级劳动保障行政部门、工会组织要对企业各项劳动合同制度加强监督和指导，搞好劳动保障监察与工会劳动法律监督的协调配合，及时解决监督检查中发现的矛盾和问题，坚决纠正和依法处理违反劳动合同的行为。

用人单位内部的劳动合同管理，是指单位行政及其代表参与的劳动争议调解组织对内部劳动合同制度运行的管理。它是用人单位人力资源管理的有机组成部分和组织劳动过程的必要手段。其主要内容包括：制定内部劳动合同制度及实施细则，组织落实劳动合同的订立、变更、解除与终止，监督劳动合同的履行，劳动合同文档管理，参与调解劳动合同争议等。

第二节 劳动关系建立

引导案例

如何认定网约货车司机与平台企业之间是否存在劳动关系？

刘某于 2020 年 6 月 14 日与某信息技术公司订立为期 1 年的《车辆管理协议》，约定：刘某与某信息技术公司建立合作关系；刘某自备中型面包车 1 辆提供货物运输服务，须由本人通过公司平台在某市区域内接受公司派单并驾驶车辆，每日至少完成 4 单，多接订单给予加单奖励；某信息技术公司通过平台与客户结算货物运输费，每月向刘某支付包月运输服务费 6000 元及奖励金，油费、过路费、停车费等另行报销。刘某从事运输工作期间，每日在公司平台签到并接受平台派单，跑单时长均在 8 小时以上。某信息技术公司通过平台对刘某的订单完成情况进行全程跟踪,刘某每日接单量超过 4 单时按照每单 70 元进行加单奖励,出现接单量不足 4 单、无故拒单、运输超时、货物损毁等情形时按照公司制定的费用结算办法扣减部分服务费。2021 年 3 月 2 日,某信息技术公司与刘某订立《车辆管理终止协议》,载明公司因调整运营规划,与刘某协商一致提前终止合作关系。刘某认为其与某信息技术公司之间实际上已构成劳动关系,终止合作的实际法律后果是劳动关系解除,某信息技术公司应当支付经济补偿。某信息技术公司以双方书面约定建立合作关系为由否认存在劳动关系,拒绝支付经济补偿,刘某遂向劳动人事争议仲裁委员会(以下简称仲裁委员会)申请仲裁,请求裁决某信息技术公司支付解除劳动合同经济补偿。

仲裁委员会裁决:某信息技术公司向刘某支付解除劳动合同经济补偿。

本案争议焦点是,刘某与某信息技术公司之间是否符合确立劳动关系的情形?

《劳动合同法》第七条规定:"用人单位自用工之日起即与劳动者建立劳动关系",《关于维护新就业形态劳动者劳动保障权益的指导意见》第十八条规定:"根据用工事实认定企业和劳动者的关系",以上法律规定和政策精神体现出,认定劳动关系应当坚持事实优先原则。《关于确立劳动关系有关事项的通知》相关规定体现出,劳动关系的核心特征为"劳动管理",即劳动者与用人单位之间具有人格从属性、经济从属性、组织从属性。在新就业形态下,由于平台企业生产经营方式发生较大变化,劳动管理的体现形式也相应具有许多新的特点。当前,认定新就业形态劳动者与平台企业之间是否存在劳动关系,应当对照劳动管理的相关要素,综合考量人格从属性、经济从属性、组织从属性的有无及强弱。从人格从属性看,主要体现为平台企业的工作规则、劳动纪律、奖惩办法等是否适用于劳动者,平台企业是否可通过制定规则、设定算法等对劳动者劳动过程进行管理控制;劳动者是否须按照平台指令完成工作任务,能否自主决定工作时间、工作量等。从经济从属性看,主要体现为平台企业是否掌握劳动者从业所必需的数据信息等重要生产资料,是否允许劳动者商定服务价格;劳动者通过平台获得的报酬是否构成其重要收入来源等。从组织从属性看,主要体现在劳动者是否被纳入平台企业的组织体系当中,成为企业生产经营组织的有机部分,并以平台名义对外提供服务等。

本案中,虽然某信息技术公司与刘某订立《车辆管理协议》约定双方为合作关系,但依据相关法律规定和政策精神,仍应根据用工事实认定双方之间的法律关系性质。某信息技术公司要求须由刘某本人驾驶车辆,通过平台向刘某发送工作指令、监控刘某工作情况,并依据公司规章制度对刘某进行奖惩;刘某须遵守某信息技术公司规定的工作时间、工作量等要求,体现了较强的人格从属性。某信息技术公司占有用户需求数据信息,单方制定服务费用结算标准;刘某从业行为具有较强持续性和稳定性,其通过平台获得的服务费用构成其稳定收入来源,体现了明显的经济从属性。某信息技术公司将刘某纳入其组织体系进行管理,刘某是其稳定成员,并以平台名义对外提供服务,从事的货物运输业务属于某信息技术公司业务的组成部分,体现了较强的组织从属性。综上,某信息技术公司对刘某存在明显的劳动管理行为,符合确立劳动关系的情形,应当认定双方之间存在劳动关系。某信息技术公司与刘某订立《车辆管理终止协议》,实际上构成了劳动关系的解除,因此,对刘某要求某信息技术公司支付经济补偿的仲裁请求,应当予以支持。

资料来源:人力资源社会保障部 最高人民法院 劳动人事争议典型案例(第三批)案例 1
https://www.chinacourt.org / article/detail/2023/05/id/7311732.shtml

劳动者与用人单位建立的劳动关系，是受国家法律规范、调整和保护的劳动法律关系。仅体现雇主和雇员双方意志，未在法律法规调整范围内的不具有法律关系的性质，现实中不能称之为劳动关系。

一、《劳动合同法》适用主体

《劳动合同法》第二条规定："中华人民共和国境内的企业、个体经济组织、民办非企业单位等组织(以下称用人单位)与劳动者建立劳动关系，订立、履行、变更、解除或者终止劳动合同，适用本法。国家机关、事业单位、社会团体和与其建立劳动关系的劳动者，订立、履行、变更、解除或者终止劳动合同，依照本法执行。"《实施条例》第三条规定："依法成立的会计师事务所、律师事务所等合伙组织和基金会，属于劳动合同法规定的用人单位。"这些规定明确了《劳动合同法》及《实施条例》的适用范围。《劳动合同法》及《实施条例》的适用范围是《劳动合同法》及《实施条例》的效力范围，或者说调整范围、调整对象，即《劳动合同法》对哪些人适用，对于哪些地域适用。综合上述相关条款，劳动合同法的适用主体可简单归纳为劳动者与用人单位。

(一) 劳动者

在我国，劳动者应该是年满 16 周岁以上未达法定退休年龄且具有劳动行为能力的公民。劳动者作为劳动关系特定主体之一，是指具有劳动权利能力和劳动行为能力，能够给付劳动并获取劳动报酬的自然人，包括脑力劳动者，也包括体力劳动者。劳动权利能力是劳动关系主体依法享有劳动权利和承担劳动义务的资格;劳动行为能力是劳动关系主体能以自己的行为依法行使劳动权利和履行劳动义务，使劳动关系建立、变更和消灭的资格。依据人的年龄、健康、智力和行为自由等事实要素，法律通常将自然人分为完全劳动行为能力人、限制劳动行为能力人和无劳动行为能力人。完全劳动行为能力人是指身体健康，有完全行为自由，18 周岁以上的男性劳动者。限制劳动行为能力人同样依据前述四个要素划分，体现保护特定群体的特殊利益或社会公共利益的目的，《劳动法》第七章女职工和未成年工特殊保护对此有明确规定。限制劳动行为能力人主要包括：16～18 周岁的未成年人(禁止从事特别繁重的体力劳动的工种、岗位的工作等);女性劳动者(在女职工禁忌劳动的工种或岗位被视为无劳动行为能力;在特定的生理时期，不得安排从事某些特定的生产作业);具有一定劳动能力的残疾人(只能从事与其劳动能力相适应的职业);某些特定的疾病患者(不得从事特定的职业或岗位、工种的工作);部分被依法限制行为自由的人(因违反某些特定规则，被依法限制执业资格的人等)。无劳动行为能力人主要是指 16 周岁以下的未成年人(经过有审批权的机关批准，文娱、体育和特种工艺单位可以招用的未成年人除外)，以及完全丧失劳动能力的残疾人等。《劳动法》第十五条规定，禁止用人单位招用未满十六周岁的未成年人。文艺、体育和特种工艺单位招用未满十六周岁的未成年人，必须依照国家有关规定，履行审批手续，并保障其接受义务教育的权利。

目前，已达法定退休年龄的劳动者与用人单位之间的法律关系尚未作出明确统一的规定。司法实务中判断一个劳动者与用人单位之间是否构成劳动关系，关键不是看该劳动者

"是否已达退休年龄",而是会考虑该劳动者"是否开始依法享受基本养老保险待遇"。《劳动合同法》第四十四条中将"劳动者开始依法享受基本养老保险待遇"作为劳动合同的终止事由之一。《最高人民法院关于审理劳动争议案件适用法律问题的解释(一)》第三十二条规定"用人单位与其招用的已经依法享受养老保险待遇或者领取退休金的人员发生用工争议而提起诉讼的,人民法院应当按劳务关系处理。"对于已达法定退休年龄且未享受基本养老保险待遇的劳动者与用人单位之间是否构成劳动关系,存在着两种相互对立的观点。一种观点认为劳动法对用人单位招用劳动者在年龄上只有禁止性规定,即禁止招用不满 16 周岁的未成年人,法律并没有禁止用人单位招用超龄员工。国家实行退休制度,是给予劳动者的一项基本权利,而非义务。为了更好地维护虽已达退休年龄但并未能享受养老保险待遇的劳动者的权益,法律应认定其与用人单位之间存在劳动关系。另一种观点则认为,超过法定退休年龄的人员从法律上已不再具备劳动者的劳动能力,不能成为劳动法意义上的劳动者,故不能与用人单位再建立劳动关系。各地法院对于达到法定退休年龄且未享受基本养老保险待遇的劳动者与用人单位之间的法律关系的裁判尺度也不一致,存在争议。有的地方法院(如广东省等)认为双方当事人之间属于劳动关系,有的地方法院(如浙江省等)认为双方当事人之间构成劳务关系,而非劳动关系。

在校学生的劳动者资格问题,我国立法至今没有正面做出明确规定。根据原劳动部《关于贯彻执行〈中华人民共和国劳动法〉若干问题的意见》第十二条规定,在校生利用业余时间勤工助学,不视为就业,未建立劳动关系,可以不签订劳动合同。也就是说,在一般情况下,在校学生到用人单位勤工助学或实习的,不视为劳动者,他们与用人单位之间也不构成劳动关系。但是,《劳动法》并未对在校生(《劳动法》第十五条规定禁止用人单位招用的未满 16 周岁的未成年人除外)成为劳动关系主体做出禁止性规定,原劳动部《关于贯彻执行〈中华人民共和国劳动法〉若干问题的意见》第四条也只是规定"公务员和比照实行公务员制度的事业组织和社会团体的工作人员,以及农村劳动者(乡镇企业职工和进城务工、经商的农民除外)、现役军人和家庭保姆等不适用劳动法",并未将未毕业的在校学生列在其中。

(二) 用人单位

《劳动合同法》中的用人单位包括各类企业、个体经济组织和民办非企业单位,与劳动者建立劳动关系的国家机关、事业单位和社会团体,实行聘用制的事业单位。《实施条例》在《劳动合同法》的基础上扩大了适用范围,将依法成立的会计师事务所、律师事务所等合伙组织和基金会也作为用人单位。

(1) 企业。企业是指从事产品生产、流通或服务性活动等实行独立核算的经济单位,包括法人企业和非法人企业。在我国境内的企业包括公司制企业、国有企业、外商投资企业、个人独资企业、合伙企业等各种企业形式。应当注意的是,这里的企业以该企业在我国的境内为限,与企业出资人的国别或者企业的所有制性质无关。

(2) 个体经济组织。一般而言,个体经济组织包括两种,一种为具有法人资格的私营企业,另一种为不具有法人资格但经工商管理部门登记注册的个体工商户。由于私营企业已涵盖在我国境内企业,因此,个体经济组织特指雇工 7 人以下的个体工商户。

(3) 民办非企业单位。根据国务院发布的《民办非企业单位登记管理暂行条例》第二条的规定，"民办非企业单位是指企业事业单位、社会团体和其他社会力量以及公民个人利用非国有资产举办的，从事非营利性社会服务活动的社会组织。"现实生活中，主要是指民办医院、诊所，民办学校，包括幼儿园、小学、中学和大学，民办非政府组织等各类公益组织等。

(4) 国家机关。国家机关是指从事国家管理或者行使国家权力，以国家预算作为独立活动经费的中央和地方各级国家机关，包括中国共产党的机关、人大机关、行政机关、政协机关、审判机关、检察机关、民主党派机关、国家军事机关等。《劳动合同法》虽然不调整公务员工作关系，但是在国家机关中，除了公务员外，还有聘用的从事服务性工作的一部分劳动者(也称工勤人员)，他们不属于公务员，用人单位在聘用他们时，是通过订立劳动合同建立劳动关系的。

(5) 事业单位。事业单位是指从事社会各项事业，拥有独立经费或财产的各种社会组织，如各级各类公立学校、科研机构、公立医院、新闻出版单位、博物馆等。事业单位的工作人员大多实行聘用制，但也有一部分从事辅助性工作的劳动者，他们是通过与用人单位订立劳动合同的方式来建立劳动关系的。

《劳动合同法》第九十六条规定："事业单位与实行聘用制的工作人员订立、履行、变更、解除或者终止劳动合同，法律、行政法规或者国务院另有规定的，依照其规定；未作规定的，依照本法有关规定执行。"这是《劳动合同法》对事业单位的扩展适用。需要特别提醒的是，这里所谓的工作人员意思是指编制内的原来具有干部身份的人(现在通常称为"职员")和正式工。第九十六条的规定有以下三点含义：① 未实行聘用制的事业单位工作人员不依照《劳动合同法》；② 实行聘用制的工作人员依照《劳动合同法》；③ 事业单位与实行聘用制的，在法律、行政法规或者国务院另有规定时，该规定优先；未有特别规定时，则依照《劳动合同法》。

(6) 社会团体。社会团体是由若干成员为了共同目的而自愿组成的各种社会组织，包括：党派团体，人民群众团体，文艺、体育团体，学术研究团体，社会经济团体，专业协会以及各种经济技术咨询机构，宗教团体，爱好者团体，其他社会团体等。社会团体中除了依法参照公务员法管理的工作人员以外，其他劳动者与社会团体建立劳动关系，都适用《劳动合同法》。参照公务员法管理的工作人员主要是指依法参照公务员法管理的人民团体、群众团体如工会、共青团、妇联中的工作人员以及法律、法规授权的具有公共事务管理职能的事业单位中经有权机关批准的除工勤人员以外的工作人员。

(7) 会计师事务所、律师事务所等合伙组织和基金会。《实施条例》第三条规定：依法成立的会计师事务所、律师事务所等合伙组织和基金会，属于劳动合同法规定的用人单位。本条对《劳动合同法》第二条作了延伸解释，明确了律师、会计师与执业机构之间属于劳动关系。

合伙组织并不属于企业法人。《中华人民共和国律师法》规定律师事务所是律师的执业机构，其中合伙律师事务所可以采用普通合伙或者特殊的普通合伙形式设立。合伙律师事务所的合伙人按照合伙形式对该律师事务所的债务依法承担责任。《中华人民共和国注册会计师法》规定会计师事务所是依法设立并承办注册会计师业务的机构。

基金会，是指利用自然人、法人或者其他组织捐赠的财产，以从事公益事业为目的，按照《基金会管理条例》的规定成立的非营利性法人。

二、劳动关系认定标准

根据《关于确立劳动关系有关事项的通知》第一条的规定，认定劳动关系要具备如下三个要素：（一）用人单位和劳动者符合法律、法规规定的主体资格；（二）用人单位依法制定的各项劳动规章制度适用于劳动者，劳动者受用人单位的劳动管理，从事用人单位安排的有报酬的劳动；（三）劳动者提供的劳动是用人单位业务的组成部分。因此，主体因素和从属性因素成为劳动关系判定标准。

（一）主体适格

确立劳动关系的前提之一是用人单位和劳动者符合法律法规规定的主体资格。具体的主体资格已在本节《劳动合同法》适用主体中阐述。最高人民法院于 2020 年 12 月公布《最高人民法院关于审理劳动争议案件适用法律问题的解释(一)》，对《劳动合同法》及其《实施条例》原则化、模糊化和可能产生歧义的条文加以细化和补充。

1. 用人单位主体细化和补充

(1) 关于不具备合法经营资格、借用营业执照或挂靠的用人单位。《最高人民法院关于审理劳动争议案件适用法律问题的解释(一)》第二十九条规定，"劳动者与未办理营业执照、营业执照被吊销或者营业期限届满仍继续经营的用人单位发生争议的，应当将用人单位或者其出资人列为当事人。"第三十条规定，"未办理营业执照、营业执照被吊销或者营业期限届满仍继续经营的用人单位，以挂靠等方式借用他人营业执照经营的，应当将用人单位和营业执照出借方列为当事人。"

(2) 关于经营承包的用人单位。《最高人民法院关于审理劳动争议案件适用法律问题的解释(一)》第二十八条规定，"劳动者在用人单位与其他平等主体之间的承包经营期间，与发包方和承包方双方或者一方发生劳动争议，依法提起诉讼的，应当将承包方和发包方作为当事人。"

(3) 用人单位合并分立的。《最高人民法院关于审理劳动争议案件适用法律问题的解释(一)》第二十六条规定："用人单位与其他单位合并的，合并前发生的劳动争议，由合并后的单位为当事人；用人单位分立为若干单位的，其分立前发生的劳动争议，由分立后的实际用人单位为当事人。用人单位分立为若干单位后，具体承受劳动权利义务的单位不明确的，分立后的单位均为当事人。"

(4) 分支机构。《实施条例》第四条规定："劳动合同法规定的用人单位设立的分支机构，依法取得营业执照或者登记证书的，可以作为用人单位与劳动者订立劳动合同；未依法取得营业执照或者登记证书的，受用人单位委托可以与劳动者订立劳动合同。"

2. 劳动者主体细化和补充

(1) 关于下岗、内退、退休返聘劳动者。《最高人民法院关于审理劳动争议案件适用法律问题的解释(一)》第三十二条规定，"用人单位与其招用的已经依法享受养老保险待遇或者领取退休金的人员发生用工争议而提起诉讼的，人民法院应当按劳务关系处理。企业停薪留职人员、未达到法定退休年龄的内退人员、下岗待岗人员以及企业经营性停产放长假人员，因与新的用人单位发生用工争议而提起诉讼的，人民法院应当按劳动关系处理。"

(2) 关于外国人、无国籍人的规定。《最高人民法院关于审理劳动争议案件适用法律问题的解释(一)》第三十三条规定，"外国人、无国籍人未依法取得就业证件即与中华人民共和国境内的用人单位签订劳动合同，当事人请求确认与用人单位存在劳动关系的，人民法院不予支持。持有《外国专家证》并取得《外国人来华工作许可证》的外国人，与中华人民共和国境内的用人单位建立用工关系的，可以认定为劳动关系。"

(二) 从属性

劳动关系的从属性表现为人格从属性、经济从属性和组织从属性。"用人单位依法制定的各项劳动规章制度适用于劳动者""劳动者受用人单位的劳动管理"是人格从属性，"从事用人单位安排的有报酬的劳动"是经济从属性，"劳动者提供的劳动是用人单位业务的组成部分"是组织从属性。

《关于确立劳动关系有关事项的通知》第二条规定："认定双方存在劳动关系时可参照下列凭证：(一) 工资支付凭证或记录(职工工资发放花名册)、缴纳各项社会保险费的记录；(二) 用人单位向劳动者发放的'工作证''服务证'等能够证明身份的证件；(三) 劳动者填写的用人单位招工招聘'登记表''报名表'等招用记录；(四) 考勤记录；(五) 其他劳动者的证言等。其中，(一)、(三)、(四)项的有关凭证由用人单位负举证责任。"

随着数字经济的发展，新就业形态在劳动关系领域中的作用越来越大。近年来，平台经济迅速发展，创造了大量就业机会，依托互联网平台就业的网约配送员、网约车驾驶员、货车司机、互联网营销师等新就业形态劳动者数量大幅增加，维护劳动者劳动保障权益面临新情况新问题。2021 年 7 月 16 日，人社部等八部门联合印发了《关于维护新就业形态劳动者劳动保障权益的指导意见》，首次引入了"不完全符合确立劳动关系的情形"，初步设计了该情形下新就业形态从业者相关权益保障制度，明确了新就业形态下劳动关系的基本原则。符合确立劳动关系情形的，企业应当依法与劳动者订立劳动合同。不完全符合确立劳动关系情形但企业对劳动者进行劳动管理(以下简称不完全符合确立劳动关系情形)的，指导企业与劳动者订立书面协议，合理确定企业与劳动者的权利义务。个人依托平台自主开展经营活动、从事自由职业等的，按照民事法律调整双方的权利义务。平台企业采取劳务派遣等合作用工方式组织劳动者完成平台工作的，应选择具备合法经营资质的企业，并对其保障劳动者权益情况进行监督。平台企业采用劳务派遣方式用工的，依法履行劳务派遣用工单位责任。对采取外包等其他合作用工方式，劳动者权益受到损害的，平台企业依法承担相应责任。未来新就业形态从业者的劳动权保障和劳动关系认定方式将对传统劳动关系认定方式产生巨大冲击。

❖ 案例

如何认定网约配送员与平台企业之间是否存在劳动关系？

徐某于 2019 年 7 月 5 日从某科技公司餐饮外卖平台众包骑手入口注册成为网约配送员，并在线订立了《网约配送协议》，协议载明：徐某同意按照平台发送的配送信息自主选择接受服务订单，接单后及时完成配送，服务费按照平台统一标准按单结算。从事餐饮外卖配送业务期间，公司未对徐某上线接单时间提出要求，徐某每周实际上线接单天数为 3 至 6 天不等，每天上线接单时长为 2 至 5 小时不等。平台按照算法规则向一定区域内不特定的多名配送员发送订单信息，徐某通过抢单获得配送机会，平台向其按单结算服务费。出现配送超时、客户差评等情形时，平台核实情况后按照统一标准扣减服务费。2020 年 1 月 4 日，徐某向平台客服提出订立劳动合同、缴纳社会保险费等要求，被平台客服拒绝，遂向仲裁委员会申请仲裁，请求确认徐某与某科技公司于 2019 年 7 月 5 日至 2020 年 1 月 4 日期间存在劳动关系，某科技公司支付解除劳动合同经济补偿。

仲裁委员会裁决：驳回徐某的仲裁请求。

本案争议焦点是，徐某与某科技公司之间是否符合确立劳动关系的情形？

根据《关于发布智能制造工程技术人员等职业信息的通知》相关规定，网约配送员是指通过移动互联网平台等，从事接收、验视客户订单，根据订单需求，按照平台智能规划路线，在一定时间内将订单物品递送至指定地点的服务人员。《关于维护新就业形态劳动者劳动保障权益的指导意见》根据平台不同用工形式，在劳动关系情形外，还明确了不完全符合确立劳动关系的情形及相应劳动者的基本权益。

本案中，徐某在某科技公司餐饮外卖平台上注册成为网约配送员，其与某科技公司均具备建立劳动关系的主体资格。要认定徐某与某科技公司之间是否符合确立劳动关系的情形，需要查明某科技公司是否对徐某进行了较强程度的劳动管理。从用工事实看，徐某须遵守某科技公司制定的餐饮外卖平台配送服务规则，其订单完成时间、客户评价等均作为平台结算服务费的依据，但平台对其上线接单时间、接单量均无要求，徐某能够完全自主决定工作时间及工作量，因此，双方之间人格从属性较标准劳动关系有所弱化。

某科技公司掌握徐某从事网约配送业务所必需的数据信息，制定餐饮外卖平台配送服务费结算标准和办法，徐某通过平台获得收入，双方之间具有一定的经济从属性。虽然徐某依托平台从事餐饮外卖配送业务，但某科技公司并未将其纳入平台配送业务组织体系进行管理，未按照传统劳动管理方式要求其承担组织成员义务，因此，双方之间的组织从属性较弱。综上，虽然某科技公司通过平台对徐某进行一定的劳动管理，但其程度不足以认定劳动关系。因此，对徐某提出的确认劳动关系等仲裁请求，仲裁委员会不予支持。

资料来源：人力资源社会保障部　最高人民法院　劳动人事争议典型案例(第三批)案例 2
https://www.chinacourt.org/ article/detail/2023/05/id/7311732.shtml

三、劳动关系建立时间

《劳动合同法》第七条规定："用人单位自用工之日起即与劳动者建立劳动关系，用人单位应当建立职工名册备查。"这一规定明确了用人单位与劳动者劳动关系成立的时间，以及单位在录用员工时要承担的义务。

(一) 劳动关系自用工之日起建立

《劳动合同法》第七条规定用人单位自用工之日起即与劳动者建立劳动关系。即从劳动者到用人单位工作的第一天起，或者说从用人单位开始使用劳动者劳动的第一天起，不论双方是否订立书面劳动合同，劳动关系就成立了。如果用人单位不签订书面劳动合同，则构成事实劳动关系，劳动者同样享有法律规定的权利。这一规定突破了劳动关系必须以书面劳动合同为有效要件的规定，确认只要有用工行为就存在劳动关系。

劳动关系成立的时间，决定了用人单位与劳动者劳动权利义务开始履行的时间。《劳动合同法》第十条规定："用人单位与劳动者在用工前订立劳动合同的，劳动关系自用工之日起建立。"如果用人单位先签合同后用人，从劳动合同订立之日至用工之日期间，用人单位与劳动者尚未建立劳动关系，双方可以依法解除劳动合同，无须向劳动者支付经济补偿。如果用人单位先用人后签合同，劳动合同期限自用工之日起计算。建立劳动关系时间，是劳动者开始在用人单位的指挥、监督、管理下提供劳动的时间，是计算劳动者工资的起始时间。劳动者在该用人单位的工作年限也自建立劳动关系之时开始计算。

(二) 企业用工应当建立职工名册备查

《劳动合同法》第七条规定："用人单位应当建立职工名册备查。"《实施条例》第八条进一步规定："劳动合同法第七条规定的职工名册，应当包含劳动者姓名、性别、公民身份号码、户籍地址及现住址、联系方式、用工形式、用工起始时间、劳动合同期限等内容。"其中，用工形式包含全日制、非全日制用工与劳务派遣三种；用工起始时间一般是从劳动者到企业报到之日算起，而不是从书面劳动合同签订之日算起。同时《实施条例》在第三十三条中规定了相关的法律责任："用人单位违反劳动合同法有关建立职工名册规定的，由劳动行政部门责令限期改正；逾期不改正的，由劳动行政部门处 2000 元以上 2 万元以下的罚款。"

建立职工名册的对象包括所有与用人单位建立劳动关系的劳动者，即用人单位以各种形式招用的劳动者。建立职工名册是用人单位的法定义务，用人单位应当建立职工名册备查。职工名册制度对于规范用工、防止和解决劳动争议具有重要意义。职工名册可以提供证明、记载劳动关系存续和履行记录，在双方发生争议时也可以作为重要证据，它有利于督促用人单位及时与劳动者签订劳动合同，减少不规范用工带来的风险和成本。同时，也便于劳动行政部门行使劳动监察职责，统计就业率和失业比率。

四、告知义务和知情权

《劳动合同法》第八条规定："用人单位招用劳动者时，应当如实告知劳动者工作内容、工作条件、工作地点、职业危害、安全生产状况、劳动报酬，以及劳动者要求了解的其他情况；用人单位有权了解劳动者与劳动合同直接相关的基本情况，劳动者应当如实说明。"这一规定明确了招聘时用人单位的告知义务和知情权。用人单位在招聘时如实履行告知义务，既是履行《劳动合同法》第三条规定的"诚实信用原则"的体现，也是保障劳动者知情权的必需。

(一) 用人单位的告知义务

用人单位的告知义务即劳动者的知情权。用人单位的告知义务，是指用人单位在招用劳动者时，应当如实告知劳动者工作内容、工作条件、工作地点、职业危害、安全生产状况、劳动报酬，以及劳动者要求了解的其他情况。这些内容是法定的并且无条件的，无论劳动者是否提出知悉要求，用人单位都应当主动将上述情况如实向劳动者说明。用人单位未履行主动告知义务，或者故意告知虚假情况，隐瞒真实情况，导致劳动者做出错误的意思表示而订立劳动合同的,劳动者可以欺诈为由,主张劳动合同无效。此外,对于劳动者要求了解的其他情况,如用人单位相关的规章制度,包括内部劳动纪律、规定、考勤制度、休假制度、请假制度、处罚制度以及企业内部已经签订的集体合同等情况,用人单位都应当进行详细说明。

用人单位告知义务从证据角度考虑可以通过以下方式保留证据:在劳动合同中设置相应条款,在劳动合同中明确写明劳动者已经知晓工作内容、工作条件、工作地点、职业危害、安全生产状况、劳动报酬的相关内容;在入职时签署相关文件,文件中明确用人单位已经将法定的内容告知了劳动者;对于存在职业危害和存在一定生产安全风险的岗位,最好特别制定风险告知书,内容包含职业危害和危险的具体情况,由劳动者签字确认。

(二) 用人单位的知情权

用人单位的知情权即劳动者的告知义务。用人单位在履行告知义务的同时,也享有一定的知情权。用人单位知情权的存在是以劳动合同订立或劳动合同履行为前提的,即用人单位对劳动者的隐私权进行知悉或侵扰是由于双方之间存在基础关系。与用人单位知情权对应,劳动者负有如实告知义务,这种义务限于劳动者与劳动合同直接相关的基本情况,劳动者有如实说明的义务。用人单位知情权的内容应以能确保劳动关系的正常进行为限。比如,在劳动合同订立的过程中,用人单位了解求职者的学历、工作技能、年龄等情况,属于正常的知情权的范围,但如果用人单位还要求了解求职者的婚姻状况、感情生活等,则超出了必要的限度。

用人单位知情权的内容和范围根据劳动合同阶段和内容不同而存在差别。比如在劳动合同订立阶段,用人单位需要知悉的主要是劳动者的一些个人信息,而在劳动合同履行阶段,用人单位则更需要关注劳动者在工作岗位上的具体表现。此外,用人单位知情权的范围还可以根据劳动合同的具体内容进行调整,应以能确保劳动合同的正常履行为限,既要保障劳动关系的正常运行,也要保障劳动者的基本权利不受干扰。比如一般情况下,用人单位不需要提前知悉劳动者是否有身孕等特殊信息,但是如果劳动岗位为存在辐射、不适合孕妇的岗位的话,则用人单位有权了解劳动者是否怀有身孕的隐私。值得注意的是,用人单位对劳动者个人信息及隐私的侵扰应以"知情"为限,并不包括传播。因此,用人单位对基于劳动关系掌握的劳动者的个人信息及隐私负有一定程度的保密义务。

第三节 劳动合同内容和类型

引导案例

聂美兰诉北京林氏兄弟文化有限公司确认劳动关系案

2016 年 4 月 8 日,聂美兰与北京林氏兄弟文化有限公司(以下简称林氏兄弟公司)签订了《合作设立茶叶经营项目的协议》，内容为："第一条：双方约定，甲方出资进行茶叶项目投资，聘任乙方为茶叶经营项目经理，乙方负责公司的管理与经营。第二条：待项目启动后，双方相机共同设立公司，乙方可享有管理股份。第三条：利益分配：在公司设立之前，乙方按基本工资加业绩方式取酬。公司设立之后，按双方的持股比例进行分配。乙方负责管理和经营，取酬方式：基本工资＋业绩、奖励＋股份分红。第四条：双方在运营过程中，未尽事宜由双方友好协商解决。第五条：本合同正本一式两份，公司股东各执一份"。协议签订后，聂美兰到该项目上工作，工作内容为负责《中国书画》艺术茶社的经营管理，主要负责接待、茶叶销售等工作。林氏兄弟公司的法定代表人林德汤按照每月基本工资10 000 元的标准，每月 15 日通过银行转账向聂美兰发放上一自然月工资。聂美兰请假须经林德汤批准，且实际出勤天数影响工资的实发数额。2017 年 5 月 6 日林氏兄弟公司通知聂美兰终止合作协议。聂美兰实际工作至 2017 年 5 月 8 日。

聂美兰申请劳动仲裁，认为双方系劳动关系并要求林氏兄弟公司支付未签订书面劳动合同二倍工资差额，林氏兄弟公司主张双方系合作关系。北京市海淀区劳动人事争议仲裁委员会作出京海劳人仲字(2017)第 9691 号裁决：驳回聂美兰的全部仲裁请求。聂美兰不服仲裁裁决，于法定期限内向北京市海淀区人民法院提起诉讼。

北京市海淀区人民法院于 2018 年 4 月 17 日作出(2017)京 0108 民初 45496 号民事判决：一、确认林氏兄弟公司与聂美兰于 2016 年 4 月 8 日至 2017 年 5 月 8 日期间存在劳动关系；二、林氏兄弟公司于判决生效后七日内支付聂美兰 2017 年 3 月 1 日至 2017 年 5 月 8 日期间工资 22 758.62 元；三、林氏兄弟公司于判决生效后七日内支付聂美兰 2016 年 5 月 8 日至 2017 年 4 月 7 日期间未签订劳动合同二倍工资差额 103 144.9 元；四、林氏兄弟公司于判决生效后七日内支付聂美兰违法解除劳动关系赔偿金 27 711.51 元；五、驳回聂美兰的其他诉讼请求。林氏兄弟公司不服一审判决，提出上诉。北京市第一中级人民法院于 2018 年 9 月 26 日作出(2018)京 01 民终 5911 号民事判决：一、维持北京市海淀区人民法院(2017)京 0108 民初 45496 号民事判决第一项、第二项、第四项；二、撤销北京市海淀区人民法院(2017)京 0108 民初 45496 号民事判决第三项、第五项；三、驳回聂美兰的其他诉讼请求。

申请人林氏兄弟公司与被申请人聂美兰签订的《合作设立茶叶经营项目的协议》系自愿签订的，不违反强制性法律、法规规定，属有效合同。对于合同性质的认定，应当根据合同内容所涉及的法律关系，即合同双方所设立的权利义务来进行认定。双方签订的协议第一条明确约定聘任聂美兰为茶叶经营项目经理，"聘任"一词一般表明当事人有雇佣劳动者为其提供劳动之意；协议第三条约定了聂美兰的取酬方式，无论在双方设定的目标公司成立之前还是之后，聂美兰均可获得"基本工资""业绩"等报酬，与合作经营中的收益分配明显不符。合作经营合同的典型特征是共同出资，共担风险，本案合同中既未约定聂美兰出资比例，也未约定共担风险，与合作经营合同不符。从本案相关证据上看，聂美兰接受林氏兄弟公司的管理，按月汇报员工的考勤、款项分配、开支、销售、工作计划、备用金的申请等情况，且所发工资与出勤天数密切相关。双方在履行合同过程中形成的关系，符合劳动合同中人格从属性和经济从属性的双重特征。故原判认定申请人与被申请人之间存在劳动关系并无不当。双方签订的合作协议还可视为书面劳动合同，虽缺少一些必备条款，但并不影响已约定的条款及效力，仍可起到固定双方劳动关系、权利义务的作用，二审法院据此依法改判是正确的。林氏兄弟公司于 2017 年 5 月 6 日向聂美兰出具了《终止合作协议通知》，告知聂美兰终止双方的合作，具有解除双方之间劳动关系的意思表示，根据《最高人民法院关于民事诉讼证据的若干规定》第六条，在劳动争议纠纷案件中，因用人单位作出的开除、除名、辞退、解除劳动合同等决定而发生的劳动争议，由用人单位负举证责任，林氏兄弟公司未能提供解除劳动关系原因的相关证据，应当承担不利后果。二审法院根据本案具体情况和相关证据所作的判决，并无不当。

資料来源：最高人民法院指导案例 179 号 https://www.court.gov.cn/shenpan/xiangqing/364631.html

劳动法律、法规只能对劳动关系双方的权利义务做出原则性、纲领性的规范，不可能对每个具体合同条款都做出详细规定，劳动合同作为双方"合意"的法律，可以对法律未尽的事宜做出详细、具体的约定，明确彼此的权利和义务，促进双方全面履行合同。劳动合同是处理劳动争议的法律依据，是维护双方合法权益的基本手段。

一、劳动合同形式

《劳动合同法》第十条规定："建立劳动关系，应当订立书面劳动合同。已建立劳动关系，未同时订立书面劳动合同的，应当自用工之日起一个月内订立书面劳动合同。用人单位与劳动者在用工前订立劳动合同的，劳动关系自用工之日起建立。"

(一) 签订书面劳动合同

劳动合同的形式是指订立劳动合同的方式。《劳动法》第十六条规定："劳动合同是劳动者与用人单位确立劳动关系、明确双方权利和义务的协议。建立劳动关系应当订立劳动合同。"劳动合同作为明确劳动关系双方当事人权利义务的协议，有书面形式和口头形式之分。以书面形式订立劳动合同是指劳动者在与用人单位建立劳动关系时，直接用书面文字形式表达和记载当事人经过协商而达成一致的协议。书面劳动合同是双方履行劳动合同的依据，是劳动关系的书面凭证，可以预防劳动争议的发生。同时，当劳动争议发生时，书面劳动合同是极为重要的证据，便于当事人举证，有利于快速解决争议。非全日制用工作为例外，劳动者和用人单位可以订立口头协议。

(二) 签订劳动合同的时间

用人单位自用工之日起即与劳动者建立劳动关系，现实中，用人单位签订劳动合同的时间主要有三种情形：(1) 先签合同后用工。用人单位与劳动者在用工之前签订劳动合同的，劳动合同自用工之日起生效。(2) 用工的同时签订劳动合同。用人单位在用工之日与劳动者签订劳动合同，劳动合同随即生效。劳动合同生效与劳动关系成立同时完成。(3) 先用工后签合同。用人单位先用工，之后再签订劳动合同。用人单位应当自用工之日起一个月内订立书面劳动合同，超过这个时间将承担应签未签的后果。

(三) 应签未签的后果

应签未签是指用人单位与劳动者未在用工之日起一个月内签订劳动合同。这种情况既可能发生在新员工入职时，也可能发生在老员工合同到期时，其法律后果是一样的。基于双方当事人不同原因发生应签未签的，其处理结果是不同的。

1. 用人单位原因应签未签

《劳动合同法》第八十二条规定："用人单位自用工之日起超过一个月不满一年未与劳动者订立书面劳动合同的，应当向劳动者每月支付二倍的工资。"《实施条例》第六条规定："用人单位自用工之日起超过一个月不满一年未与劳动者订立书面劳动合同的，应当依照劳动合同法第八十二条的规定向劳动者每月支付两倍的工资，并与劳动者补订书面劳动合同。用人单位向劳动者每月支付两倍工资的起算时间为用工之日起满一个月的次日，截止时间为补订书面劳动合同的前一日。"《实施条例》第七条规定："用人单位自用工之日起满一年未与劳动者订立书面劳动合同的，自用工之日起满一个月的次日至满一年的前一日应当依照劳动合同法第八十二条的规定向劳动者每月支付两倍的工资，并视为自用工之日起满一年的当日已经与劳动者订立无固定期限劳动合同，应当立即与劳动者补订书面劳动合同。"

根据上述规定，用人单位自用工之日起超过一个月不满一年未与劳动者订立书面劳动合同的，应当向劳动者按日支付二倍的工资，并与劳动者补订书面劳动合同。劳动合同的起算时间即为用工之日，而不是补签劳动合同的时间。用人单位自用工之日起超过一年未与劳动者订立书面劳动合同的，应向劳动者支付 11 个月双倍工资，应当立即与劳动者补订无固定期限书面劳动合同，即使未补签，也视为订立无固定期限劳动合同。

2. 劳动者拒签劳动合同

《劳动合同法》并没有明确规定劳动者拒签书面合同，企业该如何处理的问题。针对实践中出现的一些劳动者拒绝签订书面合同，或者在企业要求签订书面合同时借故不签订合同而想获取双倍工资的现象，《实施条例》第五条规定："自用工之日起一个月内，经用人单位书面通知后，劳动者不与用人单位订立书面劳动合同的，用人单位应当书面通知劳动者终止劳动关系，无须向劳动者支付经济补偿，但是应当依法向劳动者支付其实际工作时间的劳动报酬。"《实施条例》第六条规定："用人单位自用工之日起超过一个月不满一年未与劳动者订立书面劳动合同的，应当依照劳动合同法第八十二条的规定向劳动者每月支付两倍的工资，并与劳动者补订书面劳动合同；劳动者不与用人单位订立书面劳动合同的，用人单位应当书面通知劳动者终止劳动关系，并依照劳动合同法第四十七条的规定支付经济补偿。"

上述规定明确了劳动者在一个月内、超过一个月不满一年拒签书面合同的处理办法。劳动者在用工之日起一个月内拒签劳动合同的处理办法：经企业书面通知后，员工不签书面合同的，企业应当书面终止劳动关系；终止劳动关系，不用支付经济补偿金；企业应该支付员工实际工作时间相应的劳动报酬。劳动者超过一个月不满一年仍拒绝签订书面劳动合同的处理方式：(1) 每月支付两倍工资，并补签书面合同。超过一个月没有签订书面劳动合同，无论原因在劳动者还是用人单位，其行为都违反了《劳动合同法》规定的签订书面合同的时限，因而用人单位要向劳动者支付两倍的工资，并与劳动者补签书面劳动合同。(2) 如果劳动者拒签书面合同，应当书面终止劳动关系，支付经济补偿。自用工之日起劳动者超过一个月仍拒绝签订书面合同的，用人单位应当书面终止劳动关系，不得继续使用该劳动者，以免形成事实劳动关系。应当向劳动者支付经济补偿，经济补偿的支付办法和标准，按《劳动合同法》的相关规定执行。法律要求必须签订书面合同，不签书面合同属于违法用工，要承担相应法律责任。这一规定在重申用人单位超过一个月未签订书面合同须支付两倍工资的同时，明确了对劳动者拒绝补订书面劳动合同行为，用人单位应当书面终止劳动关系，并依法支付经济补偿。

二、劳动合同内容

劳动合同权利义务体现为具体合同条款。劳动合同的条款分为必备条款和约定条款，约定条款只要不违反法律和行政法规，具有与必备条款同样的约束力。劳动合同是法定要式合同，即具有必备条款的书面合同。

(一) 必备条款

必备条款，是指根据劳动合同法律，双方当事人签订劳动合同必须具备的内容。《劳动合同法》第十七条规定，劳动合同应当具备以下条款：(一) 用人单位的名称、住所和法定代表人或者主要负责人；(二) 劳动者的姓名、住址和居民身份证或者其他有效身份证件号码；(三) 劳动合同期限；(四) 工作内容和工作地点；(五) 工作时间和休息休假；(六) 劳动报酬；(七) 社会保险；(八) 劳动保护、劳动条件和职业危害防护；(九) 法律、法规规定应当纳入劳动合同的其他事项。

(二) 约定条款

约定条款，是指双方当事人在必备条款之外，根据具体情况，经协商可以自主约定的内容。《劳动合同法》第十七条规定，劳动合同除前款规定的必备条款外，用人单位与劳动者可以约定试用期、培训、保守秘密、补充保险和福利待遇等其他事项。

三、劳动合同的类型

劳动合同期限是指合同的有效时间，它一般始于合同的生效之日，终于合同的终止之时。劳动合同期限由用人单位和劳动者协商确定，是劳动合同的一项重要内容。依据劳动合同期限，《劳动合同法》第十二条规定："劳动合同分为固定期限劳动合同、无固定期限劳动合同和以完成一定工作任务为期限的劳动合同。"用人单位与劳动者协商一致，可以订立固定期限劳动合同、无固定期限劳动合同和以完成一定工作任务为期限的劳动合同。

《劳动合同法》第十三条规定，固定期限劳动合同，是指用人单位与劳动者约定合同终止时间的劳动合同。《劳动合同法》第十四条规定，无固定期限劳动合同，是指用人单位与劳动者约定无确定终止时间的劳动合同。《劳动合同法》第十五条规定，以完成一定工作任务为期限的劳动合同，是指用人单位与劳动者约定以某项工作的完成为合同期限的劳动合同。从本质上看，以完成一定工作任务为期限的劳动合同应属于特殊形式的固定期限劳动合同。

比较而言，固定期限劳动合同、无固定期限劳动合同以及以完成一定工作任务为期限的劳动合同的区别主要在于以下两方面。

1. 订立条件不同

固定期限劳动合同主要适用于临时性、短期性、季节性及特定性的工作。但是，我国现行法律对固定期限劳动合同的订立条件未作限制，因此用人单位与劳动者可以自主决定是否订立固定期限劳动合同。对于无固定期限劳动合同的订立条件，《劳动合同法》规定：除劳动者提出订立固定期限劳动合同外，以下情况应当订立无固定期限劳动合同：

(1) 劳动者在该用人单位连续工作满十年的。

(2) 用人单位初次实行劳动合同制度或者国有企业改制重新订立劳动合同时，劳动者在该用人单位连续工作满十年且距法定退休年龄不足十年的。

(3) 连续订立二次固定期限劳动合同，且劳动者没有本法第三十九条和第四十条第一项、第二项规定的情形，续订劳动合同的。

(4) 用人单位自用工之日起满一年不与劳动者订立书面劳动合同的，视为用人单位与劳动者已订立无固定期限劳动合同。

《劳动合同法》对"以完成一定工作任务为期限的劳动合同"的订立条件亦未作规定。一般认为"一定工作任务"应符合以下条件：

(1) 具有短期性、一次性，不具有重复性。

(2) 具有一定的独立性，工作性质或是有整体上的部分性，或是有阶段性、季节性、项目性，可适用于单项工作、可按项目承包的工作、因季节原因需临时用工的工作和其他双方约定的以完成一定工作任务为期限的工作。

(3) 属于特殊领域的工作，一般仅适用于铁路、桥梁、水利、石油勘探、建筑等工程项目。

2. 劳动合同的终止情形不同

劳动合同终止是指劳动合同的效力终止。根据《劳动合同法》规定，劳动合同在以下两种情形下终止：一是期限届满；二是劳动合同当事人的主体资格灭失，如用人单位破产、吊销营业执照、责令关闭、撤销或者决定提前解散，以及劳动者达到退休年龄、被宣告失踪或者宣告死亡。在上述三种期限类型的劳动合同中，固定期限和以完成一定工作任务为期限的劳动合同在上述两种情形下都将终止，而无固定期限劳动合同仅有在第二种情形下才能终止，因为无固定期限劳动合同未确定终止期限。

四、无固定期限劳动合同

无固定期限劳动合同是相对固定期限劳动合同而言的。为了规范劳动合同的签订，构建和发展和谐稳定的劳动关系，防止劳动合同期限短期化，我国法律对无固定期限劳动合同的签订作了明确规范。

(一) 订立无固定期限劳动合同的情形

《劳动合同法》第十四条规定，用人单位与劳动者协商一致，可以订立无固定期限劳动合同。有下列情形之一，劳动者提出或者同意续订、订立劳动合同的，除劳动者提出订立固定期限劳动合同外，应当订立无固定期限劳动合同：(一) 劳动者在该用人单位连续工作满十年的；(二) 用人单位初次实行劳动合同制度或者国有企业改制重新订立劳动合同时，劳动者在该用人单位连续工作满十年且距法定退休年龄不足十年的；(三) 连续订立二次固定期限劳动合同，且劳动者没有本法第三十九条和第四十条第一项、第二项规定的情形，续订劳动合同的。用人单位自用工之日起满一年不与劳动者订立书面劳动合同的，视为用人单位与劳动者已订立无固定期限劳动合同。

1. 协商一致，订立无固定期限劳动合同

订立劳动合同应当遵循平等自愿、协商一致的原则。只要用人单位与劳动者协商一致，没有采取胁迫、欺诈、隐瞒事实等非法手段，符合法律的有关规定，就可以订立无固定期限劳动合同。

2. 用人单位应当订立无固定期限劳动合同的情形

《劳动合同法》第十四条规定，有下列情形之一，劳动者提出或者同意续订、订立劳动合同的，除劳动者提出订立固定期限劳动合同外，应当订立无固定期限劳动合同：

(1) 劳动者在该用人单位连续工作满十年的。《劳动合同法》第十四条并未对连续工作满十年的工龄计算做出明确规定，《实施条例》第九条规定，劳动合同法第十四条第二款规定的连续工作满 10 年的起始时间，应当自用人单位用工之日起计算，包括劳动合同法施行前的工作年限。实践中，有些用人单位为规避签订无固定期限劳动合同，将劳动者安排至关联单位工作，从而改变用人单位主体。针对这一情况，《实施条例》第十条规定，劳动者非因本人原因从原用人单位被安排到新用人单位工作的，劳动者在原用人单位的工作年限合并计算为新用人单位的工作年限。原用人单位已经向劳动者支付经济补偿的，新用人单位在依法解除、终止劳动合同计算支付经济补偿的工作年限时，不再计算劳动者在原用人单位的工作年限。依据《最高人民法院关于审理劳动争议案件适用法律问题的解释(一)》第四十六条规定，用人单位符合下列情形之一的，应当认定属于"劳动者非因本人原因从原用人单位被安排到新用人单位工作"：(一) 劳动者仍在原工作场所、工作岗位工作，劳动合同主体由原用人单位变更为新用人单位；(二) 用人单位以组织委派或任命形式对劳动者进行工作调动；(三) 因用人单位合并、分立等原因导致劳动者工作调动；(四) 用人单位及其关联企业与劳动者轮流订立劳动合同；(五) 其他合理情形。

(2) 用人单位初次实行劳动合同制度或者国有企业改制重新订立劳动合同时，劳动者在该用人单位连续工作满十年且距法定退休年龄不足十年的。用人单位初次实行劳动合同制度，是指由固定工制度向合同工制度转变。国有企业改制重新订立劳动合同制度，是指由于国有企业进行股份制改造或者兼并、重组后需要与劳动者重新签订劳动合同。这个规定主要是为了保护国企改制中的老员工的。实践中有一些国企私自利用改制的机会侵犯老员工的权益，例如先让老员工签订一个短期劳动合同，然后再以劳动合同到期为由，终止老员工的劳动合同和劳动关系。为了遏制这种现象的发生，法律就规定满足"双十"条件的老员工，可以要求与单位订立无固定期限劳动合同。

(3) 连续订立二次固定期限劳动合同，且劳动者没有本法第三十九条和第四十条第一项、第二项规定的情形，续订劳动合同的。依据《劳动合同法》第九十七条规定："本法第十四条第二款第三项规定连续订立固定期限劳动合同的次数，自本法施行后续订固定期限劳动合同时开始计算。"第三十九条规定的是劳动者有严重过失，用人单位可以解除合同的情形，如劳动者经试用后不合格，或违纪、违法达到一定严重程度时，用人单位可以解除劳动合同的规定。第四十条第一项规定的是劳动者因患病不能工作、第二项规定的是劳动者不能胜任工作，用人单位可以解除合同的情形。在这三种情况下，劳动者无权要求续订无固定期限劳动合同。

需要注意的是，如果劳动者符合第十四条第二款规定的三种情形之一，提出签订无固

定期限劳动合同，用人单位必须与劳动者签订。

3. 视为无固定期限劳动合同的情形

《劳动合同法》第十四条第三款规定，用人单位自用工之日起满一年不与劳动者订立书面劳动合同的，视为用人单位与劳动者已订立无固定期限劳动合同。该条款未对是否必须订立书面劳动合同以及未签订书面劳动合同应如何处理进行规定。《实施条例》第七条进行了补充规定，用人单位自用工之日起满一年未与劳动者订立书面劳动合同的，自用工之日起满一个月的次日至满一年的前一日应当依照《劳动合同法》第八十二条的规定向劳动者每月支付两倍的工资，并视为自用工之日起满一年的当日已经与劳动者订立无固定期限劳动合同，应当立即与劳动者补订书面劳动合同。

(二) 公益性岗位不适用无固定期限劳动合同的相关规定

公益性岗位是指由各类用人单位开发并经人力资源社会保障部门认定，用于安置就业困难人员就业的岗位。公益性岗位主要包括满足公共利益和就业困难人员需要的非营利性基层公共服务类、公共管理类岗位，一般不包括机关事业单位管理类、专业技术类岗位。公益性岗位安置对象为就业困难人员。就业困难人员指因身体状况、技能水平、家庭因素、失去土地等原因难以实现就业，以及连续失业一定时间仍未能实现就业的人员，优先考虑距离法定退休年龄不足 5 年人员和零就业家庭成员。政府提供的公益性岗位、就业援助岗位是国家出钱购买的，属于特殊用工。《实施条例》第十二条规定："地方各级人民政府及县级以上地方人民政府有关部门为安置就业困难人员提供的给予岗位补贴和社会保险补贴的公益性岗位，其劳动合同不适用劳动合同法有关无固定期限劳动合同的规定以及支付经济补偿的规定。"这一规定明确了政府提供的公益性岗位不适用无固定期限劳动合同，即劳动者在政府提供的公益性岗位上连续工作了十年，或者连续签订两次固定期限劳动合同等，不能要求与政府签订无固定期限劳动合同。

(三) 用人单位违反规定未与劳动者签订无固定期限劳动合同的后果

《劳动合同法》第八十二条第二款规定，用人单位违反本法规定不与劳动者订立无固定期限劳动合同的，自应当订立无固定期限劳动合同之日起向劳动者每月支付二倍的工资。在劳动者要求订立无固定期限劳动合同，用人单位不按照《劳动合同法》第十四条的规定与劳动者订立无固定期限劳动合同的，劳动者可以要求用人单位支付自应当订立无固定期限劳动合同之日起至补签无固定期限劳动合同前一日的未签无固定期限劳动合同的二倍工资差额。因未签书面劳动合同的二倍工资差额性质不属于劳动报酬，按照《劳动争议调解仲裁法》第二十七条第一款的规定，劳动争议申请仲裁的时效期间为一年，所以，劳动者最多可以主张 12 个月双倍工资。

❖ **案例**

视为订立无固定期限劳动合同后用人单位仍未与劳动者签订劳动合同的
是否应当支付第二倍工资

2016 年 8 月 1 日，万某入职某食品公司，从事检验工作，双方口头约定万某月工资为

3000 元。万某入职时，公司负责人告知其 3 个月试用期后签订书面劳动合同，但是双方一直未签订书面劳动合同。2018 年 7 月 31 日，万某与食品公司解除劳动关系。万某要求食品公司支付 2017 年 8 月至 2018 年 7 月期间未与其签订无固定期限劳动合同的第二倍工资，该公司拒绝支付。万某遂向劳动人事争议仲裁委员会(以下简称仲裁委员会)申请仲裁，请求裁决食品公司支付 2017 年 8 月至 2018 年 7 月期间未签订无固定期限劳动合同的第二倍工资 36 000 元。

仲裁委员会裁决驳回万某的仲裁请求。

本案的争议焦点是 2017 年 8 月至 2018 年 7 月期间，万某与食品公司之间未签订书面劳动合同的情形是否属于《劳动合同法》第八十二条规定情形。

《劳动合同法》第八十二条规定："用人单位自用工之日起超过一个月不满一年未与劳动者订立书面劳动合同的，应当向劳动者每月支付二倍的工资。用人单位违反本法规定不与劳动者订立无固定期限劳动合同的，自应当订立无固定期限劳动合同之日起向劳动者每月支付二倍的工资。"从上述条款可知，用人单位支付未依法签订劳动合同第二倍工资的情形包括两种：一种是用人单位自用工之日起超过一个月不满一年未与劳动者订立书面劳动合同的；第二种是用人单位应当与劳动者订立无固定期限劳动合同，但违反本法规定不与劳动者订立无固定期限劳动合同的。第二种情形中的"本法规定"，是指《劳动合同法》第十四条第二款规定的"除劳动者提出订立固定期限劳动合同外，应当订立无固定期限劳动合同"的三种情形，即"(一) 劳动者在该用人单位连续工作满十年的；(二) 用人单位初次实行劳动合同制度或者国有企业改制重新订立劳动合同时，劳动者在该用人单位连续工作满十年且距法定退休年龄不足十年的；(三) 连续订立二次固定期限劳动合同，且劳动者没有本法第三十九条和第四十条第一项、第二项规定的情形，续订劳动合同的"。而《劳动合同法》第十四条第三款规定的"用人单位自用工之日起满一年不与劳动者订立书面劳动合同的，视为用人单位与劳动者已订立无固定期限劳动合同"是对用人单位不签订书面劳动合同满一年的法律后果的拟制规定，并非有关应当订立无固定期限劳动合同的情形规定。《实施条例》第七条对于此种情形的法律后果也作了相同的分类规定。

本案中，万某于 2016 年 8 月 1 日入职，食品公司一直未与其签订书面劳动合同，自 2017 年 8 月 1 日起，根据上述法律法规的规定，双方之间视为已订立了无固定期限劳动合同，而非《劳动合同法》第八十二条规定的用人单位违反本法规定不与劳动者订立无固定期限劳动合同的情形。因此，食品公司无须向万某支付未依法签订无固定期限劳动合同的第二倍工资，故依法驳回万某的仲裁请求。

五、电子劳动合同

随着数字经济的发展、区块链技术的成熟，越来越多的用人单位和劳动者愿意订立电子劳动合同。为确保电子劳动合同真实、完整、准确、不被篡改，2021 年 7 月，人力资源和社会保障部办公厅发布《电子劳动合同订立指引》，明确了电子劳动合同的订立、调取、储存、应用、信息保护和安全等具体内容。

(一) 电子劳动合同的定义

电子劳动合同，是指用人单位与劳动者按照《劳动合同法》《民法典》《中华人民共和国电子签名法》等法律法规规定，经协商一致，以可视为书面形式的数据电文为载体，使用可靠的电子签名订立的劳动合同。依法订立的电子劳动合同具有法律效力，用人单位与劳动者应当按照电子劳动合同的约定，全面履行各自的义务。

(二) 电子劳动合同的订立

用人单位与劳动者订立电子劳动合同的，要通过电子劳动合同订立平台订立。鼓励用人单位和劳动者使用政府发布的劳动合同示范文本订立电子劳动合同。劳动合同未载明《劳动合同法》规定的劳动合同必备条款或内容违反法律法规规定的，用人单位依法承担相应的法律责任。

双方同意订立电子劳动合同的，用人单位要在订立电子劳动合同前，明确告知劳动者订立电子劳动合同的流程、操作方法、注意事项和查看、下载完整的劳动合同文本的途径，不得向劳动者收取费用。用人单位和劳动者要确保向电子劳动合同订立平台提交的身份信息真实、完整、准确。电子劳动合同订立平台要通过数字证书、联网信息核验、生物特征识别验证、手机短信息验证码等技术手段，真实反映订立人身份和签署意愿，并记录和保存验证确认过程。具备条件的，可使用电子社保卡开展实人实名认证。用人单位和劳动者要使用符合《中华人民共和国电子签名法》要求、依法设立的电子认证服务机构颁发的数字证书和密钥，进行电子签名。

电子劳动合同经用人单位和劳动者签署可靠的电子签名后生效，并应附带可信时间戳。电子劳动合同订立后，用人单位要以手机短信、微信、电子邮件或者 APP 信息提示等方式通知劳动者电子劳动合同已订立完成。

(三) 电子劳动合同的调取、储存、应用

用人单位要提示劳动者及时下载和保存电子劳动合同文本，告知劳动者查看、下载电子劳动合同的方法，并提供必要的指导和帮助。用人单位要确保劳动者可以使用常用设备随时查看、下载、打印电子劳动合同的完整内容，不得向劳动者收取费用。劳动者需要电子劳动合同纸质文本的，用人单位要至少免费提供一份，并通过盖章等方式证明与数据电文原件一致。电子劳动合同的储存期限要符合《劳动合同法》关于劳动合同保存期限的规定。

鼓励用人单位和劳动者优先选用人力资源和社会保障部等政府部门建设的电子劳动合同订立平台(以下简称政府平台)。用人单位和劳动者未通过政府平台订立电子劳动合同的，要按照当地人力资源社会保障部门公布的数据格式和标准，提交满足电子政务要求的电子劳动合同数据，便捷办理就业创业、劳动用工备案、社会保险、人事人才、职业培训等业务。非政府平台的电子劳动合同订立平台要支持用人单位和劳动者及时提交相关数据。电子劳动合同订立平台要留存订立和管理电子劳动合同全过程证据，包括身份认证、签署意愿、电子签名等，保证电子证据链的完整性，确保相关信息可查询、可调用，为用人单位、劳动者以及法律法规授权机构查询和提取电子数据提供便利。

(四) 信息保护与安全

电子劳动合同信息的管理、调取和应用要符合《中华人民共和国网络安全法》《互联网信息服务管理办法》等法律法规，不得侵害信息主体合法权益。电子劳动合同订立平台及其所依赖的服务环境，要按照《信息安全等级保护管理办法》第三节的相关要求实施网络安全等级保护，确保平台稳定运行，提供连续服务，防止所收集或使用的身份信息、合同内容信息、日志信息泄漏、篡改、丢失。电子劳动合同订立平台要建立健全电子劳动合同信息保护制度，不得非法收集、使用、加工、传输、提供、公开电子劳动合同信息。未经信息主体同意或者法律法规授权，电子劳动合同订立平台不得向他人非法提供电子劳动合同查阅、调取等服务。

第四节 试 用 期

引导案例

未约定试用期标准却以"不合格"为由解除劳动合同

2019 年 9 月，罗先生与昆山某港电子公司签订了为期三年的劳动合同，岗位为工程类岗位，约定试用期为六个月。入职后，罗先生向公司提交了一份"业务目标/目标值/KPI 权重/计划时间表"，内容为"专案进度达成率为 100%；生产良率 95%；持续改善件数每月一件；生产人力节降 20%，预计完成时间为 2019 年 12 月 31 日，KPI 权重各占 25%。"2020 年 1 月底，公司提供的良率报表中，2019 年 10 月至 2020 年 1 月期间虽良率有提升，但是未达到 95%。2020 年 4 月 15 日，昆山某港电子公司以罗先生"试用期不合格"为由单方解除了劳动合同。罗先生遂向昆山市劳动人事争议仲裁委员会申请仲裁，并获得了仲裁支持，要求昆山某港电子公司支付违法解除劳动合同赔偿金，撤销"昆山市企业职工解除(终止)劳动合同证明"上解除劳动合同原因"试用期不合格"。昆山某港电子公司不服仲裁，起诉到了昆山法院，要求撤销仲裁裁决内容。

昆山某港电子公司表示，罗先生在公司担任制造工程师，其主要职责为改善生产良率，双方约定于试用期应达到的工作条件是依据本人确认并提交的工作目标计划表，其中明确约定罗先生应达到的生产良率提升目标值为 95%，但在试用期间内罗先生负责专案的生产良率始终未能得到明显提升，罗先生在试用期间工作表现未达约定条件，且用人单位也经过辅导，但并未有明显的良率提高，所以在试用期结束后给予"不合格"的决定。

罗先生对此并不认可，他表示，公司从未与他协商或约定任何试用期录用条件，本人也从未接到公司任何有关于"试用期录用条件"的通知或文件，并且自己工作后，团队的良率也在不断提升，并不存在所谓的"不合格"情况。

法院经审理后认为，双方约定的试用期期限已经是劳动合同法规定的最长期限六个月，但未约定明确的试用期标准，罗先生确向公司提交了工作计划，但工作计划并不等同于试用期标准，双方亦无约定工作计划将作为试用期的标准或者未达到工作计划中的项目视为"试用期不合格"。公司提供的各项数据中系良率的报表，即使按照罗先生的工作计划，KPI 的权重仅占 25%，也未明确未达 95% 的后果。因此，法院认定，罗先生"试用期不合格"无充分证据予以佐证，公司在罗先生退工备案登记表中的解除原因"试用期不合格"应当予以撤销。昆山某港电子公司系违法解除，应当支付违法解除劳动合同经济赔偿金，经核算为 1.65 万余元。

资料来源：蔡磊，汤秋婷. 昆山一公司以"试用期不合格"解除劳动合同被判败诉[N]. 人民法院报，2021-04-01，https://www.chinacourt.org/article/detail/2021/04/id/5929788.shtml

劳动者被用人单位录用后，双方可以在劳动合同中约定试用期。试用期是用人单位和劳动者为相互了解、选择而约定的不超过六个月的考察期。用人单位可以在试用期限内，进一步考察劳动者的工作态度、工作能力、思想品德等素质是否符合录用条件；劳动者可以在这段期限内，进一步了解用人单位工作内容、劳动报酬、福利待遇等相关情况与自己的期待是否相一致。

一、试用期约定规则

约定试用期，属于劳动合同双方自主约定的范畴。为了规范试用期约定，切实保护劳动者的合法权益，《劳动合同法》第十九条明确了试用期的约定规则。

(一) 试用期的期限

《劳动合同法》第十九条第一款规定，劳动合同期限三个月以上不满一年的，试用期不得超过一个月；劳动合同期限一年以上不满三年的，试用期不得超过两个月；三年以上固定期限和无固定期限的劳动合同，试用期不得超过六个月。应当注意的是，本款的"以上"包括本数在内，即三年以上是指三年及三年以上的情形；"不满"则不包括本数；"不得超过"是最高期限、封顶线。

试用期作为约定条款，用人单位和劳动者要根据实际情况来确定是否约定试用期，以及决定试用期的长短。《劳动合同法》将试用期的最高期限与劳动合同的期限挂钩，合同期限越长，相应的试用期最高期限也越长。法律的规定是限制性条件，任何用人单位不得超过法律所规定的期限，否则试用期的约定无效。

(二) 试用期的次数

《劳动合同法》第十九条第二款规定，同一用人单位与同一劳动者只能约定一次试用期。

为了防止用人单位利用试用期反复"试用"劳动者，损害劳动者的合法权益，法律对试用期的次数作了规定。在同一段劳动关系存续期间，同一劳动者的工作岗位变化、职务变化、续订合同、原单位合并或者分立、被原单位指派到新单位工作等，都不能再次约定试用期。劳动者试用期期满后，用人单位应当根据劳动者在试用期的工作情况，要么决定不录用劳动者，要么决定录用劳动者。《劳动合同法》规定同一用人单位与同一劳动者只能约定一次试用期，意味着在具体企业和具体员工个体之间，无论劳动关系建立或存续期间工作岗位调动，还是离开企业后又重新回来工作的，企业也只能约定一次试用期。

(三) 不得约定试用期的情形

《劳动合同法》第十九条第三款规定，以完成一定工作任务为期限的劳动合同或者劳动合同期限不满三个月的，不得约定试用期。

合同期限不满三个月的，因为期限太短，约定试用期的意义不大。以完成一定工作任务为期限的劳动合同，由于期限弹性太大且无法确定，同样不能约定试用期。

(四) 试用期包含在劳动合同期限内

《劳动合同法》第十九条第四款规定，试用期包含在劳动合同期限内。劳动合同仅约定试用期的，试用期不成立，该期限为劳动合同期限。

试用期属于劳动合同期限的组成部分，包含在劳动合同期限之内。正式录用后，试用期的工作时间与录用后的工作时间一起计算，即劳动合同期限自试用期开始之日起计算。用人单位与劳动者单独约定试用期合同的，试用期合同不成立，该期限就是劳动合同的期限。在这种情形下，法律视为用人单位放弃试用期。

二、试用期工资

《劳动合同法》第二十条规定："劳动者在试用期的工资不得低于本单位相同岗位最低档工资或者劳动合同约定工资的百分之八十，并不得低于用人单位所在地的最低工资标准。"《实施条例》为避免在实际操作中的误解，进一步补充了该项规定。《实施条例》第十五条规定："劳动者在试用期的工资不得低于本单位相同岗位最低档工资的80%或者不得低于劳动合同约定工资的 80%，并不得低于用人单位所在地的最低工资标准。"

关于劳动者在试用期的工资，法律规定了两个最低原则：(1) 劳动者在试用期的工资不得低于本单位相同岗位最低档工资的 80%或者不得低于劳动合同约定工资的80%，不低于其中一项即可；(2) 劳动者在试用期的工资不得低于用人单位所在地的最低工资标准。这是劳动者在试用期间内工资待遇的法定最低标准。劳动关系双方在劳动合同中约定了试用期的工资，且试用期工资高于本条规定的，按照约定的试用期工资执行。

当劳动关系双方就试用期工资问题发生纠纷时，正确的处理方法应该是：首先，应当先以当事人之间的约定作为判断的基准；其次，如果当事人之间关于试用期的约定低于法定标准时，应当适用法定标准；最后，如果当事人之间没有约定试用期工资标准，那么直接适用法定标准即可。

三、试用期劳动合同解除

试用期是劳动关系双方互相考察的期限，处在这一时期的劳动关系是一种不稳定状态，在这种情况下，劳动关系双方都有解除劳动合同的权利。在试用期内，劳动关系双方当事人可以协商一致解除劳动合同，也可以单方解除劳动合同。《劳动合同法》对在试用期内单方解除劳动合同的情形做了明确规定。

(一) 试用期内劳动者解除劳动合同的规定

《劳动合同法》第三十七条规定："劳动者提前三十日以书面形式通知用人单位，可以解除劳动合同。劳动者在试用期内提前三日通知用人单位，可以解除劳动合同。"

在正常的劳动关系中，劳动者的解除权要遵守提前三十日书面通知的规定，但是处在试用期的劳动关系具有一定的特殊性。劳动者在试用期内发现自己的岗位不适合或者不能履行劳动合同等情况，只需提前三日通知用人单位解除劳动合同，可以书面通知，也可以口头通知，并且无需说明理由。

(二) 试用期内用人单位解除劳动合同的规定

《劳动合同法》第二十一条规定："在试用期中，除劳动者有本法第三十九条和第四十条第一项、第二项规定的情形外，用人单位不得解除劳动合同。用人单位在试用期解除劳动合同的，应当向劳动者说明理由。"

《劳动合同法》在赋予劳动者单方面的解除权同时，也赋予了用人单位单方面的解除权，以保障用人单位的用工自主权。为了防止用人单位滥用解除权，在立法上严格限定了用人单位与劳动者解除劳动合同的条件，对用人单位在试用期的解除权在内容和程序上都有严格的限制条件，以保护劳动者的劳动权。

四、违反试用期规定的法律责任

《劳动合同法》第八十三条规定："用人单位违反本法规定与劳动者约定试用期的，由劳动行政部门责令改正；违法约定的试用期已经履行的，由用人单位以劳动者试用期满月工资为标准，按已经履行的超过法定试用期的期间向劳动者支付赔偿金。"

现实中，部分用人单位认为，违法约定了试用期并且违法约定的试用期已经履行了，由用人单位补发试用期工资与转正工资的差额，补足劳动者的损失就可以了。但《劳动合同法》第八十三条对此做了明确规定，用人单位须以劳动者试用期满月工资为标准，按已经履行的超过法定试用期的期间向劳动者支付赔偿金。可见，《劳动合同法》不仅补足劳动者的损失，更对滥用试用期的用人单位进行一定的惩罚。

第五节　培训服务期协议

引导案例

培训期间工资是否属于专项培训费用

2013 年 6 月 1 日，张某与某体检公司签订无固定期限劳动合同，到体检公司工作。2014 年 7 月 3 日，张某与体检公司签订培训协议，该公司安排张某到外地参加一年专业技术培训。培训协议约定：由体检公司支付培训费、差旅费，并按照劳动合同约定正常支付张某培训期间工资；张某培训完成后在体检公司至少服务 5 年；若张某未满服务期解除劳动合同，应当按照体检公司在培训期间所支出的所有费用支付违约金。培训期间，体检公司实际支付培训费 47 000 元、差旅费 5600 元，同时支付张某工资 33 000 元。培训结束后，张某于 2015 年 7 月 3 日回体检公司上班。2018 年 3 月 1 日，张某向体检公司递交书面通知，提出于 2018 年 4 月 2 日解除劳动合同。体检公司要求张某支付违约金 85 600 元(47 000 元 + 5600 元 + 33 000 元)，否则拒绝出具解除劳动合同的证明。为顺利入职新用人单位，张某支付了违约金，但认为违约金数额违法，遂申请仲裁，请求裁决体检公司返还违法收取的违约金 85 600 元。

仲裁委员会裁决体检公司返还张某 61 930 元(85 600 元 - 23 670 元)。

本案的争议焦点是体检公司支付给张某培训期间的工资是否属于专项培训费用。

《劳动合同法》第二十二条规定："用人单位为劳动者提供专项培训费用，对其进行专业技术培训的，可以与该劳动者订立协议，约定服务期。劳动者违反服务期约定的，应当按照约定向用人单位支付违约金。违约金的数额不得超过用人单位提供的培训费用。用人单位要求劳动者支付的违约金不得超过服务期尚未履行部分所应分摊的培训费用。"《实施条例》第十六条规定："劳动合同法第二十二条第二款规定的培训费用，包括用人单位为了对劳动者进行专业技术培训而支付的有凭证的培训费用、培训期间的差旅费用以及因培训产生的用于该劳动者的其他直接费用。"《劳动法》第五十条规定："工资应当以货币形式按月支付给劳动者本人。不得克扣或者无故拖欠劳动者的工资。"《关于贯彻执行〈中华人民共和国劳动法〉若干问题的意见》第 53 条规定："劳动法中的'工资'是指用人单位依据国家有关规定或劳动合同的约定，以货币形式直接支付给本单位劳动者的劳动报酬……"从上述条款可知，专项培训费用与工资存在明显区别：(1) 从性质看，专项培训费用是用于培训的直接费用，工资是劳动合同履行期间用人单位支付给劳动者的劳动报酬；(2) 从产生依据看，专项培训费用是因用人单位安排劳动者参加培训产生，工资是依据国家有关规定或劳动合同约定产生；(3) 从给付对象看，专项培训费用由用人单位支付给培训服务单位等，工资由用人单位支付给劳动者本人。

本案中，张某脱产参加培训是在劳动合同履行期间，由体检公司安排，目的是提升其个人技能，使其能够创造更大的经营效益，张某参加培训的行为，应当视为履行对体检公司的劳动义务。综合前述法律规定，体检公司支付给张某培训期间的 33 000 元工资不属于专项培训费用。仲裁委员会结合案情依法计算得出：培训期间体检公司支付的专项培训费用为 52 600 元(47 000 元 + 5600 元)；培训协议约定张某培训结束后的服务期为 5 年(即 60 个月)，张某已实际服务 33 个月，服务期未履行部分为 27 个月。因此，张某依法应当支付的违约金为 23 670 元(52 600 元 ÷ 60 个月 × 27 个月)，体检公司应当返还张某 61 930 元(85 600 元 - 23 670 元)。

资料来源：人力资源和社会保障部 最高人民法院 劳动人事争议典型案例(第一批)案例 9
https://ldgc.51ldb.com/shsldb/zc/content/0173bca1d9f1c001a8495db4be7427e2.html

培训服务期协议则是指，用人单位为劳动者提供专项培训费用，对其进行专业技术培训，并与劳动者约定服务期的协议。培训服务期协议与劳动合同是密不可分的，一是因为培训服务期协议的存在是以双方存在劳动关系为前提的；二是因为培训服务期协议是双方劳动合同关系的组成部分，是对劳动合同的补充，与劳动合同具有同等法律效力。培训服务期协议的主要内容大致包括三个部分：一是劳动者应为用人单位提供的服务时间，二是用人单位就服务期限应对劳动者提供的培训及其他额外福利待遇，三是劳动者违约应承担的违约责任。

一、培训服务期协议签订条件

《劳动合同法》第二十二条第一款规定，用人单位为劳动者提供专项培训费用，对其进行专业技术培训的，可以与该劳动者订立协议，约定服务期。本条规定首先明确了签订培训服务期协议的条件：一是用人单位为劳动者提供专项培训费用；二是对劳动者进行专业技术培训。

《劳动合同法》并未对专项培训费用进行明确界定，《实施条例》第十六条进行了补充，规定"劳动合同法第二十二条第二款规定的培训费用，包括用人单位为了对劳动者进行专业技术培训而支付的有凭证的培训费用、培训期间的差旅费用以及因培训产生的用于该劳动者的其他直接费用。"根据这一规定，企业只有向劳动者支付有凭证的培训费用，才能视为向劳动者提供了专项培训费用。

专业技术培训是指针对特殊群体的专项性培训，培训待遇为少数人所享有，培训内容在日常培训、岗位培训、基础培训之上，区别于一般的上岗培训。专业技术培训一般具有以下属性：第一，专业技术培训包括专业知识和职业技能培训，比如提高技术人员专业能力的培训等，不同于员工入职培训、上岗培训等一般性质的职业培训。第二，专业技术培训一般是委托第三方开展的。第三，专业技术培训费用是单位直接出资，不列支在国家规定提取的职工教育培训费中。第四，企业会支出有凭证的培训费、差旅费等。

二、劳动合同期限与服务期

服务期，是指用人单位提供专项培训费用，对劳动者进行专业技术培训，而由用人单位与劳动者双方在劳动合同中或者在培训协议里约定的劳动者必须为该用人单位提供劳动的期间。服务期是劳动者因享有用人单位给予的特殊待遇而承诺必须为用人单位工作的期限，一般主要针对核心员工，其目的是防止员工接受出资培训后随意跳槽，给企业带来损失。劳动合同期限，是用人单位与劳动者根据法律、法规规定以及实际情况，协商约定的期限。

(一) 服务期与劳动合同期限的区别

服务期与劳动合同期限的区别有以下几点：

(1) 性质不同。服务期是当事人以劳动合同或者专门协议的形式特别约定的，带有任意性的特征，是约定条款；而劳动合同期限条款是劳动合同必备条款之一，带有法定性。

(2) 利益归属不同。服务期的利益完全归属于用人单位，劳动者不能任意解约；而劳动合同期限的利益主要归属于劳动者，用人单位亦不能随意解除。

(3) 前提不同。约定服务期的前提是用人单位为劳动者提供专项培训费用，对其进行专业技术培训。劳动合同期限的前提是劳动关系的确立。

(4) 违约责任不同。劳动者提前解除服务期约定要依据《劳动合同法》第二十二条第二款承担相应的违约金；而劳动合同期限虽是双向约定的劳动关系存续期限，在此期限内劳动者按照法定条件和程序提前解除劳动合同不需要承担任何责任。

(二) 服务期与劳动合同期限不一致时处理办法

劳动合同期限与服务期不一致时如何处理，《劳动合同法》并没有对此作出明确规定。《实施条例》第十七条规定："劳动合同期限满，但是用人单位与劳动者依照劳动合同法第二十二条的规定约定的服务期尚未到期的，劳动合同应当续延至服务期满；双方另有约定的，从其约定。"服务期与劳动合同期限不一致，有两种可能：① 服务期短于劳动合同期限的，应当按照劳动合同期限执行；② 服务期长于劳动合同期限的，服务期的约定可视为双方对合同期限的变更，劳动合同应顺延至服务期满。

三、违约金

《劳动合同法》第二十二条第二款规定，劳动者违反服务期约定的，应当按照约定向用人单位支付违约金。违约金的数额不得超过用人单位提供的培训费用。用人单位要求劳动者支付的违约金不得超过服务期尚未履行部分所应分摊的培训费用。

以劳动者接受职业技术培训为例，培训费用 10 万元，服务期 5 年，则每年分摊 2 万元，如果已经履行 2 年，则违约金不得超过尚未履行的 3 年服务期所应分摊的 6 万元培训费用。用人单位为劳动者提供了专项培训费用用于专业技术培训，可以与劳动者约定服务期及违反服务期约定的违约金。违反服务期约定的违约金最高限额为用人单位提供的专项培训费用，如果服务期已经履行了一部分，则应当依法扣减违约金。这时违约金约定仅具有补偿功能而非惩罚功能，即劳动者辞职承担的违约金不是为了惩罚劳动者或担保劳动合同的履行，而是补偿因为劳动者辞职给企业造成的损失。这一制度设计虽然对由劳动者承担违约金和损害赔偿金做了诸多限制，但也从公平、正义的角度做出了平衡。

《实施条例》第二十六条规定："用人单位与劳动者约定了服务期，劳动者依照劳动合同法第三十八条的规定解除劳动合同的，不属于违反服务期的约定，用人单位不得要求劳动者支付违约金。有下列情形之一，用人单位与劳动者解除约定服务期的劳动合同的，劳动者应当按照劳动合同的约定向用人单位支付违约金：(一) 劳动者严重违反用人单位的规章制度的；(二) 劳动者严重失职，营私舞弊，给用人单位造成重大损害的；(三) 劳动者同时与其他用人单位建立劳动关系，对完成本单位的工作任务造成严重影响，或者经用人单位提出，拒不改正的；(四) 劳动者以欺诈、胁迫的手段或者乘人之危，使用人单位在违背真实意思的情况下订立或者变更劳动合同的；(五) 劳动者被依法追究刑事责任的。"《劳动合同法》第三十八条规定的是用人单位存在过错，劳动者单方解除劳动合同的情形。

第六节 竞 业 限 制

引导案例

马筱楠诉北京搜狐新动力信息技术有限公司竞业限制纠纷案

马筱楠于 2005 年 9 月 28 日入职北京搜狐新动力信息技术有限公司(以下简称搜狐新动力公司),双方最后一份劳动合同期限自 2014 年 2 月 1 日起至 2017 年 2 月 28 日止,马筱楠担任高级总监。2014 年 2 月 1 日,搜狐新动力公司(甲方)与马筱楠(乙方)签订《不竞争协议》,其中第 3.3 款约定:"……竞业限制期限从乙方离职之日开始计算,最长不超过 12 个月,具体的月数根据甲方向乙方实际支付的竞业限制补偿费计算得出。但如因履行本协议发生争议而提起仲裁或诉讼时,则上述竞业限制期限应将仲裁和诉讼的审理期限扣除;即乙方应履行竞业限制义务的期限,在扣除仲裁和诉讼审理的期限后,不应短于上述约定的竞业限制月数。"2017 年 2 月 28 日劳动合同到期,双方劳动关系终止。2017 年 3 月 24 日,搜狐新动力公司向马筱楠发出《关于要求履行竞业限制义务和领取竞业限制经济补偿费的告知函》,要求其遵守《不竞争协议》,全面并适当履行竞业限制义务。马筱楠自搜狐新动力公司离职后,于 2017 年 3 月中旬与优酷公司开展合作关系,后于 2017 年 4 月底离开优酷公司,违反了《不竞争协议》。搜狐新动力公司以要求确认马筱楠违反竞业限制义务并双倍返还竞业限制补偿金、继续履行竞业限制义务、赔偿损失并支付律师费为由向北京市劳动人事争议仲裁委员会申请仲裁,仲裁委员会作出京劳人仲字〔2017〕第 339 号裁决:一、马筱楠一次性双倍返还搜狐新动力公司 2017 年 3 月、4 月竞业限制补偿金共计 177 900 元;二、马筱楠继续履行对搜狐新动力公司的竞业限制义务;三、驳回搜狐新动力公司的其他仲裁请求。马筱楠不服,于法定期限内向北京市海淀区人民法院提起诉讼。

北京市海淀区人民法院于 2018 年 3 月 15 日作出(2017)京 0108 民初 45728 号民事判决:一、马筱楠于判决生效之日起七日内向搜狐新动力公司双倍返还 2017 年 3 月、4 月竞业限制补偿金共计 177 892 元;二、确认马筱楠无需继续履行对搜狐新动力公司的竞业限制义务。搜狐新动力公司不服一审判决,提起上诉。北京市第一中级人民法院于 2018 年 8 月 22 日作出(2018)京 01 民终 5826 号民事判决:驳回上诉,维持原判。

本案争议焦点为《不竞争协议》第 3.3 款约定的竞业限制期限的法律适用问题。搜狐新动力公司上诉主张该协议第 3.3 款约定有效,马筱楠的竞业限制期限为本案仲裁和诉讼的实际审理期限加上 12 个月,以实际发生时间为准且不超过两年,但北京市第一中级人民法院对其该项主张不予采信。

一、竞业限制协议的审查

法律虽然允许用人单位可以与劳动者约定竞业限制义务,但同时对双方约定竞业限制义务的内容作出了强制性规定,即以效力性规范的方式对竞业限制义务所适用的人员范围、竞业领域、限制期限均作出明确限制，且要求竞业限制约定不得违反法律、法规的规定，以期在保护用人单位商业秘密、维护公平竞争市场秩序的同时，亦防止用人单位不当运用竞业限制制度对劳动者的择业自由权造成过度损害。

二、"扣除仲裁和诉讼审理期限"约定的效力

本案中，搜狐新动力公司在《不竞争协议》第 3.3 款约定马筱楠的竞业限制期限应扣除仲裁和诉讼的审理期限，该约定实际上要求马筱楠履行竞业限制义务的期限为：仲裁和诉讼程序的审理期限+实际支付竞业限制补偿金的月数(最长不超过 12 个月)。从劳动者择业自由权角度来看，虽然法律对于仲裁及诉讼程序的审理期限均有法定限制，但就具体案件而言该期限并非具体确定的期间，将该期间作为竞业限制期限的约定内容，不符合竞业限制条款应具体明确的立法目的。加之劳动争议案件的特殊性，相当数量的案件需要经过"一裁两审"程序，上述约定使得劳动者一旦与用人单位发生争议，则其竞业限制期限将被延长至不可预期且相当长的一段时间，乃至达到二年。这实质上造成了劳动者的择业自由权在一定期间内处于待定状态。另一方面，从劳动者司法救济权角度来看，对于劳动者一方，如果其因履行《不竞争协议》与搜狐新动力公司发生争议并提起仲裁和诉讼，依照该协议第 3.3 款约定，仲裁及诉讼审理期间劳动者仍需履行竞业限制义务，即出现其竞业限制期限被延长的结果。如此便使劳动者陷入"寻求司法救济则其竞业限制期限被延长""不寻求司法救济则其权益受损害"的两难境地，在一定程度上限制了劳动者的司法救济权利；而对于用人单位一方，该协议第 3.3 款使得搜狐新动力公司无需与劳动者进行协商，即可通过提起仲裁和诉讼的方式单方地、变相地延长劳动者的竞业限制期限，一定程度上免除了其法定责任。综上，法院认为，《不竞争协议》第 3.3 款中关于竞业限制期限应将仲裁和诉讼的审理期限扣除的约定，即"但如因履行本协议发生争议而提起仲裁或诉讼时……乙方应履行竞业限制义务的期限，在扣除仲裁和诉讼审理的期限后，不应短于上述约定的竞业限制月数"的部分，属于劳动合同法第二十六条第一款第二项规定的"用人单位免除自己的法定责任、排除劳动者权利"的情形，应属无效。而根据该法第二十七条规定，劳动合同部分无效，不影响其他部分效力的，其他部分仍然有效。

三、本案竞业限制期限的确定

据此，依据《不竞争协议》第 3.3 款仍有效部分的约定，马筱楠的竞业限制期限应依据搜狐新动力公司向其支付竞业限制补偿金的月数确定且最长不超过 12 个月。鉴于搜狐新动力公司已向马筱楠支付 2017 年 3 月至 2018 年 2 月期间共计 12 个月的竞业限制补偿金，马筱楠的竞业限制期限已经届满，其无需继续履行对搜狐新动力公司的竞业限制义务。

资料来源：最高人民法院指导案例 184 号 https://www.court.gov.cn/shenpan/xiangqing/364681.html

竞业限制往往与商业秘密的保护密切联系，竞业限制是保护用人单位商业秘密的手段之一。通过签订竞业限制协议，减少劳动者泄露、非法使用用人单位商业秘密的机会。

一、保密义务与竞业限制

《劳动合同法》第二十三条第一款规定，用人单位与劳动者可以在劳动合同中约定保守用人单位的商业秘密和与知识产权相关的保密事项。

(一) 商业秘密和与知识产权相关的保密事项

商业秘密，是指不为公众所知悉、能为权利人带来经济利益，具有实用性并经权利人采取保密措施的技术信息和经营信息。商业秘密包括两部分：第一，非专利技术和经营信息，如管理方法，产销策略，客户名单、货源情报等经营信息；第二，生产配方、工艺流程、技术诀窍、设计图纸等技术信息。商业秘密关乎企业的竞争力，对企业的发展至关重要，有的甚至直接影响到企业的生存。商业秘密具有以下特点：第一，商业秘密的前提是不为公众所知悉，而其他知识产权都是公开的，对专利权甚至有公开到相当程度的要求。第二，商业秘密是一项相对的权利。商业秘密的专有性不是绝对的，不具有排他性。如果其他人以合法方式取得了同一内容的商业秘密，他们就和第一个人有着同样的地位。第三，能使经营者获得利益，获得竞争优势，或具有潜在的商业利益。第四，商业秘密的保护期不是法定的，取决于权利人的保密措施和其他人对此项秘密的公开。一项技术秘密可能由于权利人保密措施得力和技术本身的应用价值而延续很长时间，远远超过专利技术受保护的期限。

"与知识产权相关的保密事项"是《劳动合同法》提出的一项新保密内容，是指尚未依法取得知识产权但与知识产权相关的需要保密的事项。知识产权是一种无形财产权，是从事智力创造性活动取得成果后依法享有的权利，包括下列各项知识财产的权利：文学、艺术和科学作品；表演艺术家的表演以及唱片和广播节目；人类一切活动领域内的发明；科学发现；工业品外观设计；商标、服务标记以及商业名称和标志；对制止不正当竞争享有的权利；在工业、科学、文学或艺术领域内由于智力活动而产生的一切其他权利。从法律上看，知识产权具有三个特征：① 地域性，即除签有国际公约或双边协定外，依一国法律取得的权利只能在该国境内有效，受该国法律保护；② 独占性或专有性，即只有权利人才能享有，他人不经权利人许可不得行使其权利；③ 时间性，各国法律对知识产权保护分别规定了一定期限，期满后则确立自动终止。

(二) 保密义务

保守用人单位的商业秘密和与知识产权相关的保密事项，是劳动者的法定义务，是劳动者对用人单位忠诚义务的要求和具体体现。用人单位与劳动者可以在劳动合同中约定，保守用人单位商业秘密和与知识产权相关的保密事项是劳动者的义务，并确定具体的违反这一义务应承担的责任。保守用人单位的商业秘密，是为了保护用人单位的经济利益。保守秘密的对象，是负有保密义务的劳动者。保密义务背后的法理，是基于劳动者对于用人单位的忠诚的义务。劳动关系本身就有很强的人身属性，保守商业秘密本身就是履行忠诚义务的一种形式。

(三) 竞业限制

竞业限制是指用人单位在劳动合同或者保密协议中，与掌握本单位商业秘密和与知识产权相关的保密事项的劳动者约定，在劳动合同解除或者终止后的一定期限内，不得到与本单位生产或者经营同类产品、从事同类业务的有竞争关系的其他用人单位任职，也不得自己开业生产或者经营同类产品、从事同类业务。竞业限制的实质是对劳动者择业权的限制，其目的在于保护用人单位的商业秘密。

竞业限制，是解决劳动者劳动权、择业自由与公平竞争市场规则冲突的有效途径。劳动合同解除或者终止后，劳动者重新择业，通过劳动换取报酬，这是法律赋予劳动者的基本权利，但劳动者行使这一基本权利，可能造成不正当竞争。劳动者离开原单位后，如果将从原单位获得的商业秘密应用于新用人单位的经营中，就与原单位形成了不正当竞争，给原单位造成了损失。因而，如何平衡保护劳动者的择业自由权与维护平等竞争的市场法则之间的关系，就成为一个重要问题。竞业限制，一方面要在一定程度上限制劳动者的择业自由，防止其重新就业后造成与原单位的不正当竞争，另一方面又要通过竞业限制经济补偿，补偿劳动者因择业自由受到一定限制而遭受的损失。

(四) 保密义务与竞业限制的区别

竞业限制的存在可以是保护商业秘密的一个手段，但竞业限制本身并不等同于商业秘密保护，竞业限制的内容也不仅仅是保护商业秘密，同时，商业秘密的保护并不只有竞业限制一个途径。具体讲，商业秘密保护与竞业限制的区别在于：

(1) 义务基础不同。保密义务一般是法律直接规定或劳动合同的附随义务，不管用人单位与劳动者是否约定，劳动者均有义务保守商业秘密。竞业限制是基于用人单位与劳动者的约定产生，没有约定则无需承担竞业限制义务。

(2) 对劳动者的限制内容不同。劳动者承担的保密义务仅限于保守商业秘密，并不限制劳动者的就业权。竞业限制是通过限制劳动者的就业权达到防止劳动者泄密的目的。

(3) 约束期限不同。保密义务没有期限限定，一般期限比较长，只要商业秘密存在，劳动者的保密义务就存在，期限分布于双方劳动关系存续及劳动关系解除后。竞业限制期限较短，不超过两年，且属于后合同义务，从双方解除/终止劳动合同时开始计算期限。

(4) 补偿对价关系不同。如双方没有特别约定，用人单位不必对劳动者履行保密义务支付保密费，但必须在竞业限制期限内对劳动者按月给予经济补偿。

(5) 签订对象范围不同。用人单位可以与企业内部的所有员工签订保密协议，但只能与用人单位的高级管理人员、高级技术人员和其他负有保密义务的人员签订竞业限制协议。

(6) 违约责任类型不同。违反保密义务的劳动者，应当承担相应的民事责任，构成犯罪的承担刑事责任；而违反竞业限制义务的劳动者通常只需要依据约定支付违约金。

二、竞业限制人员

《劳动合同法》第二十四条规定："竞业限制的人员限于用人单位的高级管理人员、高级技术人员和其他负有保密义务的人员。"

竞业限制的主体范围经历过发展和变化，从最初的商法视野中的公司董事、监事、高级管理人员，扩大至劳动关系中的用人单位和劳动者之间。但并非全部劳动者均属于竞业限制人员。对于不知悉或不可能知悉企业商业秘密的员工，企业不需要也不可以与之签订竞业限制协议。换言之，竞业限制并非所有劳动者的基本义务。从竞业限制的设置目的思考，竞业限制应当以知晓商业秘密的存在为前提，但仍要对商业秘密的范围进行严格的限制，商业秘密并非是关于用人单位的一切情况而仅限于重要的核心信息，所以对适用竞业限制的人员范围务必进行严格规范,避免由此产生的商业秘密保护权对择业权的过度侵犯。

三、竞业限制的范围、地域和期限

《劳动合同法》第二十四条规定:"竞业限制的范围、地域、期限由用人单位与劳动者约定,竞业限制的约定不得违反法律、法规的规定。在解除或者终止劳动合同后,前款规定的人员到与本单位生产或者经营同类产品、从事同类业务的有竞争关系的其他用人单位,或者自己开业生产或者经营同类产品、从事同类业务的竞业限制期限,不得超过二年。"

竞业限制是约定条款,来自劳动合同双方当事人的意思自治,竞业限制的具体内容并非法定权利义务。但竞业限制的最长期限,法律予以明确规定不超过两年。

四、竞业限制经济补偿

《劳动合同法》第二十三条第二款规定:"对负有保密义务的劳动者,用人单位可以在劳动合同或者保密协议中与劳动者约定竞业限制条款,并约定在解除或者终止劳动合同后,在竞业限制期限内按月给予劳动者经济补偿。"《劳动合同法》并未对竞业限制经济补偿做出具体金额规定。《最高人民法院关于审理劳动争议案件适用法律问题的解释(一)》第三十六条规定:"当事人在劳动合同或者保密协议中约定了竞业限制,但未约定解除或者终止劳动合同后给予劳动者经济补偿,劳动者履行了竞业限制义务,要求用人单位按照劳动者在劳动合同解除或者终止前十二个月平均工资的30%按月支付经济补偿的,人民法院应予支持。前款规定的月平均工资的30%低于劳动合同履行地最低工资标准的,按照劳动合同履行地最低工资标准支付。"《最高人民法院关于审理劳动争议案件适用法律问题的解释(一)》第三十七条规定:"当事人在劳动合同或者保密协议中约定了竞业限制和经济补偿,当事人解除劳动合同时,除另有约定外,用人单位要求劳动者履行竞业限制义务,或者劳动者履行了竞业限制义务后要求用人单位支付经济补偿的,人民法院应予支持。"

竞业限制协议具备双务合同属性,用人单位的权利表现在要求劳动者履行竞业限制义务,义务表现在支付竞业限制补偿金。劳动者的权利表现在获取竞业限制补偿金,义务表现在按照约定的范围、地域、期限,不到与本单位生产或经营同类产品、从事同类业务的有竞争关系的用人单位工作,或者不自己开业生产或经营同类产品、从事同类业务。

五、竞业限制的解除和违约责任

(一) 用人单位解除竞业限制约定

《最高人民法院关于审理劳动争议案件适用法律问题的解释(一)》第三十九条规定:"在竞业限制期限内,用人单位请求解除竞业限制协议的,人民法院应予支持。在解除竞业限制协议时,劳动者请求用人单位额外支付劳动者三个月的竞业限制经济补偿的,人民法院应予支持。"

这一规定赋予了用人单位在竞业限制期内对竞业限制的自由选择权,目前司法实践中通常认为竞业限制条款是对劳动者就业权的限制,因此,用人单位在竞业限制期限届满前有权根据其单位的具体情况决定是否解除竞业限制。当劳动者因履行竞业限制协议而放弃了自己的专业优势，与其他非竞争企业建立了劳动关系时，如果用人单位提前解除竞业限制协议，不再支付补偿金，可能会导致劳动者权益受损，因此，规定了在解除竞业限制协议时，劳动者可以请求用人单位额外支付劳动者三个月的竞业限制经济补偿，平衡了双方的利益。

(二) 用人单位不支付经济补偿，劳动者可以解除竞业限制约定

《最高人民法院关于审理劳动争议案件适用法律问题的解释(一)》第三十八条规定："当事人在劳动合同或者保密协议中约定了竞业限制和经济补偿，劳动合同解除或者终止后，因用人单位的原因导致三个月未支付经济补偿，劳动者请求解除竞业限制约定的，人民法院应予支持。"

司法实践中，若用人单位不支付经济补偿直接赋予劳动者解除权对用人单位显得过于苛刻，如果不赋予解除权又影响了劳动者的就业权，这一规定在兼顾用人单位利益和劳动者权益的前提下作了折中规定，劳动合同解除或者终止后，因用人单位的原因导致三个月未支付经济补偿，劳动者可以请求解除竞业限制约定。

❖ 案例

用人单位未支付竞业限制经济补偿，劳动者是否需承担竞业限制违约责任

2013 年 7 月，乐某入职某银行，在贸易金融事业部担任客户经理。该银行与乐某签订了为期 8 年的劳动合同明确其年薪为 100 万元。该劳动合同约定了保密与竞业限制条款，约定乐某须遵守竞业限制协议约定，即离职后不能在诸如银行、保险、证券等金融行业从事相关工作，竞业限制期限为两年。同时，双方还约定了乐某如违反竞业限制义务应赔偿银行违约金 200 万元。2018 年 3 月 1 日，银行因乐某严重违反规章制度而与乐某解除了劳动合同，但一直未支付乐某竞业限制经济补偿。2019 年 2 月，乐某入职当地另一家银行依旧从事客户经理工作。2019 年 9 月，银行向劳动人事争议仲裁委员会(以下简称仲裁委员会)申请仲裁，请求裁决乐某支付违反竞业限制义务违约金 200 万元并继续履行竞业限制协议。

仲裁委员会裁决驳回银行的仲裁请求。

本案的争议焦点是银行未支付竞业限制经济补偿，乐某是否需承担竞业限制违约责任。

依据《劳动合同法》第二十三条第二款规定："对负有保密义务的劳动者，用人单位可以在劳动合同或者保密协议中与劳动者约定竞业限制条款，并约定在解除或者终止劳动合同后，在竞业限制期限内按月给予劳动者经济补偿。劳动者违反竞业限制约定的，应当按照约定向用人单位支付违约金。"由此，竞业限制义务，是关于劳动者在劳动合同解除或终止后应履行的义务。

本案中，双方当事人在劳动合同中约定了竞业限制条款，劳动合同解除后，竞业限制约定对于双方当事人发挥约束力。《劳动合同法》第二十九条规定："用人单位与劳动者应当按照劳动合同的约定，全面履行各自的义务。"《最高人民法院关于审理劳动争议案件适用法律的若干问题的解释(一)》第三十八条规定："当事人在劳动合同或者保密协议中约定了竞业限制和经济补偿，劳动合同解除或者终止后，因用人单位的原因导致三

个月未支付经济补偿，劳动者请求解除竞业限制约定的，人民法院应予支持。"用人单位未履行竞业限制期间经济补偿支付义务并不意味着劳动者可以"有约不守"，但劳动者的竞业限制义务与用人单位的经济补偿义务是对等给付关系，用人单位未按约定支付经济补偿已构成违反其在竞业限制约定中承诺的主要义务。具体到本案中，银行在竞业限制协议履行期间长达 11 个月未向乐某支付经济补偿，造成乐某遵守竞业限制约定却得不到相应补偿的后果。根据公平原则，劳动合同解除或终止后，因用人单位原因未支付经济补偿达三个月，劳动者此后实施了竞业限制行为，应视为劳动者以其行为提出解除竞业限制约定，用人单位要求劳动者承担违反竞业限制违约责任的不予支持，故依法驳回银行的仲裁请求。

资料来源：人力资源和社会保障部 最高人民法院 劳动人事争议典型案例(第一批)案例 12
https://www.sohu.com/a/577902328_121106884

(三) 违约责任

《劳动合同法》第二十三条第二款规定："劳动者违反竞业限制约定的，应当按照约定向用人单位支付违约金。"《劳动合同法》第九十条规定："劳动者违反本法规定解除劳动合同，或者违反劳动合同中约定的保密义务或者竞业限制，给用人单位造成损失的，应当承担赔偿责任。"《最高人民法院关于审理劳动争议案件适用法律问题的解释(一)》第四十条规定："劳动者违反竞业限制约定，向用人单位支付违约金后，用人单位要求劳动者按照约定继续履行竞业限制义务的，人民法院应予支持。"竞业限制条款基于双方当事人约定而产生，竞业限制约定是一种合同关系，以当事人的意思自治为原则。竞业限制违约金的具体标准、支付方式，按照双方约定执行。用人单位订立竞业限制协议的目的，就是保护自身的商业秘密，如果允许以"罚"代替履行，势必严重损害用人单位利益。这一规定明确了裁判应支持用人单位要求劳动者按照约定继续履行竞业限制义务。

第七节　无效劳动合同的确认和处理

引导案例

劳动者提供虚假学历证书是否导致劳动合同无效

2018 年 6 月，某网络公司发布招聘启事，招聘计算机工程专业大学本科以上学历的网络技术人员 1 名。赵某为销售专业大专学历，但其向该网络公司提交了计算机工程专业大学本科学历的学历证书、个人履历等材料。后赵某与网络公司签订了劳动合同，进入网络公司从事网络技术工作。2018 年 9 月初，网络公司偶然获悉赵某的实际学历为大专，并向赵某询问。赵某承认自己为应聘而提供虚假学历证书、个人履历的事实。网络公司认为，赵某提供虚假学历证书、个人履历属欺诈行为，严重违背诚实信用原则，根据《劳动合同法》第二十六条、第三十九条规定解除了与赵某的劳动合同。赵某不服，向劳动人事争议仲裁委员会(以下简称仲裁委员会)申请仲裁，请求裁决网络公司继续履行劳动合同。

仲裁委员会裁决驳回赵某的仲裁请求。

本案的争议焦点是赵某提供虚假学历证书、个人履历是否导致劳动合同无效。

《劳动合同法》第八条规定："用人单位招用劳动者时，应当如实告知劳动者工作内容、工作条件、工作地点、职业危害、安全生产状况、劳动报酬，以及劳动者要求了解的其他情况；用人单位有权了解劳动者与劳动合同直接相关的基本情况，劳动者应当如实说明。"第二十六条第一款规定："下列劳动合同无效或者部分无效：(一) 以欺诈、胁迫的手段或者乘人之危，使对方在违背真实意思的情况下订立或者变更劳动合同的……"第三十九条规定："劳动者有下列情形之一的，用人单位可以解除劳动合同……(五) 因本法第二十六条第一款第一项规定的情形致使劳动合同无效的……"从上述条款可知，劳动合同是用人单位与劳动者双方协商一致达成的协议，相关信息对于是否签订劳动合同、建立劳动关系的真实意思表示具有重要影响。《劳动合同法》第八条既规定了用人单位的告知义务，也规定了劳动者的告知义务。如果劳动者违反诚实信用原则，隐瞒或者虚构与劳动合同直接相关的基本情况，根据《劳动合同法》第二十六条第一款规定属于劳动合同无效或部分无效的情形。用人单位可以根据《劳动合同法》第三十九条规定解除劳动合同并不支付经济补偿。此外，应当注意的是，《劳动合同法》第八条"劳动者应当如实说明"应仅限于"与劳动合同直接相关的基本情况"，如履行劳动合同所必需的知识技能、学历、学位、职业资格、工作经历等，用人单位无权要求劳动者提供婚姻状况、生育情况等涉及个人隐私的信息，也即不能任意扩大用人单位知情权及劳动者告知义务的外延。

本案中，"计算机工程专业""大学本科学历"等情况与网络公司招聘的网络技术人员岗位职责、工作完成效果有密切关联性，属于"与劳动合同直接相关的基本情况"。赵某在应聘时故意提供虚假学历证书、个人履历，致使网络公司在违背真实意思的情况下与其签订了劳动合同。因此，根据《劳动合同法》第二十六条第一款规定，双方签订的劳动合同无效。网络公司根据《劳动合同法》第三十九条第五项规定，解除与赵某的劳动合同符合法律规定，故依法驳回赵某的仲裁请求。

资料来源：人力资源和社会保障部 最高人民法院 劳动人事争议典型案例(第一批)案例 10

https://www.sohu.com/a/577902328_121106884

劳动合同依法成立，经双方当事人签字盖章即具有法律效力，对双方当事人都有法律约束力，双方必须履行劳动合同中规定的义务。劳动合同有效应当具备的条件是：劳动合同签订的主体合法、双方意思表示真实、合同内容合法以及形式合法。劳动合同符合法律法规的要求，是合同受法律保护的前提。如果劳动合同不具备或不完全具备法定有效要件，则会构成劳动合同的无效或部分无效，不能产生当事人预期的法律后果。无效劳动合同是指所订立的劳动合同不符合法定条件，不能发生当事人预期的法律后果。无效劳动合同，分为部分无效劳动合同和全部无效劳动合同。全部无效劳动合同，是指劳动合同当事人和基本内容违反法律、行政法规的禁止规定，劳动合同条款全部无效。部分无效劳动合同，是指劳动合同部分条款违反法律、行政法规，但不影响劳动合同基本内容的，违反法律、行政法规的那部分条款无效，其余条款仍然具有法律效力。

一、无效劳动合同的确认

《劳动合同法》第二十六条第一款规定："下列劳动合同无效或者部分无效：（一）以欺诈、胁迫的手段或者乘人之危，使对方在违背真实意思的情况下订立或者变更劳动合同的；（二）用人单位免除自己的法定责任、排除劳动者权利的；（三）违反法律、行政法规强制性规定的。"

"欺诈"是指当事人一方故意制造假象或隐瞒事实真相，欺骗对方，诱使对方形成错误认识而与之订立劳动合同。"胁迫"是指当事人以将要发生的损害或者以直接实施损害相威胁，一方迫使另一方处于恐惧或者其他被胁迫的状态而签订劳动合同。胁迫可能涉及生命、身体、财产、名誉、自由、健康等方面。乘人之危，是指行为人利用他人危难处境或急迫需要，强迫对方接受某种明显不公平的条件，并作出违背真实意愿的意思表示。实务中，劳动者以造假简历吸引用人单位与其签订劳动合同、用人单位以虚假招聘广告吸引劳动者与其签订劳动合同等较为常见。

劳动合同中的免责条款是劳动合同中的双方当事人在合同中约定的、免除或者限制一方或者双方当事人未来责任的条款。一般而言，当事人经过充分协商确定的免责条款，只要是完全建立在当事人自愿的基础上，并且不违反社会公共利益，法律是承认其效力的。但是对于免除法律规定为应当承担的责任的条款，法律是禁止的，否则不但将造成免责条款的滥用，而且还会出现以约定来废止法律规定的情况。免除自己的法定责任，是指用人单位通过合同约定不承担按照有关法律规定应当承担的义务，比如对劳动者人身健康与安全进行保护、为劳动者缴纳社会保险费等义务。排除劳动者权利，是指用人单位在劳动合同中限制或剥夺劳动者依法应当享受的法律权利，比如休息休假权、社会保险权等，再如：劳动者必须无条件服从用人单位的调岗、调薪、工作地点转变安排等。

法律、行政法规包含强制性规定和任意性规定。强制性规定排除了合同当事人的意思自治，即当事人在合同中不得合意排除法律、行政法规强制性规定的适用，如果当事人约定排除了强制性规定，则构成上述第(三)项规定的无效情形。《劳动法》的强制性规定主要有工作时间和休息休假规定、劳动保护规定、最低工资规定、社会保险规定、劳动者基本权利规定、对妇女儿童特殊保护的规定等。在实践中，一些企业会在劳动合同条款中约定妇女不得在合同期间结婚或生育，劳动报酬低于最低工资标准，或在劳动合同中约定"工伤概不负责""放弃社保购买承诺书""加班时自愿放弃加班费"、与劳动者约定帮助用人单位从事违法活动等等。劳动合同违反法律、行政法规的强制性规定，就意味着该合同的履行将给一方当事人或者社会利益带来损害。因此，《劳动合同法》规定这样的合同条款是无效的。

二、无效劳动合同确认主体

《劳动合同法》第二十六条第二款规定："对劳动合同的无效或者部分无效有争议的，由劳动争议仲裁机构或者人民法院确认。"

无效劳动合同的确认，必须由法律规定的专门机关进行，其他任何组织和个人都无权进行。根据《劳动合同法》的规定，有权确认劳动合同无效的机关有两个：劳动争议仲裁机构和人民法院。劳动争议仲裁机构是以仲裁方式解决劳动争议的机构，受理劳动争议当事人提请仲裁的案件，包括对无效劳动合同的确认请求。劳动争议仲裁机构确认劳动合同无效的裁决一般应当在收到仲裁申请的 45 日内作出，当事人对裁决无异议，劳动合同即确认失效。当事人对确认劳动合同效力的裁决不服的，可以自收到仲裁裁决书之日起 15 日内向人民法院提起诉讼。当事人可以依法向人民法院提起诉讼，要求确认劳动合同全部或部分无效。人民法院受理案件后，应当根据事实和法律，确认劳动合同的效力。

三、无效劳动合同的处理

《劳动合同法》第二十七条规定："劳动合同部分无效，不影响其他部分效力的，其他部分仍然有效。"

在现实生活中，除了主体不适格的情况外，劳动合同所有内容都无效的情况并不多见，更多的情况是劳动合同部分条款无效或者个别条款无效。《劳动合同法》沿用《劳动法》的规定，对此作出规定：劳动合同部分无效，不影响其他部分效力的，其他部分仍然有效。这一规定为处理部分无效的劳动合同提供了法律依据，也避免了一方当事人借故以部分条款无效否定多数条款有效的可能性。根据《劳动合同法》的这一规定，对于有效的劳动合同条款，双方当事人应当继续履行，而对部分无效或者个别无效的条款必须进行修改或者删除。如果劳动合同的必备条款无效的，必须依法进行修改，不得删除；如果是约定条款，可以修改，也可以在双方当事人协商一致的情况下，对之进行删除。

劳动合同被确认无效，劳动者已付出劳动的，基于不同情况，《劳动合同法》分别进行了规定。

(1) 劳动合同被确认无效，劳动者已付出劳动的。《劳动合同法》第二十八条规定："劳动合同被确认无效，劳动者已付出劳动的，用人单位应当向劳动者支付劳动报酬。劳动报酬的数额，参照本单位相同或者相近岗位劳动者的劳动报酬确定。"

(2) 给对方造成损害的，要承担赔偿责任。《劳动合同法》第八十六条规定："劳动合同依照本法第二十六条规定被确认无效，给对方造成损害的，有过错的一方应当承担赔偿责任。"

(3) 因本法第二十六条第一款规定的情形致使劳动合同无效的，劳动者可以解除劳动合同，并要求支付经济补偿金。《劳动合同法》第三十八条第一款第(五)项规定："用人单位有下列情形之一的，劳动者可以解除劳动合同：(五) 因本法第二十六条第一款规定的情形致使劳动合同无效的。"《劳动合同法》第四十六条第一款规定："有下列情形之一的，用人单位应当向劳动者支付经济补偿：(一) 劳动者依照本法第三十八条规定解除劳动合同的。"

签订无效书面劳动合同，不能等同于未签订书面劳动合同。首先，两者具有根本的区别。前者并非故意不签订书面劳动合同，后者则带有故意不签订劳动合同以规避法律监管的主观恶意。其次，表现往往也不同。实践中，劳动合同无效往往表现为双方已经签订了书面劳动合同，结果却因为用人单位未取得经营资格、未为在本企业工作的外国籍劳动者办理就业证(从而导致劳动者没有签订劳动合同的主体资格)等原因从而导致劳动合同无效；未签劳动合同往往表现为用人单位在拿不出书面劳动合同的时候，故意借口双方已签订入职表、证明表、承诺书等似是而非的书面材料，声称这些书面材料可以代替劳动合同，从而试图躲避未订立书面劳动合同的法律责任。最后，违法后果也不同。未订立书面劳动合同的法律后果依据《劳动合同法》第八十二条第一款的规定，向劳动者支付二倍工资。劳动合同无效的法律后果依据《劳动合同法》第八十六条，即有过错的一方应当承担赔偿责任。综上可知，如果用人单位并非出于主观恶意故意不与劳动者签订书面劳动合同，只是由于其他原因导致了签订的书面劳动合同无效，则劳动者不应该获得二倍工资赔偿，而是应该按照《劳动合同法》第八十六条处理。

思　考　题

1. 劳动合同订立的原则有哪些？
2. 简述我国《劳动合同法》的适用范围。
3. 劳动合同的内容有哪些？
4. 试述无固定期限劳动合同的签订条件。
5. 用人单位如何与劳动者约定试用期？
6. 签订培训服务期的条件有哪些？
7. 试述竞业限制的解除和违约责任。

第五章　劳动合同的履行和变更

劳动合同依法订立后，用人单位和劳动者就应当按照劳动合同的约定，全面履行各自的义务，并享受相应的权利。同时，全面履行并不意味着劳动合同绝对不能变更，用人单位与劳动者签订劳动合同后，在法定条件下也可以将其变更。

第一节　劳动合同的履行

引导案例

混同用工的关联企业应否承担用工连带责任？

某天然气公司系某能源公司的下属子公司。2017 年 6 月，某天然气公司投资入股某环境科技公司，占股 34%。2017 年 7 月，张某担任某天然气公司总经理助理，后被委派到某环境科技公司从事行政工作，先后担任该公司董事、副总经理。张某在某环境科技公司任职期间，某天然气公司两次发出班子成员分工调整的通知，均载明：张某协助总经理工作，衔接某环境科技公司工作。张某数次以公司员工身份作为某环境科技公司及某天然气公司的委托代理人参与诉讼。2020 年 12 月 30 日，某市国资委批复同意某能源公司转让某环境科技公司 34% 股权。2021 年 5 月 13 日，股权转让完成。某环境科技公司拖欠张某 2018 年 11 月至 2021 年 5 月工资及 2017 年 8 月至 2021 年 5 月绩效工资，经某天然气公司及某能源公司多次会议研究张某工资支付事宜，均未果。张某申请仲裁，请求某天然气公司、某环境科技公司支付其 2018 年 11 月至 2021 年 5 月基本工资、2017 年 8 月至 2021 年 5 月绩效工资。仲裁裁决：某天然气公司支付张某 2018 年 11 月至 2021 年 5 月工资、2017 年 8 月至 2019 年 7 月的绩效工资。张某、某天然气公司均不服，诉至法院。

张某请求：判决某环境科技公司支付其 2018 年 11 月至 2021 年 5 月基本工资、2017 年 8 月至 2021 年 5 月绩效工资，某天然气公司对上述款项支付承担连带责任。

某天然气公司请求：判决某天然气公司无需支付张某 2018 年 11 月至 2021 年 5 月工资、2017 年 8 月至 2019 年 7 月的绩效工资。

一审法院判决：某环境科技公司应于判决生效之日起十日内支付张某 2018 年 11 月至

2021年5月工资、2017年8月至2021年5月绩效工资，某天然气公司承担连带给付义务。某天然气公司不服一审判决，提起上诉。二审法院判决：驳回上诉，维持原判。

本案争议焦点是，某天然气公司应否对张某工资承担连带给付义务？

根据公司法的规定，关联关系是指控股股东、实际控制人、董事、监事、高级管理人员与其直接或间接控制的企业之间的关系，以及可能导致公司利益转移的其他关系。本案中，某天然气公司是某环境科技公司的控股股东，二者在2017年8月至2021年5月期间系关联企业。张某由某天然气公司委派至某环境科技公司工作，与某环境科技公司签订劳动合同，张某与某环境科技公司建立劳动关系事实清楚。张某在某环境科技公司工作期间，某天然气公司安排其协助总经理工作，参与某环境科技公司董事会及日常管理工作，说明其工作内容包括某天然气公司的工作事务。某天然气公司召开几次会议研究支付张某工资事宜，说明张某受其管理，且张某也数次以某天然气公司员工的身份代理公司诉讼案件。据此可以确认某环境科技公司与某天然气公司对张某存在混同用工的情况，在混同用工期间，如无特别约定，关联公司应承担用工连带责任。

资料来源：福建省人力资源和社会保障厅 福建省高级人民法院 劳动人事争议典型案例 案例4
http://rst.fujian.gov.cn/zw/zfxxgk/zfxxgkml/zyywgz/ldgx/202308/t20230801_6217940.htm?iszzb=1

用人单位与劳动者在平等自愿、协商一致的基础上订立劳动合同，目的是使劳动合同确立的权利、义务得到实现，从而满足用人单位与劳动者各自的要求。劳动合同确立的权利、义务，只有通过用人单位与劳动者对劳动合同的履行才能实现。如果用人单位或者劳动者不履行劳动合同中确立的义务，劳动者或者用人单位就无法享受劳动合同确立的权利。因此，劳动合同的履行是劳动合同制度的核心，劳动合同只有得到履行，订立劳动合同的目的才能得到实现。

一、劳动合同履行的原则

劳动合同的履行，是指劳动合同双方当事人履行劳动合同所规定的义务、实现劳动过程的法律行为。劳动合同订立以后，劳动者和用人单位双方当事人按照合同条款的要求，共同实现劳动过程以及相互履行权利和义务的行为或过程。

(一) 全面履行的原则

《劳动合同法》第二十九条规定，用人单位与劳动者应当按照劳动合同的约定，全面履行各自的义务。这就是说，劳动合同一经依法订立即具有法律效力，受法律保护，双方当事人应当做到切实履行，以实现劳动合同双方当事人订立劳动合同时的预期目的。因此，用人单位与劳动者应当按照劳动合同的约定全面履行各自的义务。

劳动合同的全面履行要求劳动合同的当事人双方必须按照合同约定的时间、期限、地点，用约定的方式，按质、按量全部履行自己承担的义务，既不能只履行部分义务而将其他义务置之不顾，也不得擅自变更合同，更不得任意不履行合同或者解除合同。对于用人单位而言，必须按照合同的约定向劳动者提供适当的工作场所和劳动安全卫生条件、相关工作岗位，并按照约定的金额和支付方式按时向劳动者支付劳动报酬；对于劳动者而言，必须遵守用人单位的规章制度和劳动纪律，认真履行自己的劳动职责，并且亲自完成劳动合同约定的工作任务。因此，全面履行劳动合同也是劳动合同的基本要求。

(二) 亲自履行的原则

劳动合同履行要求劳动合同主体必须亲自履行劳动合同。因为劳动关系是具有人身关系性质的社会关系，劳动合同是特定主体间的合同。劳动者选择用人单位，是基于自身经济、个人发展等各方面利益关系的需要；而用人单位之所以选择该劳动者也是由于该劳动者具备用人单位所需要的基本素质和要求。劳动关系确立后，劳动者不允许将应由自己完成的工作交由第三方代办；用人单位也不能将应由自己对劳动者承担的义务转嫁给其他第三方承担，未经劳动者同意不能随意变更劳动者的工作性质、岗位，更不能擅自将劳动者调到其他用人单位工作。

(三) 实际履行的原则

根据《劳动合同法》第三条第二款的规定："依法订立的劳动合同具有约束力，用人单位与劳动者应当履行劳动合同约定的义务。"劳动合同的实际履行，是指劳动合同当事人双方按照合同规定的标的完成各自的义务。它包括两层含义：一是劳动合同的当事人要按照合同规定的标的履行，不能用其他标的来取代合同约定的标的。一方当事人违约时也不能用交付违约金或赔偿损失来代替履行合同，除非违约方的履行行为已没有意义。二是当一方当事人不履行劳动合同时，另一方当事人有权请求人民法院强制其履行。劳动合同的实际履行原则表明，劳动合同一经订立，当事人就应该以自己的行为去完成合同规定的任务，实现合同约定的目标。劳动合同的实际履行原则是由劳动合同的性质和特定作用决定的。劳动合同是用人单位和劳动者之间以实现劳动权利和义务为目的的协议，是劳动法律关系确立的前提。

❖ 案例

劳动者冒用他人身份订立劳动合同，是否可主张未订立劳动合同第二倍工资？

2021 年 2 月，方某经陈某介绍到 A 公司承揽的某物流园建设项目工地工作，上班时接受 A 公司员工陈某的管理。2021 年 2 月 28 日，方某冒用其儿子方来某的姓名与 A 公司订立简易劳动合同书，并提供其子方来某的银行卡接收工资。2021 年 10 月 7 日，方某在工作中被石头砸伤左眼，要求 A 公司帮其申请工伤认定，遭到 A 公司拒绝，方某遂申请仲裁，请求确认与 A 公司之间存在劳动关系，并要求 A 公司支付未订立劳动合同的第二倍工资99 408 元。

仲裁委员会裁决：确认方某与 A 公司存在劳动关系，驳回方某要求 A 公司支付未订立劳动合同第二倍工资的仲裁请求。

依据《劳动合同法》第三条和第十七条的规定，订立劳动合同应当遵循诚实信用原则，劳动者的姓名属于劳动合同内容中的必备条款，劳动者就姓名等身份情况对用人单位负有如实说明的义务。在本案中，虽然方某以方来某姓名入职，但 A 公司系对方某进行了实际的劳动管理，方某与 A 公司存在劳动关系。方某冒用其儿子方来某的姓名与单位订立劳动合同，虽然 A 公司未尽审慎审核义务，但签订合同的行为已充分说明 A 公司主观上有积极主动与方某订立书面劳动合同的意思表示，A 公司并没有逃避应承担的法律义务或存在过失逾期不订立劳动合同的行为，不存在违反法律规定不与劳动者订立劳动合同的情形。相反，方某冒用他人身份签订劳动合同，违反诚信原则，A公司未与实际用工的方某订立劳动合同，过错在方某，在此情形下，方某要求A公司支付二倍工资的仲裁请求不能成立。

资料来源：福建省人力资源和社会保障厅 福建省高级人民法院 劳动人事争议典型案例 案例3
http://rst.fujian.gov.cn/zw/zfxxgk/zfxxgkml/zyywgz/ldgx/202308/t20230801_6217940.htm?iszzb=1

二、特殊情形下的劳动合同履行

劳动合同双方当事人基于全面履行、亲自履行和实际履行的原则，实现双方在劳动关系中的权利和义务。《劳动合同法》对于用人单位发生合并、分立、法人变更等特殊情况下劳动合同的履行进行了规定。

(一) 用人单位变更名称、法定代表人等

《劳动合同法》第三十三条规定："用人单位变更名称、法定代表人、主要负责人或者投资人等事项，不影响劳动合同的履行。"

这一规定明确了劳动合同的履行不受用人单位有关事项变更的影响。用人单位名称是指用以代表用人单位并区别于其他用人单位的称谓。法定代表人是指依照法律或者法人组织章程规定，代表法人行使职权的负责人。主要负责人是指在用人单位起决定作用的重要人员，如公司的董事长、副董事长、经理、副经理等。投资人是指通过法定途径出资于用人单位的人。用人单位变更名称，只是用以代表用人单位的称谓发生了变化，其性质、对外的实体权利义务等并没有发生任何变化；用人单位变更法定代表人、主要负责人或者投资人，只是其内部有关人员发生了变化，这种变化本身并不影响其对外的权利义务。这些因素均属于用人单位的非组织实体相关因素的变化，用人单位的主体资格并未消灭。

(二) 用人单位合并、分立等

《劳动合同法》第三十四条规定："用人单位发生合并或者分立等情况，原劳动合同继续有效，劳动合同由承继其权利和义务的用人单位继续履行。"这一规定明确了用人单位合并或分立时，劳动合同的履行问题。

用人单位合并，是指用人单位并入其他用人单位或者其他用人单位并入该用人单位，或者用人单位与其他用人单位合在一起共同成立一个新的用人单位。用人单位分立，是指用人单位将其一部分分出去成立一个新的用人单位，或者用人单位分割为两个以上的新用人单位。合并和分立是法人组织本身变更的主要形式。《最高人民法院关于审理劳动争议案件适用法律问题的解释(一)》第二十六条进一步明确："用人单位与其他单位合并的，合并前发生的劳动争议，由合并后的单位为当事人；用人单位分立为若干单位的，其分立前发生的劳动争议，由分立后的实际用人单位为当事人。用人单位分立为若干单位后，具体承受劳动权利义务的单位不明确的，分立后的单位均为当事人。"

(三) 劳动合同履行地与用人单位注册地不一致

《实施条例》第十四条规定："劳动合同履行地与用人单位注册地不一致的，有关劳

动者的最低工资标准、劳动保护、劳动条件、职业危害防护和本地区上年度职工月平均工资标准等事项，按照劳动合同履行地的有关规定执行；用人单位注册地的有关标准高于劳动合同履行地的有关标准，且用人单位与劳动者约定按照用人单位注册地的有关规定执行的，从其约定。"

劳动合同履行地是指用人单位和劳动者履行劳动合同约定义务的地点，也即劳动者提供劳动、用人单位支付工资和提供劳动条件等的地点。用人单位注册地是指用人单位在工商行政管理机关登记的地点。由于各地区经济发展水平不同，一些工资水平较高地区的用工单位为了降低用工成本，可能在工资水平较低地区寻找派遣公司进行劳务派遣，并按照派遣单位所在地区的工资水平向被派遣劳动者支付劳动报酬；或者一些用人单位在工资水平较低的地区注册，但劳动合同实际履行地在工资水平较高的地区，用人单位为了降低成本按照用人单位注册地的工资及福利标准支付劳动者。劳动者主要是在劳动合同履行地生活、消费，如果用人单位执行单位注册地较低的劳动标准，会给劳动者的工作和生活造成困难。但是如果用人单位注册地的劳动标准高于劳动合同履行地相关标准，要求用人单位执行较高的标准，则可能造成该单位在竞争中处于不利的地位；但是如果在这种情形下用人单位与劳动者约定按照单位注册地的标准执行，则应该尊重双方当事人的合意。基于此，本条规定劳动合同履行地与用人单位注册地不一致时，一般情况下按照劳动合同履行地的有关标准执行；如果用人单位注册地的标准高于劳动合同履行地的标准，并且双方当事人约定依照用人单位注册地标准执行的，从其约定。

第二节　工资的法律保障

引导案例

彭宇翔诉南京市城市建设开发(集团)有限责任公司追索劳动报酬纠纷案

南京市城市建设开发(集团)有限责任公司(以下简称城开公司)于 2016 年 8 月制定《南京城开集团关于引进投资项目的奖励暂行办法》(以下简称《奖励办法》)，规定成功引进商品房项目的，城开公司将综合考虑项目规模、年化平均利润值合并表等综合因素，以项目审定的预期利润或收益为奖励基数，按照 0.1%—0.5%确定奖励总额。该奖励由投资开发部拟定各部门或其他人员的具体奖励构成后提出申请，经集团领导审议、审批后发放。2017年 2 月，彭宇翔入职城开公司担任投资开发部经理。2017 年 6 月，投资开发部形成《会议纪要》，确定部门内部的奖励分配方案为总经理占部门奖金的 75%、其余项目参与人员占部门奖金的 25%。彭宇翔履职期间，其所主导的投资开发部成功引进无锡红梅新天地、扬州 GZ051 地块、如皋约克小镇、徐州焦庄、高邮鸿基万和城、徐州彭城机械六项目，后针对上述六项目投资开发部先后向城开公司提交了六份奖励申请。直至彭宇翔自城开公司离职，城开公司未发放上述奖励。彭宇翔经劳动仲裁程序后，于法定期限内诉至法院，要求城开公司支付奖励 1 689 083 元。

案件审理过程中，城开公司认可案涉六项目初步符合《奖励办法》规定的受奖条件，但以无锡等三项目的奖励总额虽经审批但具体的奖金分配明细未经审批，及徐州等三项目的奖励申请未经审批为由，主张彭宇翔要求其支付奖金的请求不能成立。对于法院"如彭宇翔现阶段就上述项目继续提出奖励申请，城开公司是否启动审核程序"的询问，城开公司明确表示拒绝，并表示此后也不会再启动六项目的审批程序。此外，城开公司还主张，彭宇翔在无锡红梅新天地项目、如皋约克小镇项目中存在严重失职行为，二项目存在严重亏损，城开公司已就拿地业绩突出向彭宇翔发放过奖励，但均未提交充分的证据予以证明。

南京市秦淮区人民法院于 2018 年 9 月 11 日作出(2018)苏 0104 民初 6032 号民事判决：驳回彭宇翔的诉讼请求。彭宇翔不服，提起上诉。江苏省南京市中级人民法院于 2020 年 1 月 3 日作出(2018)苏 01 民终 10066 号民事判决：一、撤销南京市秦淮区人民法院(2018)苏 0104 民初 6032 号民事判决；二、城开公司于本判决生效之日起十五日内支付彭宇翔奖励 1 259 564.4 元。

法院生效裁判认为：本案争议焦点为城开公司应否依据《奖励办法》向彭宇翔所在的投资开发部发放无锡红梅新天地等六项目奖励。

首先，从《奖励办法》设置的奖励对象来看，投资开发部以引进项目为主要职责，且在城开公司引进各类项目中起主导作用，故其系该文适格的被奖主体；从《奖励办法》设置的奖励条件来看，投资开发部已成功为城开公司引进符合城开公司战略发展目标的无锡红梅新天地、扬州 GZ051 地块、如皋约克小镇、徐州焦庄、高邮鸿基万和城、徐州彭城机械六项目，符合该文规定的受奖条件。故就案涉六项目而言，彭宇翔所在的投资开发部形式上已满足用人单位规定的奖励申领条件。城开公司不同意发放相应的奖励，应当说明理由并对此举证证明。但本案中城开公司无法证明无锡红梅新天地项目、如皋约克小镇项目存在亏损，也不能证明彭宇翔在二项目中确实存在失职行为，其关于彭宇翔不应重复获奖的主张亦因欠缺相应依据而无法成立。故而，城开公司主张彭宇翔所在的投资开发部实质不符合依据《奖励办法》获得奖励的理由法院不予采纳。

其次，案涉六项目奖励申请未经审核或审批程序尚未完成，不能成为城开公司拒绝支付彭宇翔项目奖金的理由。城开公司作为奖金的设立者，有权设定相应的考核标准、考核或审批流程。其中，考核标准系员工能否获奖的实质性评价因素，考核流程则属于城开公司为实现其考核权所设置的程序性流程。在无特殊规定的前提下，因流程本身并不涉及奖励评判标准，故而是否经过审批流程不能成为员工能否获得奖金的实质评价要素。城开公司也不应以六项目的审批流程未启动或未完成为由，试图阻却彭宇翔获取奖金的实体权利的实现。此外，对劳动者的奖励申请进行实体审批，不仅是用人单位的权利，也是用人单位的义务。本案中，《奖励办法》所设立的奖励系城开公司为鼓励员工进行创造性劳动所承诺给员工的超额劳动报酬，其性质属于《国家统计局关于工资总额组成的规定》第 7 条规定中的"其他奖金"，此时《奖励办法》不仅应视为城开公司基于用工自主权而对员工行使的单方激励行为，还应视为城开公司与包括彭宇翔在内的不特定员工就该项奖励的获取达成的约定。现彭宇翔通过努力达到《奖励办法》所设奖励的获取条件，其向城开公司提出申请要求兑现该超额劳动报酬，无论是基于诚实信用原则，还是基于按劳取酬原则，城开公司皆有义务启动审核程序对该奖励申请进行核查，以确定彭宇翔关于奖金的权利能否实现。如城开公司拒绝审核，应说明合理理由。本案中，城开公司关于彭宇翔存在失职行为及案涉项目存在亏损的主张因欠缺事实依据不能成立，该公司也不能对不予审核的行为作出合理解释，其拒绝履行审批义务的行为已损害彭宇翔的合法权益，对此应承担相应的不利后果。

综上，法院认定案涉六项目奖励的条件成就，城开公司应当依据《奖励办法》向彭宇翔所在的投资开发部发放奖励。

资料来源：最高人民法院指导案例 182 号 https://www.court.gov.cn/shenpan/xiangqing/364661.html

劳动报酬权是劳动者依法享有的劳动权利，支付工资是用人单位与劳动者劳动义务相对应的一项重要义务。

一、工资的含义

"工资"是指用人单位依据国家有关规定或劳动合同的约定，以货币形式直接支付给本单位劳动者的劳动报酬，一般包括计时工资、计件工资、奖金、津贴和补贴、延长工作时间的工资报酬以及特殊情况下支付的工资等。"工资"是劳动者劳动收入的主要组成部分。原劳动部《关于贯彻执行〈中华人民共和国劳动法〉若干问题的意见》第五十三条规定，劳动者的以下劳动收入不属于工资范围：① 单位支付给劳动者个人的社会保险福利费用，如丧葬抚恤救济费、生活困难补助费、计划生育补贴等；② 劳动保护方面的费用，如用人单位支付给劳动者的工作服、解毒剂、清凉饮料费用等；③ 按规定未列入工资总额的各种劳动报酬及其他劳动收入，如根据国家规定发放的创造发明奖、国家星火奖、自然科学奖、科学技术进步奖、合理化建议和技术改进奖、中华技能大奖等，以及稿费、讲课费、翻译费等。

依据《关于工资总额组成的规定》工资的具体形式包括：

(1) 计时工资。计时工资是指按计时工资标准(包括地区生活费补贴)和工作时间支付给个人的劳动报酬，包括：① 对已做工作按计时工资标准支付的工资；② 实行结构工资制的单位支付给职工的基础工资和职务(岗位)工资；③ 新参加工作职工的见习工资(学徒的生活费)；④ 运动员体育津贴。

(2) 计件工资。计件工资是指对已做工作按计件单价支付的劳动报酬，包括：① 实行超额累进计件、直接无限计件、限额计件、超定额计件等工资制，按劳动部门或主管部门批准的定额和计件单价支付给个人的工资；② 按工作任务包干方法支付给个人的工资；③ 按营业额提成或利润提成办法支付给个人的工资。

(3) 奖金。奖金是指支付给职工的超额劳动报酬和增收节支的劳动报酬，包括：① 生产奖；② 节约奖；③ 劳动竞赛奖；④ 机关、事业单位的奖励工资；⑤ 其他奖金。

(4) 津贴和补贴。津贴和补贴是指为了补偿职工特殊或额外的劳动消耗和因其他特殊原因支付给职工的津贴，以及为了保证职工工资水平不受物价影响支付给职工的物价补贴。① 津贴，包括补偿职工特殊或额外劳动消耗的津贴、保健性津贴、技术性津贴、年功性津贴及其他津贴；② 补贴，包括为保证职工工资水平不受物价上涨或变动影响而支付的各种补贴。

(5) 延长工作时间的工资报酬。劳动者在法定工作时间以外提供劳动，加班加点的，用人单位应当按照法定标准支付高于劳动者正常工作时间工资的工资报酬。劳动者延长工作时间的报酬，也属于其工资的构成部分。

(6) 特殊情况下支付的工资，包括：① 根据国家法律、法规和政策规定，因病、工伤、产假、计划生育假、婚丧假、事假、探亲假、定期休假、停工学习、执行国家或社会义务等原因按计时工资标准或计时工资标准的一定比例支付的工资；② 附加工资、保留工资。

二、工资支付的一般规则

工资支付保障是对劳动者获得全部应得工资及其所得工资支配权的法律保护。劳动关系在本质意义上是一种劳动给付与工资的交换关系，因此，工资支付保障更能体现劳动权的保护和劳动关系的调整。《劳动法》第五十条规定："工资应当以货币形式按月支付给劳动者本人。不得克扣或者无故拖欠劳动者的工资。"依据原劳动部颁布的《工资支付暂行规定》和《对<工资支付暂行规定>有关问题的补充规定》，工资支付的一般规则如下：

(1) 货币支付。工资应当以法定货币支付，不得以实物、有价证券替代货币支付。

(2) 直接支付。用人单位应将工资支付给劳动者本人，劳动者本人因故不能领取工资时，可由其亲属或委托他人代领。用人单位可委托银行代发工资。用人单位必须书面记录领取者的姓名、支付项目和金额、扣除的项目和金额、实发金额，以及支付时间等事项，并保存两年以上备查。用人单位在支付工资时应向劳动者提供一份其个人的工资清单。

(3) 按时支付。工资必须在用人单位与劳动者约定的日期支付。如遇节假日或休息日，则应提前在最近的工作日支付。工资至少每月支付一次，实行周、日、小时工资制的可按周、日、小时支付工资。对完成一次性临时劳动或某项具体工作的劳动者，用人单位应按有关协议或合同规定在其完成劳动任务后即支付工资。按时支付工资意味着不得无故拖欠。"无故拖欠"指用人单位无正当理由超过规定付薪时间未支付劳动者工资。无故拖欠不包括：① 用人单位遇到非人力所能抗拒的自然灾害、战争等原因影响，无法按时支付工资；② 用人单位确因生产经营困难、资金周转受到影响，在征得本单位工会同意后，可暂时延期支付劳动者工资，延期时间的最长限制可由各省、自治区、直辖市劳动行政部门根据各地情况确定。其他情况下拖欠工资均属无故拖欠。

(4) 全额支付。用人单位不得克扣劳动者工资。"克扣"指用人单位无正当理由扣减劳动者应得工资(即在劳动者已提供正常劳动的前提下用人单位按劳动合同规定的标准应当支付给劳动者的全部劳动报酬)。有下列情况之一的，用人单位可以代扣劳动者工资：① 用人单位代扣代缴的个人所得税；② 用人单位代扣代缴的应由劳动者个人负担的各项社会保险费用；③ 法院判决、裁定中要求代扣的抚养费、赡养费；④ 法律、法规规定可以从劳动者工资中扣除的其他费用。

此外，以下减发工资的情况也不属于"无故克扣"：① 国家的法律、法规中有明确规定的；② 依法签订的劳动合同中有明确规定的；③ 用人单位依法制定并经职代会批准的厂规、厂纪中有明确规定的；④ 企业工资总额与经济效益相联系，经济效益下降时，工资必须下降的(但支付给劳动者工资不得低于当地的最低工资标准)；⑤ 因劳动者请事假等相应减发工资等。

三、特殊情况下的工资支付

特殊情况下的工资，是指依法或按协议在非正常情况下，由用人单位支付给劳动者的工资。依据《工资支付暂行规定》，特殊情况下的工资支付主要指以下情形的工资支付：

(1) 劳动关系双方依法解除或终止劳动合同时，用人单位应在解除或终止劳动合同时一次付清劳动者工资。

(2) 劳动者在法定工作时间内依法参加社会活动期间，用人单位应视同其提供了正常劳动而支付工资。社会活动包括：依法行使选举权或被选举权；当选代表出席乡(镇)、区以上政府、党派、工会、青年团、妇女联合会等组织召开的会议；出任人民法庭证明人；出席劳动模范、先进工作者大会；《工会法》规定的不脱产工会基层委员会委员因工会活动占用的生产或工作时间；其他依法参加的社会活动。

(3) 劳动者依法休假期间，用人单位应按劳动合同规定的标准支付工资。《劳动法》第五十一条规定，劳动者在法定休假日和婚丧假期间以及依法参加社会活动期间，用人单位应当依法支付工资。具体包括：

① 劳动者依法享受年休假、探亲假、婚假、丧假等休假期间，用人单位应当支付其工资。

② 职工患病或非因工负伤治疗期间，在规定的医疗期间内由企业按有关规定支付其病假工资或疾病救济费，病假工资或疾病救济费可以低于当地最低工资标准支付，但不能低于最低工资标准的80%。

③ 劳动者生育或者施行计划生育手术依法享受休假期间，用人单位应当支付其工资。

④ 劳动者因产前检查和哺乳依法休假的，用人单位应当视同其提供正常劳动支付工资。

⑤ 部分公民节日期间，如妇女节、青年节等部分公民节日期间，用人单位安排劳动者休息、参加节日活动的，应当视同其提供正常劳动支付工资，劳动者照常工作的，可以不支付加班工资。

(4) 用人单位停工、停业期间的工资支付。非因劳动者原因造成单位停工、停产在一个工资支付周期内的，用人单位应按劳动合同规定的标准支付劳动者工资。超过一个工资支付周期的，若劳动者提供了正常劳动，则支付给劳动者的劳动报酬不得低于当地的最低工资标准；若劳动者没有提供正常劳动，应按国家有关规定办理。

(5) 用人单位依法破产时，劳动者有权获得其工资。在破产清偿中用人单位应按《中华人民共和国企业破产法》规定的清偿顺序，首先支付欠付本单位劳动者的工资。

❖ 案例

如何理解"一个工资支付周期"，正确发放未及时返岗劳动者工资待遇

丁某就职于某机械公司，劳动合同约定其月工资为6000元；机械公司于每月15日发放上月10日至本月9日的工资。2020年春节前，丁某返回外省家乡过节。春节延长假期间，机械公司所属地区人民政府发布通知，延迟复工时间至2月9日。2月底，机械公司复工复产，而丁某未能返岗或远程办公。机械公司线上发布通知，告知未返岗职工保留职

位，将参照国家有关停工停产规定发放工资。丁某回复："收到，谢谢公司理解。"机械公司正常发放了丁某 1 月 1 日至 2 月 9 日工资。但 3 月 15 日，丁某仅收到 2 月工资 1540 元。人事经理解释，因公司停工，2 月 9 日停工后的第一个工资支付周期已经结束，根据国家及所属省有关规定，自 2 月 10 日起对未返岗职工发放生活费。丁某以公司未及时足额支付工资为由提出了解除劳动关系，并向劳动人事争议仲裁委员会(以下简称仲裁委员会)申请仲裁，请求裁决机械公司支付 2 月 10 日至 3 月 9 日的工资差额 4460 元和解除劳动合同的经济补偿 6000 元。

经调解，机械公司当庭支付丁某 2020 年 2 月 10 日至 3 月 9 日的工资待遇差额 3227.8 元。丁某撤回仲裁申请。

本案的争议焦点是如何理解"一个工资支付周期"。

《工资支付暂行规定》第十二条及人力资源和社会保障部《关于妥善处理新型冠状病毒感染的肺炎疫情防控期间劳动关系问题的通知》均涉及"一个工资支付周期"，该周期的性质应属缓冲期，主要目的是体现风险共担原则和疫情期间对劳动者基本权益的保护，只有理解为一个时间长度，才符合相关规定的内涵。如果将"超过一个工资支付周期"理解为"跨越当前支付周期截止时间点"，则易引发用人单位停工时间相同，却仅因工资支付周期起算时间不同，而承担不同工资支付责任的问题。

本案中，机械公司实行按月支付工资的制度，工资支付周期为一个月。机械公司因疫情原因未复工，停工停产期间从 2020 年春节延长假期结束的次日(2 月 3 日)起计算，2 月底机械公司复工后丁某未返岗，经双方协商，丁某未返岗期间工资待遇参照停工停产标准支付，未返岗期间与机械公司停工期间应连续计算。因此，2020 年 2 月 3 日至 3 月 2 日为丁某未返岗的第一个工资支付周期，2020 年 3 月 3 日至 3 月 9 日则超过一个工资支付周期。故对于丁某 2 月 10 日至 3 月 9 日期间的工资待遇，应采取分段核算的方法，扣减机械公司已支付金额后，机械公司应支付工资待遇差额 3227.8 元(6000 元 ÷ 21.75 天 × 16 天 + 1540 元 ÷ 21.75 天 × 5 天 − 1540 元)。经向双方释明"一个工资支付周期"的内涵，机械公司当庭支付丁某 3227.8 元工资待遇差额，双方协商同意丁某回公司继续工作，丁某也撤回了仲裁申请。

资料来源：人力资源和社会保障部　最高人民法院　劳动人事争议典型案例(第一批)案例 4
https://ldgc.51ldb. com/shsldb/zc/content/0173bca1d9f1c001a8495db4be7427e2.html

四、最低工资保障制度

(一) 最低工资标准的含义

最低工资标准是指劳动者在法定工作时间或依法签订的劳动合同约定的工作时间内提供了正常劳动的前提下，用人单位依法应支付的最低劳动报酬。其中所谓的正常劳动，是指劳动者按依法签订的劳动合同约定，在法定工作时间或劳动合同约定的工作时间内从事的劳动。劳动者依法享受带薪年休假、探亲假、婚丧假、生育(产)假、节育手术假等国家规定的假期间，以及法定工作时间内依法参加社会活动期间，视为提供了正常劳动。最低工资标准一般采取月最低工资标准和小时最低工资标准的形式。月最低工资标准适用于全日制就业劳动者，小时最低工资标准适用于非全日制就业劳动者。

在劳动者提供正常劳动的情况下，用人单位应支付给劳动者的工资在剔除下列各项以后，不得低于当地最低工资标准：① 延长工作时间工资；② 中班、夜班、高温、低温、井下、有毒有害等特殊工作环境、条件下的津贴；③ 法律、法规和国家规定的劳动者福利待遇等。实行计件工资或提成工资等工资形式的用人单位，在科学合理的劳动定额基础上，其支付劳动者的工资不得低于相应的最低工资标准。劳动者由于本人原因造成在法定工作时间内或依法签订的劳动合同约定的工作时间内未提供正常劳动的，不适用于最低工资规定。

《劳动法》第四十八条规定，国家实行最低工资保障制度，用人单位支付劳动者的工资不得低于当地最低工资标准。最低工资适用于在中华人民共和国境内的企业、民办非企业单位、有雇工的个体工商户(以下统称用人单位)和与之形成劳动关系的劳动者。国家机关、事业单位、社会团体和与之建立劳动合同关系的劳动者，都应实行最低工资制度。国家实施最低工资制度，其基本出发点是为了维护劳动者取得劳动报酬的合法权益，保障劳动者个人及其家庭成员的基本生活，规范用人单位的工资分配行为。

(二) 确定和调整最低工资标准的参考因素

《劳动法》第四十九条规定："确定和调整最低工资标准应当综合参考下列因素：(一)劳动者本人及平均赡养人口的最低生活费用；(二) 社会平均工资水平；(三) 劳动生产率；(四) 就业状况；(五) 地区之间经济发展水平的差异。"《最低工资规定》第六条进一步补充："确定和调整月最低工资标准，应参考当地就业者及其赡养人口的最低生活费用、城镇居民消费价格指数、职工个人缴纳的社会保险费和住房公积金、职工平均工资、经济发展水平、就业状况等因素。确定和调整小时最低工资标准，应在颁布的月最低工资标准的基础上，考虑单位应缴纳的基本养老保险费和基本医疗保险费因素，同时还应适当考虑非全日制劳动者在工作稳定性、劳动条件和劳动强度、福利等方面与全日制就业人员之间的差异。"

(三) 最低工资标准的发布与调整

由于我国幅员辽阔，地区之间经济文化发展并不均衡，生活水平与其他价格水平亦存在着比较大的差异，因而国家不实行全国统一的最低工资标准，允许各地根据具体情况确定当地最低工资标准。《劳动法》第四十八条规定，最低工资的具体标准由省、自治区、直辖市人民政府规定，报国务院备案。省、自治区、直辖市范围内的不同行政区域可以有不同的最低工资标准。最低工资标准的确定和调整方案，由省、自治区、直辖市人民政府劳动保障行政部门会同同级工会、企业联合会/企业家协会研究拟订，并将拟订的方案报送人力资源和社会保障部。方案内容包括最低工资确定和调整的依据、适用范围、拟订标准和说明。人力资源和社会保障部在收到拟订方案后，应征求全国总工会、中国企业联合会/企业家协会的意见。人力资源和社会保障部对方案可以提出修订意见，若在方案收到后14日内未提出修订意见的，视为同意。省、自治区、直辖市劳动保障行政部门应将本地区最低工资标准方案报省、自治区、直辖市人民政府批准，并在批准后7日内在当地政府公报上和至少一种全地区性报纸上发布。省、自治区、直辖市劳动保障行政部门应在发布后10日内将最低工资标准报人力资源和社会保障部。用人单位应在最低工资标准发布后10日内将该标准向本单位全体劳动者公示。最低工资标准发布实施后，如确定和调整月最低工资标准的相关因素发生变化，应当适时调整。最低工资标准每两年至少调整一次。

五、未依法支付工资的责任

《劳动合同法》第三十条规定："用人单位应当按照劳动合同约定和国家规定，向劳动者及时足额支付劳动报酬。用人单位拖欠或者未足额支付劳动报酬的，劳动者可以依法向当地人民法院申请支付令，人民法院应当依法发出支付令。"支付令，即督促程序，它是指人民法院根据债权人的给付金钱和有价证券的申请，以支付令的形式，催促债务人限期履行义务的一种特殊法律程序。《劳动争议调解仲裁法》对于劳动报酬的问题也作了程序性规定，第十六条规定："因支付拖欠劳动报酬、工伤医疗费、经济补偿或者赔偿金事项达成调解协议，用人单位在协议约定期限内不履行的，劳动者可以持调解协议书依法向人民法院申请支付令。人民法院应当依法发出支付令。"《最高人民法院关于审理劳动争议案件适用法律问题的解释(一)》第十五条进一步明确指出："劳动者以用人单位的工资欠条为证据直接提起诉讼，诉讼请求不涉及劳动关系其他争议的，视为拖欠劳动报酬争议，人民法院按照普通民事纠纷受理。"上述规定的目的是为劳动者劳动报酬权的救济提供更加便利和迅速的司法救济途径。

《中华人民共和国民事诉讼法》对支付令的督促程序进行了规定。债权人提出申请后，人民法院应当在五日内通知债权人是否受理。人民法院受理申请后，经审查债权人提供的事实、证据，对债权债务关系明确、合法的，应当在受理之日起十五日内向债务人发出支付令；申请不成立的，裁定予以驳回。债务人应当自收到支付令之日起十五日内清偿债务，或者向人民法院提出书面异议。债务人在前款规定的期间不提出异议又不履行支付令的，债权人可以向人民法院申请执行。人民法院收到债务人提出的书面异议后，经审查，异议成立的，应当裁定终结督促程序，支付令自行失效。支付令失效的，转入诉讼程序，但申请支付令的一方当事人不同意提起诉讼的除外。

《劳动合同法》第八十五条规定："用人单位有下列情形之一的，由劳动行政部门责令限期支付劳动报酬、加班费或者经济补偿；劳动报酬低于当地最低工资标准的，应当支付其差额部分；逾期不支付的，责令用人单位按应付金额百分之五十以上百分之一百以下的标准向劳动者加付赔偿金：(一) 未按照劳动合同的约定或者国家规定及时足额支付劳动者劳动报酬的；(二) 低于当地最低工资标准支付劳动者工资的；(三) 安排加班不支付加班费的；(四) 解除或者终止劳动合同，未依照本法规定向劳动者支付经济补偿的。"《劳动争议调解仲裁法》第九条规定："用人单位违反国家规定，拖欠或者未足额支付劳动报酬，或者拖欠工伤医疗费、经济补偿或者赔偿金的，劳动者可以向劳动行政部门投诉，劳动行政部门应当依法处理。"同时《劳动争议调解仲裁法》第二十七条第四款规定："劳动关系存续期间因拖欠劳动报酬发生争议的，劳动者申请仲裁不受本条第一款规定的仲裁时效期间的限制；但是，劳动关系终止的，应当自劳动关系终止之日起一年内提出。"可见，劳动行政部门有权监察用人单位工资支付情况。劳动者与用人单位因工资支付发生劳动争议的，当事人可依法向劳动争议仲裁机构申请仲裁，仲裁时效延长至劳动关系终止之日起一年内。对仲裁裁决不服的，可以向人民法院提起诉讼。

第三节　工作时间和休息休假

引导案例

用人单位与劳动者约定实行包薪制，是否需要依法支付加班费

周某于 2020 年 7 月入职某汽车服务公司，双方订立的劳动合同约定月工资为 4000 元（含加班费）。2021 年 2 月，周某因个人原因提出解除劳动合同，并认为即使按照当地最低工资标准认定其法定标准工作时间工资，某汽车服务公司亦未足额支付加班费，要求支付差额。某汽车服务公司认可周某加班事实，但以劳动合同中约定的月工资中已含加班费为由拒绝支付。周某向劳动人事争议仲裁委员会（简称仲裁委员会）申请仲裁，请求裁决某汽车服务公司支付加班费差额 17 000 元。

仲裁委员会裁决某汽车服务公司支付周某加班费差额 17 000 元（裁决为终局裁决），并就有关问题向某汽车服务公司发出仲裁建议书。

本案的争议焦点是某汽车服务公司与周某约定实行包薪制，是否还需要依法支付周某加班费差额。《劳动法》第四十七条规定："用人单位根据本单位的生产经营特点和经济效益，依法自主确定本单位的工资分配方式和工资水平。"第四十八条规定："国家实行最低工资保障制度。"《最低工资规定》第三条规定："本规定所称最低工资标准，是指劳动者在法定工作时间或依法签订的劳动合同约定的工作时间内提供了正常劳动的前提下，用人单位依法应支付的最低劳动报酬。"从上述条款可知，用人单位可以依法自主确定本单位的工资分配方式和工资水平，并与劳动者进行相应约定，但不得违反法律关于最低工资保障、加班费支付标准的规定。本案中，根据周某实际工作时间折算，即使按照当地最低工资标准认定周某法定标准工作时间工资，并以此为基数核算加班费，也超出了 4000 元的约定工资，表明某汽车服务公司未依法足额支付周某加班费。故仲裁委员会依法裁决某汽车服务公司支付周某加班费差额。

资料来源：人力资源社会保障部 最高人民法院 劳动人事争议典型案例（第二批）案例 4

https://www.court.gov.cn/zixun-xiangqing-319151.html

工作时间和休息休假是最重要的劳动条件之一，它不仅影响劳动者工作权益的保障，也高度影响着企业的日常经营活动，甚至企业的竞争力。全球化时代的来临、高新技术的普遍应用，以及知识经济的发展，对落实劳动者权益的保障提出了新的要求。

一、工作时间的概念

工作时间又称法定工作时间，是指劳动者为履行劳动给付义务，在用人单位从事工作或生产的时间；即法律规定或劳动合同、集体合同约定的，劳动者在一定时间（一天、一周、一个月等）内必须用来完成其所担负工作的时间。工作时间是由法律直接规定或由合同约定

的，劳动者不遵守工作时间要承担相应的法律责任。工作时间的法律范围包括以下工作时间形式：

(1) 劳动者实际从事生产或工作所需进行准备和结束工作的时间。

(2) 劳动者实际完成工作和生产的作业时间。

(3) 劳动者在工作过程中自然需要的中断时间。

(4) 工艺中断时间、劳动者依法或单位行政安排离岗从事其他活动的时间。

(5) 连续从事有害健康工作需要的间歇时间等。

二、工作时间的种类

(一) 标准工作时间

标准工作时间是指由国家法律制度规定的，在正常情况下劳动者从事工作或劳动的时间。依据《国务院关于职工工作时间的规定》，职工每日工作 8 小时，每周工作 40 小时；即每周工作 5 天，休息 2 天。依据原劳动部《关于职工全年月平均工作时间和工资折算问题的通知》，结合休息休假制度中的有关公休日和法定节假日的规定，每月标准工作时间为 20.83 天，折算为每月 166.67 小时。

标准工作时间是其他工作时间制度的基准。

(二) 计件工作时间

计件工作时间以劳动者完成一定劳动定额为标准的工作时间，是标准工作时间的转化形式。《劳动法》第三十七条规定："对实行计件工作的劳动者，用人单位应当根据本法第三十六条规定的工时制度合理确定其劳动定额和计件报酬标准。"

(三) 综合计算工作时间

综合计算工作时间是指因用人单位生产或工作特点，劳动者的工作时间不宜以日计算，需要分别以周、月、季、年等为周期综合计算工作时间长度的工时制度。《关于企业实行不定时工作制和综合计算工时工作制的审批办法》中明确："企业对符合下列条件之一的职工，可实行综合计算工时工作制，即分别以周、月、季、年等为周期，综合计算工作时间，但其平均日工作时间和平均周工作时间应与法定标准工作时间基本相同。(一) 交通、铁路、邮电、水运、航空、渔业等行业中因工作性质特殊，需连续作业的职工；(二) 地质及资源勘探、建筑、制盐、制糖、旅游等受季节和自然条件限制的行业的部分职工；(三) 其他适合实行综合计算工时工作制的职工。"实行此种工时制度需注意，经批准实行综合计算工作时间的，其平均日工作时间和平均周工作时间应与法定标准工作时间基本相同。超过的部分，则视为延长工作时间，但在社会公休日，如周六、周日工作的，视为正常工作日工作，不计为延长工作时间，而在法定节假日工作的应按延长工作时间处理。对于那些在市场竞争中，由于外界因素的影响，生产任务不均衡的企业的职工，经劳动行政部门严格审批后，可以参照综合计算工时工作制的办法实施，但用人单位应采取适当方式确保职工的休息休假权利和生产、工作任务的完成。

(四) 不定时工作时间

不定时工作时间是指每日没有固定工作时间的工时制度。经批准实行不定时工作制的，基本上按照标准工时执行，不受《劳动法》第四十一条规定的日延长工作时间标准和月延长工作时间标准的限制，但用人单位应采用弹性工作时间等适当的工作和休息方式，确保职工的休息休假权利和生产、工作任务的完成。在特别需要的情况下，不定时工作时间超过标准工作时间长度的，可以不受限制，且超过部分不计为延长工作时间。此种工时制度适用下列岗位或工种的职工：① 企业中的高级管理人员、外勤人员、推销人员、部分值班人员和其他因工作无法按标准工作时间衡量的职工；② 企业中的长途运输人员、出租汽车司机和铁路、港口、仓库的部分装卸人员以及因工作性质特殊，需机动作业的职工；③ 其他因生产特点、工作特殊需要或职责范围的关系，适合实行不定时工作制的职工。

对于实行不定时工作制和综合计算工时工作制等其他工作和休息办法的职工，企业应根据《劳动法》有关规定，在保障职工身体健康并充分听取职工意见的基础上，采用集中工作、集中休息、轮休调休、弹性工作时间等适当方式，确保职工的休息休假权利和生产、工作任务的完成。中央直属企业实行不定时工作制和综合计算工时工作制等其他工作和休息办法的，经国务院行业主管部门审核，报国务院劳动行政部门批准。地方企业实行不定时工作制和综合计算工时工作制等其他工作和休息办法的审批办法，由各省、自治区、直辖市人民政府劳动行政部门制定，报国务院劳动行政部门备案。

(五) 缩短工作时间

缩短工作时间是指在特殊情况下，劳动者实行的少于标准工作时间长度的工作时间制度。此种工时制度的适用范围为以下工种或岗位：从事矿山、井下、高山、高温、低温、有毒有害、特别繁重或过度紧张的劳动的职工；从事夜班工作的职工；在哺乳期工作的女职工；其他依法可以实行缩短工作时间的职工，如未成年工、怀孕 7 个月以上工作的女职工等。

❖ 案例

用人单位与劳动者自行约定实行不定时工作制是否有效

2017 年 11 月 1 日，张某与某物业公司签订 3 年期劳动合同，约定张某担任安全员，月工资为 3500 元，所在岗位实行不定时工作制。物业公司于 2018 年 4 月向当地人力资源社会保障部门就安全员岗位申请不定时工作制，获批期间为 2018 年 5 月 1 日至 2019 年 4 月 30 日。2018 年 9 月 30 日，张某与物业公司经协商解除了劳动合同。双方认可 2017 年 11 月至 2018 年 4 月、2018 年 5 月至 2018 年 9 月期间，张某分别在休息日工作 15 天、10 天，物业公司既未安排调休也未支付休息日加班工资。张某要求物业公司支付上述期间休息日加班工资，物业公司以张某实行不定时工作制为由未予支付。2018 年 10 月，张某向劳动人事争议仲裁委员会(以下简称仲裁委员会)申请仲裁，请求裁决物业公司支付 2017 年 11 月至 2018 年 9 月的休息日加班工资共计 8046 元(3500 元 ÷ 21.75 天 × 25 天 × 200%)。

仲裁委员会裁决物业公司支付张某 2017 年 11 月至 2018 年 4 月的休息日加班工资 4828 元

(3500 元÷21.75 天×15 天×200%)，张某不服仲裁裁决起诉，一审法院判决与仲裁裁决一致，后不服一审判决向上一级人民法院提起上诉，二审判决维持原判。

本案的争议焦点是未经审批，物业公司能否仅凭与张某的约定实行不定时工作制。

《劳动法》第三十九条规定："企业因生产特点不能实行本法第三十六条、第三十八条规定的，经劳动行政部门批准，可以实行其他工作和休息办法。"《关于企业实行不定时工作制和综合计算工时工作制的审批办法》第四条规定："企业对符合下列条件之一的职工，可以实行不定时工作制。(一) 企业中的高级管理人员、外勤人员、推销人员、部分值班人员和其他因工作无法按标准工作时间衡量的职工……"从上述条款可知，用人单位对劳动者实行不定时工作制，有严格的适用主体和适用程序要求。只有符合国家规定的特殊岗位劳动者，并经过人力资源社会保障部门审批，用人单位才能实行不定时工作制，否则不能实行。

本案中，张某所在的安全员岗位经审批实行不定时工作制的期间为 2018 年 5 月 1 日至 2019 年 4 月 30 日，此期间内根据《工资支付暂行规定》第十三条规定，物业公司依法可以不支付张某休息日加班工资。2017 年 11 月至 2018 年 4 月期间，物业公司未经人力资源社会保障部门审批，对张某所在岗位实行不定时工作制，违反相关法律规定。因此，应当认定此期间张某实行标准工时制，物业公司应当按照《劳动法》第四十四条规定"休息日安排劳动者工作又不能安排补休的，支付不低于工资的百分之二百的工资报酬"支付张某休息日加班工资。

三、延长工作时间

(一) 加班加点的概念

延长工作时间是指超过标准工作时间长度的工作时间。劳动者在法定节假日、公休日工作的称为加班，超过日标准工作时间以外延长工作时间的称为加点。为了保证劳动者的休息权、促进就业和劳动者的全面发展，国家对延长工作时间是严格限制的。劳动者的休息权是宪法赋予的基本权利，为维护劳动者的身体健康和合法权益，《劳动法》第四十三条规定："用人单位不得违反本法规定延长劳动者的工作时间。"并对加班加点进行严格限制，规定了企业在生产需要的情况下，实施加班加点的条件、时间限度和补偿方式。

(二) 加班加点的条件和限制

1. 一般条件

用人单位由于生产经营需要，可以延长工作时间。《劳动法》第四十一条规定："用人单位由于生产经营需要，经与工会和劳动者协商后可以延长工作时间，一般每日不得超过一小时；因特殊原因需要延长工作时间的，在保障劳动者身体健康的条件下延长工作时间每日不得超过三小时，但是每月不得超过三十六小时。"《劳动法》第六十一条规定："对怀孕七个月以上的女职工,不得安排其延长工作时间和夜班劳动。"《劳动法》第九十条规定:"用人单位违反本法规定,延长劳动者工作时间的,由劳动行政部门给予警告,责令改正,并可以处以罚款。"上述规定,明确了加班的条件:

(1) 条件限制,用人单位由于生产经营需要,经与工会和劳动者协商可以延长工作时间。协商是企业决定延长工作时间的程序(《劳动法》第四十二条和《劳动部贯彻〈国务院关于职工工作时间的规定〉的实施办法》第七条规定除外),企业确因生产经营需要,必须延长工作时间时,应与工会和劳动者协商。协商后,企业可以在劳动法限定的延长工作时数内决定延长工作时间,对企业违反法律、法规强迫劳动者延长工作时间的,劳动者有权拒绝。

(2) 时间限制,用人单位延长工作时间,一般每日不得超过 1 小时。因特殊原因需要的,在保证劳动者身体健康的条件下,每日不得超过 3 小时,但每月不得超过 36 小时。

(3) 人员限制,怀孕 7 个月以上和哺乳未满一周岁婴儿的女职工,不得安排其延长工作时间。

2. 特殊条件

任何单位和个人不得擅自延长职工工作时间。因特殊情况和紧急任务确需延长工作时间的,如救灾、抢险或威胁公共利益时,用人单位延长工作时间不受《劳动法》第四十一条的限制,即不受一般情况下延长工作时间的条件和法定时数的限制,既不需要审批,也不必与工会和劳动者协商。《劳动法》第四十二条规定:"有下列情形之一的,延长工作时间不受本法第四十一条的限制:(一) 发生自然灾害、事故或者因其他原因,威胁劳动者生命健康和财产安全,需要紧急处理的;(二) 生产设备、交通运输线路、公共设施发生故障,影响生产和公众利益,必须及时抢修的;(三) 法律、行政法规规定的其他情形。"所谓的"其他情形"特指,法定节假日、公休日内生产不能间断的;必须利用法定节假日、公休日的停产期间进行设备检修、保养的;完成国防紧急生产任务或其他关系到重大社会公共利益需要的紧急生产任务的;商业、供销企业在旺季完成收购、运输、加工农副产品紧急任务的等。

(三) 延长工作时间的工资支付

《劳动合同法》第三十一条规定:"用人单位应当严格执行劳动定额标准,不得强迫或者变相强迫劳动者加班。用人单位安排加班的,应当按照国家有关规定向劳动者支付加班费。"用人单位安排劳动者延长工作时间,都应当支付高于劳动者正常工作时间的工资报酬。因为加班加点,劳动者增加了额外的工作量,付出了更多的劳动和消耗,所以法律规定用人单位应当严格限制加班加点,并对劳动者的加班劳动支付额外报酬。

《劳动法》第四十四条规定:"有下列情形之一的,用人单位应当按照下列标准支付高于劳动者正常工作时间工资的工资报酬:(一) 安排劳动者延长工作时间的,支付不低于工资的百分之一百五十的工资报酬;(二) 休息日安排劳动者工作又不能安排补休的,支付不低于工资的百分之二百的工资报酬;(三) 法定休假日安排劳动者工作的,支付不低于工资的百分之三百的工资报酬。"休息日安排劳动者工作的,应先按同等时间安排其补休,不能安排补休的应按《劳动法》第四十四条第(二)项的规定支付劳动者延长工作时间的工资报酬。法定节假日(元旦、春节、劳动节、国庆节等)安排劳动者工作的,应按《劳动法》第四十四条第(三)项支付劳动者延长工作时间的工资报酬。

原劳动保障部《关于职工全年月平均工作时间和工资折算问题的通知》调整了职工全年月平均制度工作天数和工资折算办法,职工全年月平均制度工作天数分别调整为年工作日 250 天、季工作日 62.5 天、月工作日 20.83 天。工作小时数的计算办法为以月、季、年的工作日乘以每日的 8 小时。按照《劳动法》第五十一条的规定,法定节假日用人单位应当依法支付工资,即折算日工资、小时工资时不剔除国家规定的 11 天法定节假日。据此,月计薪天数为(365 天 − 104 天) ÷ 12 月 = 21.75 天,日工资折算为月工资收入 ÷ 月计薪天数,小时工资折算为月工资收入 ÷ (月计薪天数 × 8 小时)。国家调整职工全年月平均工作时间和工资折算办法,厘清了制度工作日和制度计薪日两个概念,原来都是 20.92 天,现在分别是 20.83 天和 21.75 天。制度工作日主要用于工时管理,是判断超时加班的标准。制度计薪日则直接体现在日工资、加班工资的计算上。

❖ 案例

劳动者与用人单位订立放弃加班费协议,能否主张加班费

张某于 2020 年 6 月入职某科技公司,月工资 20 000 元。某科技公司在与张某订立劳动合同时,要求其订立一份协议作为合同附件,协议内容包括"我自愿申请加入公司奋斗者计划,放弃加班费。"半年后,张某因个人原因提出解除劳动合同,并要求支付加班费。某科技公司认可张某加班事实,但以其自愿订立放弃加班费协议为由拒绝支付。张某向劳动人事争议仲裁委员会(简称仲裁委员会)申请仲裁,请求裁决某科技公司支付 2020 年 6 月至 12 月加班费 24 000 元。

仲裁委员会裁决某科技公司支付张某 2020 年 6 月至 12 月加班费 24 000 元。

本案的争议焦点是张某订立放弃加班费协议后,还能否主张加班费。

《劳动合同法》第二十六条规定:"下列劳动合同无效或者部分无效……(二) 用人单位免除自己的法定责任、排除劳动者权利的"。《最高人民法院关于审理劳动争议案件适用法律问题的解释(一)》第三十五条规定:"劳动者与用人单位就解除或者终止劳动合同办理相关手续、支付工资报酬、加班费、经济补偿或者赔偿金等达成的协议,不违反法律、行政法规的强制性规定,且不存在欺诈、胁迫或者乘人之危情形的,应当认定有效。前款协议存在重大误解或者显失公平情形,当事人请求撤销的,人民法院应予支持。"加班费是劳动者延长工作时间的工资报酬,《劳动法》第四十四条、《劳动合同法》第三十一条明确规定了用人单位支付劳动者加班费的责任。约定放弃加班费的协议免除了用人单位的法定责任、排除了劳动者权利,显失公平,应认定无效。

本案中,某科技公司利用在订立劳动合同时的主导地位,要求张某在其单方制定的格式条款上签字放弃加班费,既违反法律规定,也违背公平原则,侵害了张某工资报酬权益。故仲裁委员会依法裁决某科技公司支付张某加班费。

资料来源:人力资源社会保障部 最高人民法院 劳动人事争议典型案例(第二批)案例 2
https://www.court.gov.cn/zixun-xiangqing-319151.html

四、休息休假

休息时间是劳动者根据法律规定，在用人单位任职期间内，不必从事生产和工作而自行支配的时间。它包括职工在法定工作时间之外用以消除疲劳、进行业务学习、参加社会活动和料理家务等所占用的时间。劳动者依法享有相应的劳动报酬和休息休假权益，休息休假的规定是劳动者休息权的体现。《中华人民共和国宪法》第四十三条规定："中华人民共和国劳动者有休息的权利。国家发展劳动者休息和休养的设施，规定职工的工作时间和休假制度。"我国现行休息时间种类如下：

(一) 工作日内的间歇时间

工作日内的间歇时间是指劳动者在每日的工作岗位上生产或工作过程中的工间休息时间和用膳时间。工间休息时间和用膳时间因工作岗位和工作性质的不同而有不同，一般休息1至2小时，最少不能少于半小时。间歇时间一般于工作4小时后开始，不算作工作时间。有的岗位由于生产不能间断，不能实行固定的间歇时间，应使劳动者在工作时间内有用膳时间。有些单位实行工间操制度，即在上午和下午各4小时的工作时间中间，规定20分钟的休息时间，一般在工作两小时后开始，这种工间操时间与间歇时间不同，计入工作时间。

(二) 两个工作日之间的休息时间

两个工作日之间的休息时间是一个工作日结束后至下一个工作日开始前的休息时间。其长度应以保证劳动者的体力和工作能力能够得到恢复为标准，一般为15～16小时。实行轮班制的，其班次必须平均调换，一般可在休息日之后调换。在调换班次时，不得让劳动者连续工作两班。

(三) 公休假日

公休假日是劳动者工作满一个工作周以后的休息时间。《国务院关于职工工作时间的规定》第七条规定："国家机关、事业单位实行统一的工作时间，星期六和星期日为周休息日。企业和不能实行前款规定的统一工作时间的事业单位，可以根据实际情况灵活安排周休息日。"

(四) 法定休假日

法定休假日是由国家法律、法规统一规定的用以开展纪念、庆祝活动的休息时间。《全国年节及纪念日放假办法》中规定我国现行法定年节假日标准为11天。

全体公民放假的节日：① 新年，放假1天(1月1日)；② 春节，放假3天(农历正月初一、初二、初三)；③ 清明节，放假1天(农历清明当日)；④ 劳动节，放假1天(5月1日)；⑤ 端午节，放假1天(农历端午当日)；⑥ 中秋节，放假1天(农历中秋当日)；⑦ 国庆节，放假3天(10月1日、2日、3日)。

部分公民放假的节日及纪念日：① 妇女节(3月8日)，妇女放假半天；② 青年节(5月4日)，14周岁以上的青年放假半天；③ 儿童节(6月1日)，不满14周岁的少年儿童放假

1 天；④ 中国人民解放军建军纪念日(8 月 1 日)，现役军人放假半天。少数民族习惯的节日，由各少数民族聚居地区的地方人民政府，按照各民族习惯，规定放假日期。

全体公民放假的假日，如果适逢星期六、星期日，应当在工作日补假。部分公民放假的假日，如果适逢星期六、星期日，则不补假。

(五) 年休假

年休假是劳动者连续工作满一年后，每年依法享有的保留工作和工资的带薪假期。《劳动法》第四十五条规定："国家实行带薪年休假制度。劳动者连续工作一年以上的，享受带薪年休假。具体办法由国务院规定。" 2008 年 1 月 1 日实施的《职工带薪年休假条例》对年休假制度作出了具体规定，人力资源和社会保障部公布的《企业职工带薪年休假实施办法》对该条例进行了进一步细化规定。

1. 享受年休假的条件

职工连续工作满 12 个月以上的，享受带薪年休假。单位应当保证职工享受年休假。职工在年休假期间享受与正常工作期间相同的工资收入。机关、团体、企业、事业单位、民办非企业单位、有雇工的个体工商户等单位均适用这一规定。

2. 年休假天数的规定

年休假天数根据职工累计工作时间确定。职工累计工作已满 1 年不满 10 年的，年休假 5 天；已满 10 年不满 20 年的，年休假 10 天；已满 20 年的，年休假 15 天。职工在同一或者不同用人单位工作期间，以及依照法律、行政法规或者国务院规定视同工作期间，应当计为累计工作时间。国家法定休假日、休息日不计入年休假的假期。职工新进用人单位且符合享受年休假待遇的，当年度年休假天数，按照在本单位剩余日历天数折算确定，折算后不足 1 整天的部分不享受年休假。具体折算方法为：(当年度在本单位剩余日历天数 ÷ 365 天) × 职工本人全年应当享受的年休假天数。

职工依法享受的探亲假、婚丧假、产假等国家规定的假期以及因工伤停工留薪期间不计入年休假假期。

3. 劳动者不享受当年年休假的情形

职工有下列情形之一的，不享受当年的年休假：① 职工依法享受寒暑假，其休假天数多于年休假天数的；② 职工请事假累计 20 天以上且单位按照规定不扣工资的；③ 累计工作满 1 年不满 10 年的职工，请病假累计 2 个月以上的；④ 累计工作满 10 年不满 20 年的职工，请病假累计 3 个月以上的；⑤ 累计工作满 20 年以上的职工，请病假累计 4 个月以上的。

《企业职工带薪年休假实施办法》中进一步规定，职工享受寒暑假天数多于其年休假天数的，不享受当年的年休假。确因工作需要，职工享受的寒暑假天数少于其年休假天数的，用人单位应当安排补足年休假天数。职工已享受当年的年休假，年度内又出现累计病假、事假超过法定期限不享受年休假的情形的，不享受下一年度的年休假。

4. 年休假的安排

单位根据生产、工作的具体情况，并考虑职工本人意愿，统筹安排职工年休假。年休假在 1 个年度内可以集中安排,也可以分段安排,一般不跨年度安排。用人单位确因工作需要不能安排职工年休假或者跨 1 个年度安排年休假的,应征得职工本人同意。

5. 年休假待遇

职工在年休假期间享受与正常工作期间相同的工资收入。单位确因工作需要不能安排职工休年休假的,经职工本人同意,可以不安排职工休年休假。用人单位经职工同意不安排年休假或者安排职工年休假天数少于应休年休假天数,应当在本年度内对职工应休未休年休假天数,按照其日工资收入的 300%支付未休年休假工资报酬,其中包含用人单位支付职工正常工作期间的工资收入。计算未休年休假工资报酬的日工资收入按照职工本人的月工资除以月计薪天数(21.75 天)进行折算。月工资是指职工在用人单位支付其未休年休假工资报酬前 12 个月剔除加班工资后的月平均工资。在本用人单位工作时间不满 12 个月的,按实际月份计算月平均工资。实行计件工资、提成工资或者其他绩效工资制的职工,日工资收入的计发办法按照上述规定执行。

用人单位安排职工休年休假,但是职工因本人原因且书面提出不休年休假的,用人单位可以只支付其正常工作期间的工资收入。

6. 特殊情况的年休假处理

用人单位与职工解除或者终止劳动合同时,当年度未安排职工休满应休年休假天数的,应当按照职工当年已工作时间折算应休未休年休假天数并支付未休年休假工资报酬,但折算后不足 1 整天的部分不支付未休年休假工资报酬。折算方法为:(当年度在本单位已过日历天数 ÷365 天) × 职工本人全年应当享受的年休假天数 − 当年度已安排年休假天数。用人单位当年已安排职工年休假的,多于折算应休年休假的天数不再扣回。

劳动合同、集体合同约定的或者用人单位规章制度规定的年休假天数、未休年休假工资报酬高于法定标准的,用人单位应当按照有关约定或者规定执行。

劳务派遣单位的职工符合年休假规定条件的,享受年休假。被派遣职工在劳动合同期限内无工作期间由劳务派遣单位依法支付劳动报酬的天数多于其全年应当享受的年休假天数的,不享受当年的年休假;少于其全年应当享受的年休假天数的,劳务派遣单位、用工单位应当协商安排补足被派遣职工年休假天数。

❖ 案例

受疫情影响延迟复工复产期间,用人单位是否有权单方面安排劳动者休带薪年休假

李某在某餐饮公司担任厨师,月工资为 8000 元,2019 年开始李某可以享受每年 5 天带薪年休假,其书面提出要求跨年休假并征得餐饮公司同意。2020 年 2 月 3 日,当地市政府要求全市所有非涉及疫情防控企业延迟复工复产至 2 月 17 日。餐饮公司即通知李某延迟复工,并要求李某 2 月 3 日至 14 日期间休完 2019、2020 年度的带薪年休假。李某表示不同意,餐饮公司要求李某服从安排并支付了李某 2 月 3 日至 14 日期间工资。3 月 9 日,餐饮公司复工复产后,因李某多次旷工,餐饮公司与其解除劳动合同。李某提出餐饮公司未征得本人同意就安排休假不合法,该期间工资应当视为停工停产期间工资,并要求支付 2019、2020 年度未休年休假工资报酬,餐饮公司拒绝。李某遂向劳动人事争议仲裁委员会(以下简称仲裁委员会)申请仲裁,请求裁决餐饮公司支付 2019、2020 年度未休带薪年休假工资 6620.69 元(8000 元/21.75 天 × 6 天 × 300%)。

仲裁委员会裁决驳回李某的仲裁请求。

本案的争议焦点是餐饮公司未经李某同意安排其在延迟复工复产期间休带薪年休假是否合法。

《职工带薪年休假条例》第五条第一款规定："单位根据生产、工作的具体情况，并考虑职工本人意愿，统筹安排职工年休假。"《企业职工带薪年休假实施办法》第九条规定："用人单位根据生产、工作的具体情况，并考虑职工本人意愿，统筹安排年休假。"人力资源社会保障部等四部门《关于做好新型冠状病毒感染肺炎疫情防控期间稳定劳动关系支持企业复工复产的意见》规定："对不具备远程办公条件的企业，与职工协商优先使用带薪年休假、企业自设福利假等各类假"。从上述条款可知，用人单位有权统筹安排劳动者带薪年休假，与劳动者协商是用人单位需履行的程序，但并未要求"必须协商一致"。无论劳动者是否同意，企业都可以在履行协商程序后统筹安排带薪年休假。

本案中，餐饮公司在市政府要求延迟复工复产期间，主动与李某沟通后安排李某休带薪年休假符合法律和政策规定，而且李某2月3日至14日期间已依法享受2019、2020年度带薪年休假并获得相应的工资。李某要求餐饮公司支付2019、2020年度未休带薪年休假工资无事实依据，故依法驳回李某的仲裁请求。

资料来源：人力资源和社会保障部 最高人民法院 劳动人事争议典型案例(第一批)案例 6
https://ldgc.51ldb.com/shsldb/zc/content/0173bca1d9f1c001a8495db4be7427e2.html

(六) 探亲假

探亲假是指劳动者享有的探望与自己分居两地的配偶和父母的休息时间。1981年国务院发布的《国务院关于职工探亲待遇的规定》，明确了全民所有制企业职工探亲假的条件和标准。工作满一年的职工，与配偶不住在一起，又不能在公休假日团聚的，可以享受探望配偶的待遇；与父亲、母亲都不住在一起，又不能在公休假日团聚的，可以享受探望父母的待遇。但是，职工与父亲或与母亲一方能够在公休假日团聚的，不能享受探望父母的待遇。职工探望配偶的，每年给予一方探亲假一次，假期为三十天。未婚职工探望父母，原则上每年给假一次，假期为二十天。如果因为工作需要，本单位当年不能给予假期，或者职工自愿两年探亲一次的，可以两年给假一次，假期为四十五天。已婚职工探望父母的，每四年给假一次，假期为二十天。同时，单位应根据需要给予路程假。探亲假期包括公休假日和法定假日在内。职工在规定的探亲假期和路程假期内，按照本人的标准工资发给工资。职工探望配偶和未婚职工探望父母的往返路费，由所在单位负担。已婚职工探望父母的往返路费，在本人月标准工资百分之三十以内的，由本人自理，超过部分由所在单位负担。

(七) 婚丧假

在我国，国有企业职工可以享受婚丧假。《国家劳动总局、财政部关于国营企业职工请婚丧假和路程假问题的通知》规定，职工本人结婚或职工的直系亲属(父母、配偶和子女)死亡时，可以根据具体情况，由用人单位酌情给予一至三天的婚丧假。在批准的婚丧假和路程假期间，职工的工资照发。途中的车船费等全部由职工自理。

第四节　劳动安全与卫生

引导案例

孙立兴诉天津新技术产业园区劳动人事局工伤认定案

孙立兴系中力公司员工，2003年6月10日上午受中力公司负责人指派去北京机场接人。其从中力公司所在地天津市南开区华苑产业园区国际商业中心(以下简称商业中心)八楼下楼，欲到商业中心院内停放的红旗轿车处去开车，当行至一楼门口台阶处时，孙立兴脚下一滑，从四层台阶处摔倒在地面上，造成四肢不能活动。经医院诊断为颈髓过伸位损伤合并颈部神经根牵拉伤、上唇挫裂伤、左手臂擦伤、左腿皮擦伤。孙立兴向园区劳动局提出工伤认定申请，园区劳动局于2004年3月5日作出(2004)0001号《工伤认定决定书》，认为根据受伤职工本人的工伤申请和医疗诊断证明书，结合有关调查材料，依据《工伤保险条例》第十四条第五项的工伤认定标准，没有证据表明孙立兴的摔伤事故系由工作原因造成，决定不认定孙立兴摔伤事故为工伤事故。孙立兴不服园区劳动局《工伤认定决定书》，向天津市第一中级人民法院提起行政诉讼。

天津市第一中级人民法院于2005年3月23日作出(2005)一中行初字第39号行政判决：一、撤销园区劳动局所作(2004)0001号《工伤认定决定书》；二、限园区劳动局在判决生效后60日内重新作出具体行政行为。园区劳动局提起上诉，天津市高级人民法院于2005年7月11日作出(2005)津高行终字第0034号行政判决：驳回上诉，维持原判。

本案争议焦点包括：一是孙立兴摔伤地点是否属于其"工作场所"？二是孙立兴是否"因工作原因"摔伤？三是孙立兴工作过程中不够谨慎的过失是否影响工伤认定？

一、关于孙立兴摔伤地点是否属于其"工作场所"问题

《工伤保险条例》第十四条第一项规定，职工在工作时间和工作场所内，因工作原因受到事故伤害，应当认定为工伤。该规定中的"工作场所"，是指与职工工作职责相关的场所，在有多个工作场所的情形下，还应包括职工来往于多个工作场所之间的合理区域。本案中，位于商业中心八楼的中力公司办公室，是孙立兴的工作场所，而其完成去机场接人的工作任务需驾驶的汽车停车处，是孙立兴的另一处工作场所。汽车停在商业中心一楼的门外，孙立兴要完成开车任务，必须从商业中心八楼下到一楼门外停车处，故从商业中心八楼到停车处是孙立兴来往于两个工作场所之间的合理区域，也应当认定为孙立兴的工作场所。园区劳动局认为孙立兴摔伤地点不属于其工作场所，系将完成工作任务的合理路线排除在工作场所之外，既不符合立法本意，也有悖于生活常识。

二、关于孙立兴是否"因工作原因"摔伤的问题

《工伤保险条例》第十四条第一项规定的"因工作原因"，指职工受伤与其从事本职工作之间存在关联关系，即职工受伤与其从事本职工作存在一定关联。孙立兴为完成开车接人的工作任务，必须从商业中心八楼的中力公司办公室下到一楼进入汽车驾驶室，该行为与其工作任务密切相关，是孙立兴为完成工作任务客观上必须进行的行为，不属于超出其工作职责范围的其他不相关的个人行为。因此，孙立兴在一楼门口台阶处摔伤，系为完成工作任务所致。园区劳动局主张孙立兴在下楼过程中摔伤，与其开车任务没有直接的因果关系，不符合"因工作原因"致伤，缺乏事实根据。另外，孙立兴接受本单位领导指派的开车接人任务后，从中力公司所在商业中心八楼下到一楼，在前往院内汽车停放处的途中摔倒，孙立兴当时尚未离开公司所在院内，不属于"因公外出"的情形，而是属于在工作时间和工作场所内。

三、关于孙立兴工作中不够谨慎的过失是否影响工伤认定的问题

《工伤保险条例》第十六条规定了排除工伤认定的三种法定情形，即因故意犯罪、醉酒或者吸毒、自残或者自杀的，不得认定为工伤或者视同工伤。职工从事工作中存在过失，不属于上述排除工伤认定的法定情形，不能阻却职工受伤与其从事本职工作之间的关联关系。工伤事故中，受伤职工有时具有疏忽大意、精力不集中等过失行为，工伤保险正是分担事故风险、提供劳动保障的重要制度。如果将职工个人主观上的过失作为认定工伤的排除条件，违反工伤保险"无过失补偿"的基本原则，不符合《工伤保险条例》保障劳动者合法权益的立法目的。据此，即使孙立兴工作中在行走时确实有失谨慎，也不影响其摔伤系"因工作原因"的认定结论。园区劳动局以导致孙立兴摔伤的原因不是雨、雪天气使台阶地滑，而是因为孙立兴自己精力不集中导致为由，主张孙立兴不属于"因工作原因"摔伤而不予认定工伤，缺乏法律依据。

综上，园区劳动局作出的不予认定孙立兴为工伤的决定，缺乏事实根据，适用法律错误，依法应予撤销。

资料来源：最高人民法院　指导案例 40 号

https://www.court.gov.cn/fabu-xiangqing-13224.html

针对劳动过程中的不安全和不卫生因素，我国法律规定了劳动者有获得劳动安全卫生保护的权利，以保障劳动者在劳动过程中的安全和健康。《劳动法》《劳动合同法》对劳动安全卫生也作了专门规定。《劳动法》第五十六条第二款规定："劳动者对用人单位管理人员违章指挥、强令冒险作业，有权拒绝执行；对危害生命安全和身体健康的行为，有权提出批评、检举和控告。"《劳动合同法》第三十二条规定："劳动者拒绝用人单位管理人员违章指挥、强令冒险作业的，不视为违反劳动合同。劳动者对危害生命安全和身体健康的劳动条件，有权对用人单位提出批评、检举和控告。"

我国出台了一系列劳动安全卫生法规和劳动安全卫生国家标准，如《企业职工伤亡事故报告和处理规定》《中华人民共和国矿山安全法》《矿山安全监察员管理办法》《中华人民共和国安全生产法》等。国家的劳动安全卫生法律规范一般属于强行性法律规范，以绝对肯定的形式予以规定，不能以当事人意志予以变更和排除，具有必须严格执行的法律约束力。企业劳动安全卫生标准的制定不得低于国家规定的标准，即国家劳动安全卫生标准是最低标准。由于企业的生产特点和工艺过程不同，劳动设备、劳动条件的复杂程度各具特点，因此，企业劳动安全卫生保护的根本任务是执行国家标准，不能任意制定标准。

一、劳动安全卫生管理制度

国家为了保护劳动者在生产过程中的安全健康,根据生产的客观规律和生产实践经验的科学总结,规定了各项企业必须执行的安全生产管理制度。《劳动法》第五十二条规定:"用人单位必须建立、健全劳动安全卫生制度,严格执行国家劳动安全卫生规程和标准,对劳动者进行劳动安全卫生教育,防止劳动过程中的事故,减少职业危害。"为防止重大劳动安全卫生事故的发生,企业必须全面完善并严格执行各项劳动安全卫生管理制度。

(一) 安全生产责任制度

企业各级领导、职能部门,工程技术人员和生产工人在生产过程中,对各自的职务或职责范围内劳动安全卫生都负有相应的责任。安全生产责任制度从企业组织体系上规定企业各类人员的劳动安全卫生责任,使各个层次的安全卫生责任与管理责任、生产责任统一起来。其中,企业法定代表人对本单位安全卫生负全面责任,分管安全卫生的负责人和专职人员对安全卫生负直接责任,总工程师负安全卫生技术领导责任,各职能部门、各级生产组织负责人在各自分管的工作范围内对安全卫生负责,工人在各自的岗位上承担严格遵守劳动安全技术规程的义务。

(二) 安全技术措施计划管理制度

安全技术措施计划管理制度是指企业在编制年度生产、技术、财务计划的同时,必须编制以改善劳动条件、防止和消除伤亡事故和职业病为目的的技术措施计划的管理制度。其计划项目主要包括安全技术措施、劳动卫生措施、辅助性设施建设改善措施和劳动安全卫生宣传教育措施等。安全卫生技术措施所需资金,按照计划专款专用、专户储存,在更新改造基金中予以安排。上述措施所需设备、材料,应列入物资供应计划,并应确定实现的期限和负责人。

(三) 安全生产教育制度

安全生产教育制度是企业对劳动者进行安全技术知识、安全技术法治观念的教育、培训和考核的制度,是防止发生工伤事故的重要措施。

(四) 安全生产检查制度

安全生产检查制度是劳动部门、产业主管部门、用人单位、工会组织对劳动安全卫生法律、法规、制度的实施依法进行监督检查的制度。

(五) 重大事故隐患管理制度

重大事故隐患管理制度是企业对可能导致重大人身伤亡或重大经济损失,潜伏于作业场所、设备设施以及生产、管理行为中的安全缺陷进行预防、报告和整改的规定。其要点为:① 重大事故隐患分类;② 重大事故隐患报告;③ 重大事故隐患预防与整改措施;④ 劳动行政部门、企业主管部门对重大事故隐患整改的完成情况的检查验收。

(六) 安全卫生认证制度

安全卫生认证制度是通过对劳动安全卫生的各种制约因素是否符合劳动安全卫生要求进行审查，并对符合要求者正式认可、允许进入生产过程的制度。其要点为：① 有关人员资格认证，如特种作业人员资格认证；② 有关单位、机构的劳动安全卫生资格认证，如矿山安全资格、劳动安全卫生防护用品设计、制造单位的资格认证等；③ 与劳动安全卫生联系特别密切的物质技术产品的质量认证等。

凡是被国家纳入认证范围的对象，都实行强制认证。只有经认证合格的才能从事相应的职业活动或投入使用。

(七) 伤亡事故报告和处理制度

伤亡事故报告和处理制度是国家制定的对劳动者在劳动生产过程中发生的和生产有关的伤亡事故的报告、登记、调查、处理、统计和分析的规定。其目的是及时报告、统计、调查和处理职工伤亡事故，采取预防措施，总结经验，追究事故责任，防止伤亡事故再度发生。包括以下内容：① 企业职工伤亡事故分类；② 伤亡事故报告；③ 伤亡事故调查；④ 伤亡事故处理。

(八) 个人劳动安全卫生防护用品管理制度

个人劳动安全卫生防护用品管理制度分为两类：其一是国家关于个人劳动安全卫生防护用品的国家标准和行业标准的制定，生产特种个人劳动安全卫生防护用品的企业生产许可证颁发，质量检验检测的规定；其二为企业内部有关个人劳动安全卫生防护用品的购置、发放、检查、修理、保存、使用的规定，包括个人劳动安全卫生防护用品发放制度、检查修理制度、相关教育培训制度等。其目的是保证防护用品充分发挥对操作人员及有关人员的劳动保护作用。

(九) 劳动者健康检查制度

健康检查制度包括以下两类制度：

(1) 员工招聘健康检查。企业对拟招聘人员进行体检，一般岗位为常规体检，岗位对员工的健康有特定需要者应进行特定体检，以便决定是否招聘或满足从事某项特定工作岗位的需要。

(2) 企业员工的定期体检，发现疾病及时治疗以及预防职业病的发生。

二、劳动安全技术规程

(一) 执行劳动安全技术规程

劳动安全技术规程是国家为了防止和消除在生产过程中的伤亡事故，保障劳动者的生命安全和减轻繁重体力劳动，以及防止生产设备遭到破坏而制定的法律规范。《劳动法》第五十三条规定："劳动安全卫生设施必须符合国家规定的标准。新建、改建、扩建工程的劳动安全卫生设施必须与主体工程同时设计、同时施工、同时投入生产和使用。"

(二) 企业劳动安全技术规程的主要内容

1. 工厂安全技术规程

(1) 厂房、建筑物和道路的安全措施，以及坚固安全，符合防火、防爆的规定；

(2) 工作场所、爆炸危险场所的安全技术措施；

(3) 机器设备的安全措施；

(4) 电气设备的安全措施；

(5) 动力锅炉、压力容器的安全装置。

2. 矿山安全规程

(1) 矿山设计的安全要求。矿山设计必须符合国家矿山安全规程和行业技术规范。

(2) 矿山开采的安全要求。矿山开采必须具备安全生产条件，严格执行不同矿种的安全规程和行业技术规范。

(3) 作业场所的安全要求。必须对各种危害安全的事故采取预防措施，如冒顶、爆炸冲击冲压等。

3. 建筑安装工程安全技术规程

建筑安装工程安全技术规程是指为了改善劳动条件，保护建筑施工生产过程中劳动者的安全和健康而制定的各种法律规范和技术标准，包括建筑安装施工的一般安全要求、施工现场、脚手架、土石方工程、机电设备、拆除工程、防护用品发放等，严格执行安全帽、安全标志、高处作业等国家标准。

三、劳动卫生规程

劳动卫生规程是国家为了保护劳动者在生产过程中的健康，防止和消除职业危害而制定的各种法律规范和技术标准的总和，包括各种工业生产卫生、医疗预防、健康检查等技术和组织管理措施。

(1) 防止有毒有害物质危害。根据国家《有毒作业分级》标准，对劳动者进行保护；凡散发有害健康的蒸汽、气体的设备应加以密闭，安装通风、净化装置；有毒物品、危险物品应储藏在专设处所，严格管理；有毒或有传染性危险的废料应在有关机关的指导下进行处理等。

(2) 防止粉尘危害。根据国家《生产性粉尘危害程度分级》标准，对劳动者进行保护；设置吸尘、滤尘和通风装置，发放个人防尘用品和保健食品，定期进行健康检查等。

(3) 防止噪声和强光刺激。设置消声装置，工作场所、工艺阶段合理组织，发放相应的个人防护用品等。

(4) 防止电磁辐射危害。设置电场屏蔽或磁场屏蔽装置，推进自动化或远距离控制作业，采取必要的个人防护措施等。

(5) 防暑降温和防冻取暖。严格执行《低温作业分级》《冷水作业分级》标准，工作场所在5℃以下、35℃以上应采取相应的措施等。

(6) 通风和照明。工作场所可以自然通风的应保证自然通风，有毒有害气体集聚的工作场所应进行机械通风，并要有相应的管理措施，局部照明应符合操作要求等。

(7) 个人防护用品和生产辅助设施。

(8) 职业病防治。

四、伤亡事故报告和处理制度

《劳动法》第五十七条规定："国家建立伤亡事故和职业病统计报告和处理制度。县级以上各级人民政府劳动行政部门、有关部门和用人单位应当依法对劳动者在劳动过程中发生的伤亡事故和劳动者的职业病状况，进行统计、报告和处理。"《生产安全事故报告和调查处理条例》(国务院令493号)对事故报告、事故调查和事故处理均做了规定。

(一) 事故种类

生产安全事故是指生产经营单位在生产经营活动(包括与生产经营有关的活动)中突然发生的，伤害人身安全和健康，或者损坏设备设施，或者造成经济损失的，导致原生产经营活动(包括与生产经营活动有关的活动)暂时中止或永远终止的意外事件。根据生产安全事故(以下简称事故)造成的人员伤亡或者直接经济损失，事故一般分为以下等级：

(1) 特别重大事故，是指造成30人以上死亡，或者100人以上重伤(包括急性工业中毒，下同)，或者1亿元以上直接经济损失的事故。

(2) 重大事故，是指造成10人以上30人以下死亡，或者50人以上100人以下重伤，或者5000万元以上1亿元以下直接经济损失的事故。

(3) 较大事故，是指造成3人以上10人以下死亡，或者10人以上50人以下重伤，或者1000万元以上5000万元以下直接经济损失的事故。

(4) 一般事故，是指造成3人以下死亡，或者10人以下重伤，或者1000万元以下直接经济损失的事故。

国务院安全生产监督管理部门可以会同国务院有关部门，制定事故等级划分的补充性规定。

(二) 事故报告

事故发生后，事故现场有关人员应当立即向本单位负责人报告；单位负责人接到报告后，应当于1小时内向事故发生地县级以上人民政府安全生产监督管理部门和负有安全生产监督管理职责的有关部门报告。情况紧急时，事故现场有关人员可以直接向事故发生地县级以上人民政府安全生产监督管理部门和负有安全生产监督管理职责的有关部门报告。

安全生产监督管理部门和负有安全生产监督管理职责的有关部门接到事故报告后，应当依照下列规定上报事故情况，并通知公安机关、劳动保障行政部门、工会和人民检察院：

(1) 特别重大事故、重大事故逐级上报至国务院安全生产监督管理部门和负有安全生产监督管理职责的有关部门。

（2）较大事故逐级上报至省、自治区、直辖市人民政府安全生产监督管理部门和负有安全生产监督管理职责的有关部门。

（3）一般事故上报至设区的市级人民政府安全生产监督管理部门和负有安全生产监督管理职责的有关部门。

安全生产监督管理部门和负有安全生产监督管理职责的有关部门依照上面的规定上报事故情况，应当同时报告本级人民政府。国务院安全生产监督管理部门和负有安全生产监督管理职责的有关部门以及省级人民政府接到发生特别重大事故、重大事故的报告后，应当立即报告国务院。必要时，安全生产监督管理部门和负有安全生产监督管理职责的有关部门可以越级上报事故情况。安全生产监督管理部门和负有安全生产监督管理职责的有关部门逐级上报事故情况，每级上报的时间不得超过 2 小时。事故报告应当及时、准确、完整，任何单位和个人对事故不得迟报、漏报、谎报或者瞒报。事故报告后出现新情况的，应当及时补报。

（三）事故调查

特别重大事故由国务院或者国务院授权有关部门组织事故调查组进行调查。重大事故、较大事故、一般事故分别由事故发生地省级人民政府、设区的市级人民政府、县级人民政府负责调查。省级人民政府、设区的市级人民政府、县级人民政府可以直接组织事故调查组进行调查，也可以授权或者委托有关部门组织事故调查组进行调查。未造成人员伤亡的一般事故，县级人民政府也可以委托事故发生单位组织事故调查组进行调查。

事故调查组应当自事故发生之日起 60 日内提交事故调查报告。事故调查报告应当包括下列内容：① 事故发生单位概况；② 事故发生经过和事故救援情况；③ 事故造成的人员伤亡和直接经济损失；④ 事故发生的原因和事故性质；⑤ 事故责任的认定以及对事故责任者的处理建议；⑥ 事故防范和整改措施。事故调查报告应当附具有关证据材料。特殊情况下，经负责事故调查的人民政府批准，提交事故调查报告的期限可以适当延长，但延长的期限最长不超过 60 日。事故调查报告报送负责事故调查的人民政府后，事故调查工作即告结束。

（四）事故处理

重大事故、较大事故、一般事故，负责事故调查的人民政府应当自收到事故调查报告之日起 15 日内做出批复；特别重大事故，30 日内做出批复，特殊情况下，批复时间可以适当延长，但延长的时间最长不超过 30 日。有关机关应当按照人民政府的批复，依照法律、行政法规规定的权限和程序，对事故发生单位和有关人员进行行政处罚，对负有事故责任的国家工作人员进行处分。事故发生单位应当按照负责事故调查的人民政府的批复，对本单位负有事故责任的人员进行处理。负有事故责任的人员涉嫌犯罪的，依法追究刑事责任。

事故发生单位应当认真吸取事故教训，落实防范和整改措施，防止事故再次发生。防范和整改措施的落实情况应当接受工会和职工的监督。安全生产监督管理部门和负有安全生产监督管理职责的有关部门应当对事故发生单位落实防范和整改措施的情况进行监督检查。事故处理的情况由负责事故调查的人民政府或者其授权的有关部门、机构向社会公布，依法应当保密的除外。

第五节　女职工和未成年工特殊保护

○ 引导案例

允某诉某速运公司劳动争议纠纷案
——用人单位变相拒绝孕妇办理入职手续应承担"缔约过失"法律后果

允某收到某速运公司发给自己的《员工入职通知书》，开头显示"允某，您好，您已全面通过我们的各项招聘考核，现公司正式以书面方式通知您已被公司正式录用，并进入试用期阶段。"该通知书上有入职时间，并要求允某提供身份证及银行卡复印件、毕业证原件及复印件、照片及两个月入职体检、必须做尿检等，否则不予办理入职，此后允某体检因少做了孕检，而被某速运公司不予录用。请求：1. 确认允某和某速运公司存在劳动关系；2. 某速运公司支付允某违法解除劳动关系经济赔偿金5000元；3. 某速运公司支付允某办理入职的交通费140元；4. 某速运公司支付允某办理入职的体检费157.1元；5. 某速运公司支付允某精神抚慰金3万元。速运公司辩称：因发现允某提供的学历信息无法查询到，故未予办理入职手续，并称双方未实际建立劳动关系，无需承担允某所主张的法律责任。某速运公司对该入职通知书真实性、合法性予以认可，关联性不予认可，认为该证据仍属招募环节，并非建立劳动关系的书面资料。

一审判决认为允某、某速运公司双方仅达成意图订立劳动合同的意思表示，某速运公司作为用人单位并未录用允某，允某也并未在某速运公司处提供劳动，故允某、某速运公司双方不存在劳动关系，允某主张的交通费、体检费、解除劳动合同经济补偿金、精神抚慰金，缺乏事实及法律依据，故依法驳回允某的诉讼请求。允某不服一审判决结果，提出上诉，上诉请求与一审诉求基本相同。

深圳市中级人民法院于2020年11月25日作出(2020)粤03民终6888号民事判决：一、撤销广东省深圳市宝安区人民法院(2019)粤0306民初17648号民事判决；二、被上诉人某速运公司应于本判决生效之日起五日内支付上诉人允某赔偿金5000元、交通费140元、体检费157.1元；三、驳回上诉人允某的其他诉讼请求。

本案争议焦点为：一、允某、某速运公司双方是否已建立劳动关系；二、某速运公司不予录用允某应否承担法律责任。争议焦点一，虽然允某提交的《员工入职通知书》内容显示，允某已被某速运公司正式录用，并进入试用期阶段，但根据《劳动合同法》第七条规定"用人单位自用工之日起与劳动者建立劳动关系"，本案双方未实际发生用工，允某仅以《员工入职通知书》主张已与某速运公司建立劳动关系，法院不予支持。争议焦点二，某速运公司认为允某提供学历信息无法查询得到而不予录用，因某速运公司未举证证明其相关主张，亦与正式录用通知相悖，法院不予采信。法院采信允某主张某速运公司以其入职前未按要求做孕检而不予办理入职手续。在用人单位已发出正式录用通知后，上述情形明显不属于不予办理录用手续、签订劳动合同的合法事由，参照《深圳经济特区和谐劳动关系促进条例》第十七条规定"…用人单位应当支付劳动者相当于一个月工资标准的赔偿金和为订立、准备履行劳动合同而支出的必要费用"，结合允某诉请，某速运公司未举证反驳允某主张的工资标准及其因入职已实际支出交通费140元、体检费157.1元的事实，法院认定某速运公司应向允某支付赔偿金5000元、交通费140元、体检费157.1元。允某请求支付精神抚慰金缺乏事实和法律依据，法院不予支持。

缔约过失责任，是指缔约人故意或过失违反先合同义务而对造成信赖利益的损失时应依法承担的民事责任。所谓先合同义务是指缔约人双方为签订合同而互相磋商，依诚实信用原则逐步产生的注意义务而非合同有效成立以后所产生的给付义务，它包括互相协助、互相照顾、互相保护、互相通知、互相忠诚等义务。我国《合同法》第四十二条和第四十三条对缔约过失责任通过概括加列举的方式进行了明确的规定。缔约过失责任制度是以民法中的重要原则——诚实信用原则为基础的，从《合同法》第四十二条第三款的规定就可以看出。《劳动合同法》并未明确提出这一制度，但从该法的第八条、第九条可以看出，立法者规定了劳动合同缔约双方订立劳动合同时应承担的先合同义务，由此可见，立法者对于劳动合同缔约过失责任制度是给予肯定的。劳动法领域缔约过失责任，要求过失行为发生在劳动合同生效前的缔约阶段，双方当事人为订立劳动合同进行磋商，使人单位与劳动者彼此之间产生了信赖利益。这种信赖利益需要法律对其进行保护。由于劳动者与用人单位地位天然上存在不平等，用人单位更可能利用其优势地位损害劳动者合法权益，因此关于这种保护的范围和内容需要依法确定。

具体到本案而言，用人单位以体检名义，要求入职者进行身体健康检查无可厚非，其要求女性进行孕检，表面上也是检查内容，也是为了了解劳动者入职的身体状况，但其根本目的就是不愿意接受怀孕的女性入职，不想因此增加用工成本，这不仅侵犯妇女合法的生育权利，也是违反劳动法律法规相关规定的。如何确定劳动者的损失，国家层面的劳动法没有作出具体规定，虽然可以参照合同法的相关规定处理，但《深圳经济特区和谐劳动关系促进条例》第十七条规定了用人单位在尚未用工的情况下，依法可以解除合同的，应当支付劳动者为订立和准备履行劳动合同而支出的必要费用。在用工前订立劳动合同，尚未用工，用人单位违法解除劳动合同，劳动者不要求继续履行劳动合同或者劳动合同无法履行的，用人单位应当支付劳动者相当于一个月工资标准的赔偿金和为订立、准备履行劳动合同而支出的必要费用。虽然与本案适用的情形不一样，但《深圳经济特区和谐劳动关系促进条例》为特区条例，专门用以处理劳动争议案件，适用更加接近，适用法律效果和社会效果更加良好，故本案确定劳动者的损失的范围还是可以参照的，法院参照上述条例确定劳动者的损失范围，对超出部分不予支持。

资料来源：2020年深圳法院劳动争议典型案例汇编 案例2
https://mp.weixin.qq.com/s/BqLLkGjRTeFHH FcJdMuirw

《劳动法》第五十八条规定："国家对女职工和未成年工实行特殊劳动保护。未成年工是指年满十六周岁未满十八周岁的劳动者。"

一、女职工劳动保护制度

国家为了减少和解决女职工在劳动中因生理特点造成的特殊困难，保护女职工健康所制定的规范称为女职工劳动保护制度。为完善工作场所女职工特殊劳动保护和消除工作场所性骚扰制度，切实保障广大女职工合法权益，促进女职工身心健康，营造安全、健康、舒心的良好工作环境，我国制定了《劳动法》《中华人民共和国妇女权益保障法》《女职工劳动保护特别规定》《女职工保健工作规定》等法律法规及有关政策。

(一) 确定女职工禁忌从事的劳动范围

《劳动法》第五十九条规定："禁止安排女职工从事矿山井下、国家规定的第四级体力劳动强度的劳动和其他禁忌从事的劳动。"《女职工劳动保护特别规定》进一步明确，用人单位应当遵守女职工禁忌从事的劳动范围的规定。用人单位应当将本单位属于女职工禁忌从事的劳动范围的岗位书面告知女职工。女职工禁忌从事的劳动范围：① 矿山井下作业；② 体力劳动强度分级标准中规定的第四级体力劳动强度的作业；③ 每小时负重 6 次以上、每次负重超过 20 千克的作业，或者间断负重、每次负重超过 25 千克的作业。

(二) 四期保护

1. 经期保护

《劳动法》第六十条规定："不得安排女职工在经期从事高处、低温、冷水作业和国家规定的第三级体力劳动强度的劳动。"女职工在经期禁忌从事的劳动范围：
(1) 冷水作业分级标准中规定的第二级、第三级、第四级冷水作业。
(2) 低温作业分级标准中规定的第二级、第三级、第四级低温作业。
(3) 体力劳动强度分级标准中规定的第三级、第四级体力劳动强度的作业。
(4) 高处作业分级标准中规定的第三级、第四级高处作业。

2. 孕期保护

《劳动法》第六十一条规定："不得安排女职工在怀孕期间从事国家规定的第三级体力劳动强度的劳动和孕期禁忌从事的劳动。对怀孕七个月以上的女职工，不得安排其延长工作时间和夜班劳动。"《女职工劳动保护特别规定》进一步明确，女职工在孕期不能适应原劳动的，用人单位应当根据医疗机构的证明，予以减轻劳动量或者安排其他能够适应的劳动。对怀孕 7 个月以上的女职工，用人单位不得延长劳动时间或者安排夜班劳动，并应当在劳动时间内安排一定的休息时间。怀孕女职工在劳动时间内进行产前检查，所需时间计入劳动时间。

女职工在孕期禁忌从事的劳动范围：
(1) 作业场所空气中铅及其化合物、汞及其化合物、苯、镉、铍、砷、氰化物、氮氧化物、一氧化碳、二硫化碳、氯、己内酰胺、氯丁二烯、氯乙烯、环氧乙烷、苯胺、甲醛等有毒物质浓度超过国家职业卫生标准的作业。
(2) 从事抗癌药物、乙烯雌酚生产，接触麻醉剂气体等的作业。
(3) 非密封源放射性物质的操作，核事故与放射事故的应急处置。
(4) 高处作业分级标准中规定的高处作业。
(5) 冷水作业分级标准中规定的冷水作业。
(6) 低温作业分级标准中规定的低温作业。

(7) 高温作业分级标准中规定的第三级、第四级的作业。

(8) 噪声作业分级标准中规定的第三级、第四级的作业。

(9) 体力劳动强度分级标准中规定的第三级、第四级体力劳动强度的作业。

(10) 在密闭空间、高压室作业或者潜水作业，伴有强烈振动的作业，或者需要频繁弯腰、攀高、下蹲的作业。

3. 产假保护

《女职工劳动保护特别规定》规定，女职工生育享受 98 天产假，其中产前可以休假 15 天；难产的，增加产假 15 天；生育多胞胎的，每多生育 1 个婴儿，增加产假 15 天。女职工怀孕未满 4 个月流产的，享受 15 天产假；怀孕满 4 个月流产的，享受 42 天产假。各地方政府在此项规定的基础上给予 30～90 天不等的产假延长。女职工产假期间的生育津贴，对已经参加生育保险的，按照用人单位上年度职工月平均工资的标准由生育保险基金支付；对未参加生育保险的，按照女职工产假前工资的标准由用人单位支付。女职工生育或者流产的医疗费用，按照生育保险规定的项目和标准，对已经参加生育保险的，由生育保险基金支付；对未参加生育保险的，由用人单位支付。

4. 哺乳期劳动时间

《劳动法》第六十三条规定："不得安排女职工在哺乳未满一周岁的婴儿期间从事国家规定的第三级及以上体力劳动强度的劳动和哺乳期禁忌从事的其他劳动，不得安排其延长工作时间和夜班劳动。"《女职工劳动保护特别规定》进一步明确，用人单位不得因女职工怀孕、生育、哺乳降低其工资、予以辞退、与其解除劳动或者聘用合同。哺乳未满 1 周岁婴儿的女职工，用人单位不得延长劳动时间或者安排夜班劳动。用人单位应当在每天的劳动时间内为哺乳期女职工安排 1 小时哺乳时间；女职工生育多胞胎的，每多哺乳 1 个婴儿每天增加 1 小时哺乳时间。

女职工在哺乳期禁忌从事的劳动范围：孕期禁忌从事的劳动范围的第(1)项、第(3)项、第(9)项；作业场所空气中锰、氟、溴、甲醇、有机磷化合物、有机氯化合物等有毒物质浓度超过国家职业卫生标准的作业。

(三) 女职工特殊保护设施

女职工比较多的用人单位应当根据女职工的需要，建立女职工卫生室、孕妇休息室、哺乳室等设施，妥善解决女职工在生理卫生、哺乳方面的困难。在劳动场所，用人单位应当预防和制止对女职工的性骚扰。

二、未成年工特殊保护制度

我国法律规定中所指的未成年工，是年满 16 周岁未满 18 周岁的劳动者。未成年工的特殊劳动保护是指根据未成年工的身体发育尚未定型的特点，对未成年工在劳动过程中特殊权益的保护。对未成年工的保护，实质上是对新生生产力发展的保护。《劳动法》和《未成年工特殊保护规定》明确了未成年工劳动保护的各项标准，包括未成年工的年龄标准、禁止从事的劳动范围、用人单位定期对未成年工进行健康检查和未成年工特殊保护登记的标准。

(一) 最低就业年龄的规定

我国的最低就业年龄为 16 周岁，某些特殊行业需招用 16 周岁以下的少年，必须经劳动部门批准。

(二) 禁忌从事的劳动范围

《劳动法》第六十四条规定："不得安排未成年工从事矿山井下、有毒有害、国家规定的第四级体力劳动强度的劳动和其他禁忌从事的劳动。"任何用人单位招用未成年工，应当在工种、劳动时间、劳动强度、保护措施等方面执行国家有关规定，不得安排其从事以下过重、有毒有害的劳动或者危险作业：

(1)《生产性粉尘作业危害程度分级》国家标准中第一级以上的接尘作业；

(2)《有毒作业分级》国家标准中第一级以上的有毒作业；

(3)《高处作业分级》国家标准中第二级以上的高处作业；

(4)《冷水作业分级》国家标准中第二级以上的冷水作业；

(5)《高温作业分级》国家标准中第三级以上的高温作业；

(6)《低温作业分级》国家标准中第三级以上的低温作业；

(7)《体力劳动强度分级》国家标准中第四级体力劳动强度的作业；

(8) 矿山井下及矿山地面采石作业；

(9) 森林业中的伐木、流放及守林作业；

(10) 工作场所接触放射性物质的作业；

(11) 易燃易爆、化学性烧伤和热烧伤等危险性大的作业；

(12) 地质勘探和资源勘探的野外作业；

(13) 潜水、涵洞、涵道作业和海拔 3000 米以上的高原作业(不包括世居高原者)；

(14) 连续负重每小时在 6 次以上并每次超过 20 千克，间断负重每次超过 28 千克的作业；

(15) 使用凿岩机、捣固机、气镐、气铲、铆钉机、电锤的作业；

(16) 工作中需要长时间保持低头、弯腰、上举、下蹲等强迫体位和动作频率每分钟大于 50 次的流水线作业；

(17) 锅炉司炉。

(三) 未成年工实行定期健康检查

《劳动法》第六十五条规定："用人单位应当对未成年工定期进行健康检查。"用人单位应按下列要求对未成年工定期进行健康检查：① 安排工作岗位之前；② 工作满 1 年；③ 年满 18 周岁，距前一次的体检时间已超过半年。未成年工的健康检查，按照劳动行政部门制作的《未成年工健康检查表》列出的项目进行。用人单位应根据未成年工的健康检查结果安排其从事适合的劳动，对不能胜任原劳动岗位的，应根据医务部门的证明，予以减轻劳动量或安排其他劳动。

(四) 未成年工实行登记制度

用人单位招收使用未成年工，除符合一般用工要求外，还须向所在地的县级以上劳动行政部门办理登记。劳动行政部门根据《未成年工健康检查表》《未成年工登记表》，核发《未成年工登记证》。未成年工须持《未成年工登记证》上岗。

第六节　劳动合同的变更

引导案例

用人单位如何行使用工自主权合法调整劳动者的工作岗位和地点

孙某于 2017 年 8 月入职某模具公司，双方订立了无固定期限劳动合同，约定孙某的工作地点为某直辖市，岗位为"后勤辅助岗"，具体工作内容为"财务、预算管理和其他行政性工作"。双方还约定："模具公司可以根据生产经营的需要，对孙某工作岗位、工作内容及工作地点进行调整。"入职后，孙某被安排在模具公司位于某城区的开发中心从事财务人事等辅助性工作。2019 年 7 月 1 日，基于公司生产经营和管理需要，为减轻各中心的工作负担，模具公司将各中心的财务工作统一转回公司总部的财务处统一管理。为此，孙某办理了开发中心全部财务凭证的交接，模具公司与孙某沟通协商，提出安排其到开发中心其他岗位工作，但均被孙某拒绝。后模具公司安排孙某到位于相邻城区的公司总部从事人事相关工作。7 月底，孙某要求模具公司将其调回原工作地点原岗位工作，双方由此发生争议。孙某向劳动人事争议仲裁委员会(以下简称仲裁委员会)申请仲裁，请求模具公司按原工作地点及原工作岗位继续履行劳动合同。

仲裁委员会裁决驳回孙某的仲裁请求。

本案的争议焦点是模具公司对孙某调整工作岗位和工作地点是否属于合法行使用工自主权。

《中华人民共和国就业促进法》第八条规定："用人单位依法享有自主用人的权利。"用人单位作为市场主体，根据自身生产经营需要而对劳动者的工作岗位、工作地点进行适当调整，是行使用工自主权的重要内容，对其正常生产经营不可或缺。但同时，用人单位用工自主权的行使也必须在相关法律和政策的框架内，符合一定条件和范围，如用人单位须对岗位或工作地点的调整作出合理说明，防止用人单位借此打击报复或变相逼迫劳动者主动离职，也即防止其权力的滥用。仲裁和司法实务中，岗位或工作地点调整的合理性一般考虑以下因素：1. 是否基于用人单位生产经营需要；2. 是否属于对劳动合同约定的较大变更；3. 是否对劳动者有歧视性、侮辱性；4. 是否对劳动报酬及其他劳动条件产生较大影响；5. 劳动者是否能够胜任调整的岗位；6. 工作地点作出不便调整后，用人单位是否提供必要协助或补偿措施等。

本案中，双方在劳动合同中约定孙某的工作岗位为"后勤辅助岗"，该岗位不属固定或专业岗位；模具公司根据生产经营需要，适当调整孙某的工作岗位、工作内容及工作地点是基于财务统一管理的需要，对孙某并无针对性；同时，该工作地点和工作内容的调整模具公司亦与孙某进行了沟通协商，给出了包括在原工作地点适当调整岗位等多种选择方案，体现了对孙某劳动权益的尊重；且调整后的人事岗位与孙某的原先岗位性质相近，孙某也完全能够胜任；最后，孙某调整后的工作地点也处于交通便利的城区，上下班时间虽有所增加，但该地点变更不足以认定对其产生较大不利影响，对其劳动权益也不构成侵害，故依法驳回孙某的仲裁请求。

资料来源：人力资源和社会保障部　最高人民法院　劳动人事争议典型案例(第一批)案例 14

https://www.sohu.com/a/577902328_121106884

劳动合同依法订立后便具有法律约束力，但用人单位和劳动者的权利义务并非不可改变。在法律法规规定的条件和程序下，劳动合同可以变更。劳动合同的变更是原劳动合同的派生，是双方已存在的劳动权利义务关系的发展。

一、劳动合同变更的概念

劳动合同的变更是指劳动合同依法订立后，在合同尚未履行或者尚未履行完毕之前，经用人单位和劳动者双方当事人协商同意，对劳动合同内容作部分修改、补充或者删减的法律行为。劳动合同的变更，其实质是双方的权利义务发生改变。劳动合同变更的前提是双方原已存在着合法的劳动关系，变更的原因主要是客观情况发生变化，变更的目的是继续履行合同。

劳动合同的变更是在原合同的基础上对原劳动合同内容作部分修改、补充或者删减，而不是签订新的劳动合同。原劳动合同未变更的部分仍然有效，变更后的内容就取代了原合同的相关内容，新达成的变更协议条款与原合同中其他条款具有同等法律效力，对双方当事人都有约束力。

二、变更劳动合同的条件

根据《劳动合同法》第十六条规定："劳动合同由用人单位与劳动者协调一致，并经用人单位与劳动者在劳动合同文本上签字或者盖章生效。"因此，劳动合同一经依法订立，即具有法律约束力，受法律保护，双方当事人应当严格履行，任何一方不得随意变更劳动合同约定的内容。但当事人在订立合同时，有时不可能对涉及合同的所有问题都做出明确的规定；合同订立后，在履行劳动合同的过程中，订立劳动合同所依据的客观情况发生变化，使得劳动合同难于履行或者难于全面履行，或者使合同的履行可能造成当事人之间权利义务的不平衡，这就需要用人单位和劳动者双方对劳动合同的部分内容进行适当调整。因此《劳动合同法》第三十五条规定："用人单位与劳动者协商一致，可以变更劳动合同约定的内容。变更劳动合同，应当采用书面形式。变更后的劳动合同文本由用人单位和劳动者各执一份。"《劳动合同法》第四十条第一款、第二款规定："有下列情形之一的，用人单位提前三十日以书面形式通知劳动者本人或者额外支付劳动者一个月工资后，可以解除劳动合同：(一) 劳动者患病或者非因工负伤，在规定的医疗期满后不能从事原工作，也不能从事由用人单位另行安排的工作的；(二) 劳动者不能胜任工作，经过培训或者调整工作岗位，仍不能胜任工作的。"这些规定明确了劳动合同变更的条件。

(一) 协商一致

劳动合同变更过程中必须遵循与订立劳动合同时同样的原则,即遵循合法、公平、平等自愿、协商一致、诚实信用的原则。双方当事人依据法律法规,经协商一致,就劳动合同的部分条款进行修改、补充或者删减,通过重新调整和规定双方的权利义务关系,使劳动合同适应变化发展了的新情况,从而保证劳动合同的继续履行。

一般情况下,用人单位与劳动者协商一致可变更劳动合同约定的内容。首先,劳动合同是劳动关系双方协商达成的协议,当然也可以协商变更;对于劳动合同约定的内容,只要是经双方当事人协商一致而达成的,都可以经协商一致予以变更。其次,对变更劳动合同,用人单位和劳动者之间应当采取自愿协商的方式,不允许合同的一方当事人未经协商单方变更劳动合同。一方当事人未经对方当事人同意任意改变合同内容的,在法律上是无效行为,变更后的内容对另一方没有约束力,而且这种擅自改变合同的做法也是一种违约行为。最后,劳动合同的变更只是对原劳动合同的部分内容作修改、补充或者删减,而不是对合同内容的全部变更。如果在协商过程中,有任何一方当事人不同意所要变更的内容,则就该部分内容的合同变更就不能成立,原有的合同就依然具有法律效力。

(二) 企业单方依法变更合同

根据《劳动合同法》第四十条规定,企业可以单方变更劳动合同。在劳动者不能胜任工作,或者劳动者因身体原因在规定的医疗期满后不能从事原工作的情形下,企业可以单方面调岗变薪。也就是说,企业必须提供能证明单方面调岗调薪合法合理的依据。该条款的目的在于既保护用人单位的自主经营权,又为弱势劳动者提供一个缓冲机会。

(三) 事实变更

《最高人民法院关于审理劳动争议案件适用法律问题的解释(一)》第四十三条确认了事实变更:用人单位与劳动者协商一致变更劳动合同,虽未采用书面形式,但已经实际履行了口头变更的劳动合同超过一个月,变更后的劳动合同内容不违反法律、行政法规且不违背公序良俗,当事人以未采用书面形式为由主张劳动合同变更无效的,人民法院不予支持。

三、劳动合同变更的程序

劳动合同变更的程序为:

(1) 一方提出劳动合同变更的请求。劳动合同的变更,既可以由用人单位提出,也可以由劳动者提出。提出变更的一方应该说明变更劳动合同的理由、变更的内容以及变更的条件。

(2) 双方就劳动合同变更的内容进行协商。劳动合同的变更不是双方立即就能够达成一致的,肯定会有反复沟通的过程,通过双方的反复沟通,双方就分歧部分达成一致的意见。

(3) 双方达成一致后,就变更的内容签订书面变更协议。双方就劳动合同变更达成一致意见后,必须签订书面的变更协议,协议中要载明劳动合同变更的具体内容,变更的劳动合同经双方签字盖章后生效,变更后的劳动合同文本由用人单位和劳动者各执一份。

思　考　题

1. 工资支付的原则是什么？
2. 试述最低工资保障制度内容。
3. 简述延长工作时间的限制条件。
4. 简述伤亡事故报告和处理制度的内容。
5. 试述变更劳动合同的条件。
6. 简述变更劳动合同的程序。

第六章　劳动合同的解除和终止

劳动合同解除和终止是我国劳动法律中最为重要的组成部分之一，对劳动关系双方之间权利的行使起着十分重要的保障作用。劳动合同的解除是指劳动合同订立后，尚未全部履行以前，由于某种原因导致劳动合同一方或双方当事人提前消灭劳动关系的法律行为。劳动合同终止，是劳动合同期满或主体依法消灭时，劳动合同依法终结的情形。为了平衡劳动者和用人单位的利益，建立和发展和谐稳定的劳动关系，我国法律对劳动合同的解除和终止作了严格的规定和限制。

第一节　劳动合同的解除

引导案例

孙贤锋诉淮安西区人力资源开发有限公司劳动合同纠纷案

2016 年 7 月 1 日，孙贤锋(乙方)与淮安西区人力资源开发有限公司(以下简称西区公司)(甲方)签订劳动合同，约定：劳动合同期限为自 2016 年 7 月 1 日起至 2019 年 6 月 30 日止；乙方工作地点为连云港，从事邮件收派与司机岗位工作；乙方严重违反甲方的劳动纪律、规章制度的，甲方可以立即解除本合同且不承担任何经济补偿；甲方违约解除或者终止劳动合同的，应当按照法律规定和本合同约定向乙方支付经济补偿金或赔偿金；甲方依法制定并通过公示的各项规章制度，如《员工手册》《奖励与处罚管理规定》《员工考勤管理规定》等文件作为本合同的附件，与本合同具有同等效力。之后，孙贤锋根据西区公司安排，负责江苏省灌南县堆沟港镇区域的顺丰快递收派邮件工作。西区公司自 2016 年 8 月 25 日起每月向孙贤锋银行账户结算工资，截至 2017 年 9 月 25 日，孙贤锋前 12 个月的平均工资为 6329.82 元。2017 年 9 月 12 日、10 月 3 日、10 月 16 日，孙贤锋先后存在工作时间未穿工作服、代他人刷考勤卡、在单位公共平台留言辱骂公司主管等违纪行为。事后，西区公司依据《奖励与处罚管理规定》，由用人部门负责人、工会负责人、人力资源部负责人共同签署确认，对孙贤锋上述违纪行为分别给予扣 2 分、扣 10 分、扣 10 分处罚，但具体扣分处罚时间难以认定。

2017 年 10 月 17 日，孙贤锋被所在单位用人部门以未及时上交履职期间的营业款项为由安排停工。次日，孙贤锋至所在单位刷考勤卡，显示刷卡信息无法录入。10 月 25 日，西区公司出具离职证明，载明孙贤锋自 2017 年 10 月 21 日从西区公司正式离职，已办理完毕手续，即日起与公司无任何劳动关系。10 月 30 日，西区公司又出具解除劳动合同通知书，载明孙贤锋在未履行请假手续也未经任何领导批准的情况下，自 2017 年 10 月 20 日起无故旷工 3 天以上，依据国家的相关法律法规及单位规章制度，经单位研究决定自 2017 年 10 月 20 日起与孙贤锋解除劳动关系，限于 2017 年 11 月 15 日前办理相关手续，逾期未办理，后果自负。之后，孙贤锋向江苏省灌南县劳动人事争议仲裁委员会申请仲裁，仲裁裁决后孙贤锋不服，遂诉至法院，要求西区公司支付违法解除劳动合同赔偿金共计 68 500 元。

西区公司在案件审理过程中提出，孙贤锋在职期间存在未按规定着工作服、代人打卡、谩骂主管以及未按照公司规章制度及时上交营业款项等违纪行为，严重违反用人单位规章制度；自 2017 年 10 月 20 日起，孙贤锋在未履行请假手续且未经批准的情况下无故旷工多日，依法自 2017 年 10 月 20 日起与孙贤锋解除劳动关系，符合法律规定。

江苏省灌南县人民法院于 2018 年 11 月 15 日作出(2018)苏 0724 民初 2732 号民事判决：一、被告西区公司于本判决发生法律效力之日起十日内支付原告孙贤锋经济赔偿金 18 989.46 元。二、驳回原告孙贤锋的其他诉讼请求。西区公司不服，提起上诉。江苏省连云港市中级人民法院于 2019 年 4 月 22 日作出(2019)苏 07 民终 658 号民事判决：驳回上诉，维持原判。

法院生效裁判认为，用人单位单方解除劳动合同是根据劳动者存在违法违纪、违反劳动合同的行为，对其合法性的评价也应以作出解除劳动合同决定时的事实、证据和相关法律规定为依据。用人单位向劳动者送达的解除劳动合同通知书，是用人单位向劳动者作出解除劳动合同的意思表示，对用人单位具有法律约束力。解除劳动合同通知书明确载明解除劳动合同的依据及事由，人民法院审理解除劳动合同纠纷案件时应以该决定作出时的事实、证据和法律为标准进行审查，不宜超出解除劳动合同通知书所载明的内容和范围。否则，将偏离劳资双方所争议的解除劳动合同行为的合法性审查内容，导致法院裁判与当事人诉讼请求以及争议焦点不一致；同时，也违背民事主体从事民事活动所应当秉持的诚实信用这一基本原则，造成劳资双方权益保障的失衡。

本案中，孙贤锋与西区公司签订的劳动合同系双方真实意思表示，合法有效。劳动合同附件《奖励与处罚管理规定》作为用人单位的管理规章制度，是不违反法律、行政法规的强制性规定，合法有效，对双方当事人均具有约束力。根据《奖励与处罚管理规定》，员工连续旷工 3 天(含)以上的，公司有权对其处以第五类处罚责任，即解除合同、永不录用。西区公司向孙贤锋送达的解除劳动合同通知书明确载明解除劳动合同的事由为孙贤锋无故旷工达 3 天以上，孙贤锋诉请法院审查的内容也是西区公司以其无故旷工达 3 天以上而解除劳动合同行为的合法性，故法院对西区公司解除劳动合同的合法性审查也应以解除劳动合同通知书载明的内容为限，而不能超越该诉争范围。虽然西区公司在庭审中另提出孙贤锋在工作期间存在不及时上交营业款、未穿工服、代他人刷考勤卡、在单位公共平台留言辱骂公司主管等其他违纪行为，也是严重违反用人单位规章制度的，公司仍有权解除劳动合同，但是根据在案证据及西区公司的陈述，西区公司在已知孙贤锋存在上述行为的情况下，没有提出解除劳动合同，而是主动提出重新安排孙贤锋从事其他工作，在向孙贤锋出具解除劳动合同通知书时也没有将上述行为作为解除劳动合同的理由。对于西区公司在诉讼期间提出的上述主张，法院不予支持。

　　西区公司以孙贤锋无故旷工达 3 天以上为由解除劳动合同，应对孙贤锋无故旷工达 3 天以上的事实承担举证证明责任。但西区公司仅提供了本单位出具的员工考勤表为证，该考勤表未经孙贤锋签字确认，孙贤锋对此亦不予认可，认为是单位领导安排停工并提供刷卡失败视频为证。因孙贤锋在工作期间被安排停工，西区公司之后是否通知孙贤锋到公司报到、如何通知、通知时间等事实，西区公司均没有提供证据加以证明，故孙贤锋无故旷工 3 天以上的事实不清，西区公司应对此承担举证不能的不利后果，其以孙贤锋旷工违反公司规章制度为由解除劳动合同，缺少事实依据，属于违法解除劳动合同。

　　　　资料来源：最高人民法院指导案例 180 号 https://www.court.gov.cn/shenpan/xiangqing/364641.html

　　劳动合同的解除分为协商解除和法定解除两种。协商解除是最普遍的解除劳动关系的方法，是用人单位与劳动者在平等自愿基础上，协商一致，提前终止劳动合同效力的法律行为。法定解除是指出现国家法律、法规或合同规定的可以解除劳动合同的情况时，不需双方当事人一致同意，合同效力可以自然或单方提前终止。法定解除根据其主体不同，又可以分为劳动者单方解除和用人单位单方解除两种情况。劳动合同的解除，只对未履行的部分发生效力，不涉及已履行的部分。根据我国法律规定，劳动合同既可以由双方协商解除，也可以由单方依法解除。

一、双方协商一致解除劳动合同

　　《劳动合同法》第三十六条规定："用人单位与劳动者协商一致，可以解除劳动合同。"该条款就劳动合同双方当事人达成合意解除劳动合同的条件进行了明确的阐述。为了保障用人单位的用人自主权和劳动者的自由择业权，劳动合同既可以双方当事人通过合意订立、变更，也可以通过合意提前终止。协商解除是劳动合同自由原则的体现，因此其基本原则为平等自愿，协商一致，一方不得有利诱、胁迫另一方的违法行为。

　　协商解除作为柔性化的解除方式，其适用范围和适用对象均较为广泛。首先，协商解除适用于任何形式的劳动合同，固定期限、无固定期限、以完成一定任务为期限的合同均适用。其次，协商解除也适用于任何劳动者，即使是基于特殊保护的劳动者也同样适用，如"三期"内的女职工，法律给予了特殊保护，规定如果她们没有过错，用人单位不得单方解除劳动合同。这种保护权局限于用人单位不得单方解除，双方协商不在此列。最后，协商解除劳动合同，既能保全员工的面子，又能使员工离职不对企业产生不良影响。在实践中，通常采用协商解除劳动合同的员工可以分为以下几类：一是身居要职但不能适应公司要求的员工，公司要求其离开，但又不愿意也不适合采取激烈方式；二是掌握公司重要客户、机密但不能适应公司发展的员工，公司需要其离开，但又担心其离职后对公司不利；三是"老黄牛"式的员工，因其工作勤恳，工作年限又比较长，人缘比较好，但其能力或其他方面不能适应公司新的需要，公司希望其离开，同时又要顾及本人和其他员工的情绪。

　　协商解除劳动合同的关键点在于是哪一方提出解除劳动合同的动议，根据两种不同情况，其法律后果是不一样的。如果是劳动者首先提出解除劳动合同的动议，并与用人单位协商一致解除劳动合同的，法律没有规定用人单位有支付经济补偿的义务。但如果是用人单位首先提出解除合同的动议，并与劳动者协商一致解除劳动合同，用人单位应当向劳动者支付经济补偿。因此，通过协商解除劳动合同时，当事人要做好证据收集工作，以此来证明用人单位是否应承担向劳动者支付经济补偿的义务。

总而言之，协商一致解除劳动合同是一种柔性化的解除方式，适用范围广，法律强制性要求小，风险小，成本低。在实践中，须以事实为基础，严格遵循程序，讲究适当的技巧和要领，和谐平稳地完成劳动关系解除。

二、劳动者单方解除劳动合同的法定情形

劳动者单方解除劳动合同是指劳动合同依法订立后，尚未全部履行以前，因当事人双方主客观情况的变化或某种法定事由的出现，由劳动者一方提前终止劳动合同的行为。所谓单方解除权，是指当事人依法享有的、无需对方当事人同意而单方决定解除劳动合同的权力。

我国《劳动合同法》第三十七条、第三十八条对劳动者单方解除劳动合同做了详细的规定，劳动者如要解除劳动合同，除通过与用人单位协商一致后解除和依法行使即时解除权以及第三十八条最后一款无需通知用人单位直接解除合同外，只要提前30日以书面形式通知用人单位，即可单方解除劳动合同。劳动者行使一般解除权，单方解除劳动合同无需其他任何实质条件，但必须提前30日以书面形式通知用人单位，以使用人单位进行必要的准备，避免影响其生产和经营。劳动者的辞职权，亦即劳动者自主选择职业权利的一项具体化权利，是《劳动合同法》规定的劳动者的一项基本权利。《劳动合同法》第三十七条规定是对劳动者自主选择职业权利的肯定和具体化。此规定为劳动者行使自主选择的权利提供了法律依据。

《实施条例》第十八条规定了劳动者单方解除劳动合同的13种情形，具体包括："有下列情形之一的，依照劳动合同法规定的条件、程序，劳动者可以与用人单位解除固定期限劳动合同、无固定期限劳动合同或者以完成一定工作任务为期限的劳动合同：(一) 劳动者与用人单位协商一致的；(二) 劳动者提前30日以书面形式通知用人单位的；(三) 劳动者在试用期内提前3日通知用人单位的；(四) 用人单位未按照劳动合同约定提供劳动保护或者劳动条件的；(五) 用人单位未及时足额支付劳动报酬的；(六) 用人单位未依法为劳动者缴纳社会保险费的；(七) 用人单位的规章制度违反法律、法规的规定，损害劳动者权益的；(八) 用人单位以欺诈、胁迫的手段或者乘人之危，使劳动者在违背真实意思的情况下订立或者变更劳动合同的；(九) 用人单位在劳动合同中免除自己的法定责任、排除劳动者权利的；(十) 用人单位违反法律、行政法规强制性规定的；(十一) 用人单位以暴力、威胁或者非法限制人身自由的手段强迫劳动者劳动的；(十二) 用人单位违章指挥、强令冒险作业危及劳动者人身安全的；(十三) 法律、行政法规规定劳动者可以解除劳动合同的其他情形。"《实施条例》的规定本身并没有超出《劳动合同法》规定的范畴，只是对原有条文规定进行了梳理，明确了劳动者可以依法解除各类劳动合同。

(一) 劳动者提前通知解除劳动合同

《劳动合同法》第三十七条规定："劳动者提前三十日以书面形式通知用人单位，可以解除劳动合同。劳动者在试用期内提前三日通知用人单位，可以解除劳动合同。"这是我

国法律对劳动者预告解除劳动合同的规定，目的在于维护劳动者的自主择业权。

在劳动合同履行过程中，劳动者既在用人单位提供的劳动场所内，又在用人单位的管理下从事工作。相比于用人单位的经济地位和掌握的资源，劳动者在劳动关系中处于弱势地位。从保护劳动者合法权益的目的出发，劳动者自然而然地获得了广泛的单方解除劳动合同的权利。这样做的目的是劳动者能够根据自身情况来选择合适自己的职业，更有利于劳动者发挥自己的潜能，从而使我国的劳动力资源得到合理的配置。但是劳动者行使自己的权利并不是不受任何约束的，而会受到法律程序严格约束，主要表现在以下两个方面：第一，劳动者应遵守解除预告期。为劳动合同解除设置一个法定预告期是国际劳动立法的通行做法。劳动者要想解除合同，就必须遵守法律的规定，如此才能享受合法的预告解除权。也就是说，劳动者要认识到只有在预告解除劳动合同三十天前通知用人单位才能有效，也即劳动者在书面通知用人单位后还应当至少工作三十天。这样做的目的是平衡劳动合同双方当事人之间的利益，便于用人单位能够及时寻找其他工作人员完成其工作，为的是不影响用人单位的生产经营活动。第二，劳动者应采用书面形式告知用人单位。书面形式比口头形式更容易保留相关证据，以免日后就预告期的起算时间以及劳动者的劳动报酬等问题发生纠纷。

在试用期内，劳动者与用人单位都处于一个被试用的阶段。用人单位综合考量、观察被试用劳动者的工作能力，确定其是否符合招聘的要求；劳动者对用人单位的情况进行考察，确定其提供的劳动条件、报酬是否符合劳动合同的约定。由此看出，在试用期内用人单位与劳动者之间的劳动关系具有不确定性。双方当事人在互相考察的过程中都拥有互相选择的权利。在试用期内，劳动者对用人单位情况不满意，或者发现其不适合这项工作，抑或发生其他情况致使劳动者不能履行劳动合同，那么劳动者只需提前三天通知用人单位即可解除劳动合同，无须说明理由。

(二) 用人单位违法，劳动者解除劳动合同

《劳动合同法》第三十八条规定："用人单位有下列情形之一的，劳动者可以解除劳动合同：（一）未按照劳动合同约定提供劳动保护或者劳动条件的；（二）未及时足额支付劳动报酬的；（三）未依法为劳动者缴纳社会保险费的；（四）用人单位的规章制度违反法律、法规的规定，损害劳动者权益的；（五）因本法第二十六条第一款规定的情形致使劳动合同无效的；（六）法律、行政法规规定劳动者可以解除劳动合同的其他情形。用人单位以暴力、威胁或者非法限制人身自由的手段强迫劳动者劳动的，或者用人单位违章指挥、强令冒险作业危及劳动者人身安全的，劳动者可以立即解除劳动合同，不须事先告知用人单位。"这些情形下解除劳动合同，劳动者只需要通知用人单位即可，无须征得用人单位同意，用人单位还要依法向劳动者支付经济补偿。《劳动合同法》第三十八条规定的即时辞职，也被称为"被迫辞职""推定解雇"。推定解雇是指雇主的行为构成对合同义务的根本性违反，使得事实上雇员无法按照约定继续履行合同而提出辞职，用人单位实质上侵害了劳动者的合法权益，致使劳动者对劳动关系的存续丧失了信任基础。劳动者行使即时辞职权的实质是因为用人单位的变相解雇。《劳动法合同》将这种实质性侵害的情形扩展到"6+1"种。

(1) 未按照劳动合同约定提供劳动保护或者劳动条件。得到劳动保护是劳动者最基本

的要求之一，也是劳动者最基本的权利。劳动者只有在得到劳动保护的条件下，才能安心工作，完成用人单位交付的任务，所以得到劳动保护是劳动合同的应有之义。劳动保护、劳动条件和职业危害防护是劳动合同的必备条款，因此，提供劳动保护和必要的劳动条件属于法律对用人单位所做的硬性要求。如果劳动合同缺乏劳动安全和劳动保护条款，履行中双方也无法达成一致的，可以参照同单位相同岗位的情况。劳动安全和劳动条件一方面是对劳动者健康权的保护，另一方面是用人单位对劳动者劳动力给付义务提供的辅助义务，即便未规定在劳动合同中也应当对其进行严格的限定。《劳动合同法》第十八条规定，劳动合同对劳动报酬和劳动条件等标准约定不明确，引发争议的，用人单位与劳动者可以重新协商；协商不成的，适用集体合同规定；没有集体合同或者集体合同未规定劳动条件等标准的，适用国家有关规定。

（2）未及时足额支付劳动报酬。劳动者提供劳动的根本目的在于获得劳动报酬，获得可由个人自由支配的薪酬是劳动者履行劳动合同约定的义务所应当享受的权利。我国法律明确禁止用人单位故意拖欠劳动者工资，确保及时足额支付劳动报酬是用人单位的法定义务，也是劳动合同必备条款之一。用人单位不及时支付劳动报酬的行为既违反了法律规定，又违背了劳动合同的约定，是应该受到法律严厉制裁的。如果发生了用人单位未按时发放工资的情况，劳动者的合法权益没有被妥善保护，此时劳动者是可以单方面解除劳动关系的。

（3）未依法为劳动者缴纳社会保险费。《中华人民共和国社会保险法》的制定是为了规范社会保险关系，维护公民参加社会保险和享受社会保险待遇的合法权益，使公民共享发展成果，促进社会和谐稳定。国家建立基本养老保险、基本医疗保险、工伤保险、失业保险、生育保险等社会保险制度，保障公民在年老、疾病、工伤、失业、生育等情况下依法从国家和社会获得物质帮助的权利。在我国，用人单位有义务为劳动者缴纳社会保险费。我国的社会保险制度具有非常明显的强制性，用人单位必须履行为其工作的劳动者缴纳社会保险费的义务，否则就是违法。一旦发生用人单位规避为劳动者依法缴纳社保的情况，就属于违法行为，将会给劳动者合法权益造成极大的侵害，是明显违背法律的规定和劳动合同约定的，因此劳动者享有解除与用人单位之劳动合同的权利。

（4）用人单位的规章制度违反法律、法规的规定，损害劳动者权益。用人单位的规章制度涉及的内容十分广泛，对劳动者劳动过程中的所有情况均可进行规定。鉴于规章制度内容的广泛性，为了限制用人单位规章制度对内容规定的肆意性，保障劳动者合法权益，我国立法对规章制度的设立流程进行了规定。用人单位在制定切实关系劳动者利益的内容时，应当经职工代表大会或者全体职工讨论，提出方案和意见，与工会或者职工代表平等协商确定规章制度内容。未履行上述程序的规章制度对劳动者没有约束力。此外，《国务院关于职工工作时间的规定》《职工带薪年休假条例》《社会保险法》《工伤保险条例》《企业职工患病或非因工负伤医疗期规定》等法律文件对劳动者在劳动关系中应当享有的"工作权""休息权""劳动报酬给付请求权""劳动安全权"等内容进行了法定化。规章制度中的这些内容一旦与立法内容相违背，就违反了"合法性"的要求。

（5）因本法第二十六条第一款规定的情形致使劳动合同无效。《劳动合同法》第二十六条第一款规定："下列劳动合同无效或者部分无效：（一）以欺诈、胁迫的手段或者乘人之危，使对方在违背真实意思的情况下订立或者变更劳动合同的；（二）用人单位免除自己的法定责任、排除劳动者权利的；(三) 违反法律、行政法规强制性规定的。"用人单位在订立劳动合同时，如果不真实地说明实际情况，不与劳动者平等自愿、协商一致，或者合同约定的条款免除了自己的法定责任等，则在劳动过程中会产生很多矛盾与冲突。例如，用人单位以虚假招聘广告欺诈劳动者与其签订劳动合同，用人单位与劳动者约定"劳动者出现工伤工亡一概与本单位无关"，约定"加班时自愿放弃加班费"等行为，都是侵害劳动者权益的行为，劳动者可以通知单位后解除劳动合同。

(6) 法律、行政法规规定的其他情形。可以看出此项规定是一个兜底的条款，以备出现劳动者无法运用即时解除权解除劳动合同的情形发生，也为以后的立法工作保留空间。

(7) 非常情况下，劳动者可以立即解除劳动合同，无须提前通知，如强迫劳动或者违章指挥、强令冒险作业等。劳动者在劳动关系中交付出的劳动力与身体有不可分割性，因此用人单位必须在尊重劳动者劳动自由的前提下保障劳动者的劳动安全。用人单位如果罔顾劳动者的人身自由和劳动意愿，强迫劳动者进行劳动，必然导致劳资双方信任基础瓦解，此时应当赋予劳动者即时辞职的权利。

用人单位若违反第三十八条第一款的六种情况，劳动者可以随时通知用人单位解除劳动合同；而违反第二款的情形，劳动者可以立即辞职无须通知单位。"随时通知"包括事前通知和事后通知，而"无须通知"在实践中也只是指无须事前通知。因为劳动合同解除后，劳动者还需要用人单位协助办理解除手续、社保手续等，劳动者也会向用人单位主张经济补偿，所以不通知用人单位是不可能的。

三、用人单位单方解除劳动合同的法定情形

解雇是指用人单位在劳动合同履行过程中，在劳动合同约定或法定的终止期限到来之前单方面解除劳动关系的意思表示。《劳动合同法》第三十九条至四十一条对用人单位解除劳动合同的权利进行了规定。《实施条例》第十九条规定："有下列情形之一的，依照劳动合同法规定的条件、程序，用人单位可以与劳动者解除固定期限劳动合同、无固定期限劳动合同或者以完成一定工作任务为期限的劳动合同：(一) 用人单位与劳动者协商一致的；(二) 劳动者在试用期间被证明不符合录用条件的；(三) 劳动者严重违反用人单位的规章制度的；(四) 劳动者严重失职，营私舞弊，给用人单位造成重大损害的；(五) 劳动者同时与其他用人单位建立劳动关系，对完成本单位的工作任务造成严重影响，或者经用人单位提出，拒不改正的；(六) 劳动者以欺诈、胁迫的手段或者乘人之危，使用人单位在违背真实意思的情况下订立或者变更劳动合同的；(七) 劳动者被依法追究刑事责任的；(八) 劳动者患病或者非因工负伤，在规定的医疗期满后不能从事原工作，也不能从事由用人单位另行安排的工作的；(九) 劳动者不能胜任工作，经过培训或者调整工作岗位，仍不能胜任工作的；(十) 劳动合同订立时所依据的客观情况发生重大变化，致使劳动合同无法履行，经用人单位与劳动者协商，未能就变更劳动合同内容达成协议的；(十一) 用人单位依照企业破产法规定进行重整的；(十二) 用人单位生产经营发生严重困难的；(十三) 企业转产、重大技术革新或者经营方式调整，经变更劳动合同后，仍需裁减人员的；(十四) 其他因劳动合同订立时所依据的客观经济情况发生重大变化，致使劳动合同无法履行的。"《实施条例》的规定并没有超出《劳动合同法》规定的范畴，只是对原有条文的一种梳理。除了协商一

致解除劳动合同外，用人单位单方解除劳动合同可以分为以下三种情况：劳动者有重大过失，用人单位解除劳动合同；劳动者无过失，用人单位提前 30 天通知解除劳动合同；经济性裁员。

（一）劳动者有重大过错，用人单位解除劳动合同

依据《劳动合同法》第三十九条，劳动者有下列情形之一的，用人单位可以解除劳动合同：（一）在试用期间被证明不符合录用条件的；（二）严重违反用人单位的规章制度的；（三）严重失职，营私舞弊，给用人单位的利益造成重大损害的；（四）劳动者同时与其他用人单位建立劳动关系，对完成本单位的工作任务造成严重影响，或者经用人单位提出，拒不改正的；（五）因本法第二十六条第一项规定的情形致使劳动合同无效的；（六）被依法追究刑事责任的。这是关于因劳动者的过失而使用人单位单方解除劳动合同的规定。《劳动合同法》在赋予劳动者单方解除权的同时，也赋予用人单位对劳动合同的单方解除权，以保障用人单位的用工自主权，但为了防止用人单位滥用解除权，随意与劳动者解除劳动合同，立法上严格限定企业与劳动者解除劳动合同的条件，保护劳动者的劳动权。

（1）试用期间被证明不符合录用条件。适用此项条款首先要注意四点：

① 要求用人单位所规定的试用期符合法律规定。《劳动合同法》第十九条规定："劳动合同期限三个月以上不满一年的，试用期不得超过一个月；劳动合同期限一年以上三年以下的，试用期不得超过两个月；三年以上固定期限和无固定期限的劳动合同试用期不得超过六个月。"用人单位只能在此范围内约定试用期。

② 是否在试用期间。试用期间的确定应当以劳动合同的约定为准；若劳动合同约定的试用期超出法定最长时间，则以法定最长时间为准；若试用期满后仍未办理劳动者转正手续，则不能认为还处在试用期间，用人单位不能以试用期不符合录用条件为由与其解除劳动合同。

③ 是否合格的认定。劳动者不符合录用条件，是用人单位在试用期间，单方与劳动者解除劳动合同的前提条件。如果没有这个前提条件，用人单位无权在试用期内单方解除劳动合同。一般情况下应当以法定的最低就业年龄等基本录用条件和招用时规定的文化、技术、身体、品质等条件为准，在具体录用条件不明确时，还应以是否胜任商定的工作为准。不合格，既包括完全不具备录用条件，也包括部分不具备录用条件。

④ 对于劳动者在试用期间不符合录用条件的，用人单位必须提供有效的证明。如果用人单位没有证据证明劳动者在试用期间不符合录用条件，用人单位就不能解除劳动合同，否则，需承担因违法解除劳动合同所带来的一切法律后果。所谓证据，实践中主要看两方面：一是用人单位对某一岗位的工作职能及要求有没有作出描述；二是用人单位对员工在试用期内的表现有没有客观的记录和评价。

（2）严重违反用人单位的规章制度。是否违纪，应当以劳动者本人有义务遵循的劳动纪律及用人单位规章制度为准，其范围既包括全体劳动者都有义务遵循的，也包括劳动者本人依其职务、岗位有义务遵循的。违纪是否严重，一般应当以劳动法规所规定的限度和用人单位内部劳动规则依此限度所规定的具体界限为准。适用这一项要符合以下三个条件：

① 规章制度的内容必须符合法律法规的规定，制定程序合法。《劳动合同法》第四条规定："用人单位应当依法建立和完善劳动规章制度，保障劳动者享有劳动权利、履行劳动

义务。用人单位在制定、修改或者决定有关劳动报酬、工作时间、休息休假、劳动安全卫生、保险福利、职工培训、劳动纪律以及劳动定额管理等直接涉及劳动者切身利益的规章制度或者重大事项时，应当经职工代表大会或者全体职工讨论，提出方案和意见，与工会或者职工代表平等协商确定。在规章制度和重大事项决定实施过程中，工会或者职工认为不适当的，有权向用人单位提出，通过协商予以修改完善。用人单位应当将直接涉及劳动者切身利益的规章制度和重大事项决定公示，或者告知劳动者。"《最高人民法院关于审理劳动争议案件适用法律问题的解释(一)》第五十条规定："用人单位根据劳动合同法第四条规定，通过民主程序制定的规章制度，不违反国家法律、行政法规及政策规定，并已向劳动者公示的，可以作为确定双方权利义务的依据。用人单位制定的内部规章制度与集体合同或者劳动合同约定的内容不一致，劳动者请求优先适用合同约定的，人民法院应予支持。"

② 劳动者的行为客观存在，并且"严重"违反用人单位的规章制度。何为"严重"，一般应根据劳动法规所规定的限度和用人单位内部的规章制度依此限度所规定的具体界限为准。如违反操作规程，损坏生产、经营设备造成经济损失的，不服从用人单位正常工作调动，不服从用人单位的劳动人事管理，无理取闹，打架斗殴，散布谣言损害企业声誉等，给用人单位的正常生产经营秩序和管理秩序带来损害。

③ 用人单位对劳动者的处理是按照本单位规章制度规定的程序办理的，并符合相关法律法规规定。

(3) 严重失职，营私舞弊，给用人单位的利益造成重大损害。劳动者在履行劳动合同期间，没有按照岗位职责履行自己的义务，违反其忠于职守、维护和增进用人单位利益的义务，有未尽职责的严重过失行为或者利用职务之便谋取私利的故意行为，使用人单位有形财产、无形财产遭受重大损害，但不够刑罚处罚的程度。例如，因粗心大意、玩忽职守而造成事故；因工作不负责而经常产生废品、损坏工具设备、浪费原材料或能源，贪污受贿，挪用资金，侵占公司财产，泄露或出卖商业秘密等。在上述情况下，用人单位可以与其解除劳动合同。重大损害的定义由用人单位的规章制度来规定。

(4) 劳动者同时与其他用人单位建立劳动关系，对完成本单位的工作任务造成严重影响，或者经用人单位提出，拒不改正。符合下列情形之一的，用人单位可以单方面解除劳动合同：

① 劳动者同时与其他用人单位建立劳动关系，对完成本单位的工作任务造成严重影响的。

② 劳动者同时与其他用人单位建立劳动关系，经用人单位提出，拒不改正的。

需要注意的是，必须是给用人单位造成"严重"影响的，如果影响轻微，用人单位不能以此为由与劳动者解除合同。劳动者同时与其他用人单位建立劳动关系，即通常所说的"兼职"。我国有关法律、法规虽然没有对"兼职"做禁止性的规定，但作为劳动者而言，完成本职工作是其应尽的义务。从事兼职工作，在时间上、精力上必然会影响到本职工作。作为用人单位来讲，对一个不能全心全意为本单位工作，并严重影响到工作任务完成的人员，有权与其解除劳动合同。

(5) 因《劳动合同法》第二十六条第一款第一项规定的情形致使劳动合同无效。《劳动合同法》第二十六条第一项规定："以欺诈、胁迫的手段或者乘人之危，使对方在违背其真实意思的情况下订立或者变更的劳动合同"属于无效或部分无效劳动合同。所谓"欺诈"，是指一方当事人故意告知对方当事人虚假的情况，或者故意隐瞒真实的情况，诱使对方当事人作出错误意思表示，并基于这种错误的认识而签订了劳动合同。"胁迫"是指以给公民及其亲友的生命健康、荣誉、名誉、财产等造成损害为要挟，迫使对方作出违背真实的意思表示的行为，并签订了劳动合同。"乘人之危"是指行为人利用他人的危难处境或紧迫需要，为牟取不正当利益，迫使对方违背自己的真实意愿而订立的合同。《劳动合同法》第三条规定："订立劳动合同，应当遵循合法、公平、平等自愿、协商一致、诚实信用的原则。"任何一方利用任何一种行为手段而使对方在违背真实意思的情况下订立或者变更劳动合同，均违反了意思自治的基本原则，是被法律所禁止的，因此自然允许利益受损者解除当事人之间的合同关系。

(6) 被依法追究刑事责任。被依法追究刑事责任，是指被人民检察院免予起诉的、被人民法院判处刑罚的、被人民法院依据刑法第三十二条免予刑事处分的。劳动者被人民法院判处拘役、三年以下有期徒刑缓刑的，用人单位可以解除劳动合同。

用人单位在上述情形下有权解除劳动合同，应特别注意：

(1) 确实掌握相关证据。对于过失性解除，法律设定了严格的条件，企业行使该权利前应当根据所掌握的证据进行评估。有证据证明员工有过失性行为，符合法定解除条件的，才可以解除合同。

(2) 严格履行法律程序。企业行使过失性解除合同权利，应依法征求工会意见，将解除劳动合同通知书文本交由员工签收。解除通知是企业用于解除或终止与员工的劳动合同的法律文本，可以用于判断双方劳动关系的解除时间。

(二) 劳动者无过失，用人单位可以解除劳动合同

用人单位因非过失性原因而单方解除劳动合同亦称为预告辞退，即用人单位须向对方预告后才能解除合同。其法定许可性条件一般限于劳动者在无过错的情况下由于主客观情况的变化而导致劳动合同无法履行的情形。《劳动合同法》第四十条规定："有下列情形之一的，用人单位提前三十日以书面形式通知劳动者本人或者额外支付劳动者一个月工资后，可以解除劳动合同：(一) 劳动者患病或者非因工负伤，在规定的医疗期满后不能从事原工作，也不能从事由用人单位另行安排的工作的；(二) 劳动者不能胜任工作，经过培训或者调整工作岗位，仍不能胜任工作的；(三) 劳动合同订立时所依据的客观情况发生重大变化，致使劳动合同无法履行，经用人单位与劳动者协商，未能就变更劳动合同内容达成协议的。"该规定为一般性解雇、无过错解雇，即在劳动者不存在过错情形下，用人单位经履行法定程序后解雇劳动者。应注意两点：① 预告解雇的前置程序是先行作出相应调整，即劳动者调岗或者变更劳动合同的其他内容。② 用人单位需提前 30 天书面通知劳动者，也可以以额外支付劳动者一个月工资(代通知金)来替代这个预告程序。

(1) 劳动者患病或者非因工负伤，在规定的医疗期满后不能从事原工作，也不能从事由用人单位另行安排的工作。医疗期是指企业职工因患病或非因工负伤停止工作治病休息不得解除劳动合同的时限。依据《企业职工患病或非因工负伤医疗期规定》，企业职工因患病或非因工负伤，需要停止工作进行医疗时，根据本人实际参加工作年限和在本单位工作年限，给予三个月到二十四个月的医疗期：(一) 实际工作年限十年以下的，在本单位工作年限五年以下的为三个月；五年以上的为六个月。(二) 实际工作年限十年以上的，在本单

位工作年限五年以下的为六个月；五年以上十年以下的为九个月；十年以上十五年以下的为十二个月；十五年以上二十年以下的为十八个月；二十年以上的为二十四个月。医疗期三个月的按六个月内累计病休时间计算；六个月的按十二个月内累计病休时间计算；九个月的按十五个月内累计病休时间计算；十二个月的按十八个月内累计病休时间计算；十八个月的按二十四个月内累计病休时间计算；二十四个月的按三十个月内累计病休时间计算。在劳动者医疗期满不能从事原工作的情况下，用人单位享有单方变更劳动者工作岗位的权利。如果劳动者不愿意从事新的工作，或者劳动者不能从事新岗位工作的，用人单位可以行使预告解雇权。

实践中，劳动者患病或非因工负伤医疗期满后解除合同在操作上应当注意以下几点：

① 解除患病或者非因工负伤劳动者劳动合同应该等到医疗期满之后。在医疗期满后，用人单位对不能从事原工作岗位的职工应当对其调换岗位，并在平等自愿、协商一致的基础上与劳动者商议劳动合同内容的变更，之后还要协助劳动者适应岗位。如果用人单位尽了这些义务，劳动者仍然不能工作，用人单位才可以在提前 30 日书面通知的前提下，解除与该劳动者的劳动合同。

② 劳动者非因工致残和经医生或医疗机构认定患有难以治疗的疾病，医疗期满，应当由劳动鉴定委员会参照工伤与职业病致残程度鉴定标准进行劳动能力的鉴定。被鉴定为一至四级的，应当退出劳动岗位，解除劳动关系，并办理退休、退职手续，享受退休、退职待遇。

③ 用人单位应当提前 30 日以书面形式通知劳动者本人，如有特殊原因不能提前通知的，应当额外支付劳动者一个月工资后，才可以解除劳动合同。

④ 用人单位应当依法向劳动者支付经济补偿。

(2) 劳动者不能胜任工作，经过培训或者调整工作岗位，仍不能胜任工作。"不能胜任工作"，是指不能按要求完成劳动合同中约定的任务或者同工种、同岗位人员的工作量。用人单位不得故意提高定额标准，使劳动者无法完成。劳动者在试用期满后不能胜任劳动合同所约定的工作，用人单位应对其进行培训或者为其调整工作岗位。如果劳动者经过一定期间的培训仍不能胜任原约定的工作，或者对重新安排的工作也不能胜任，就意味着劳动者缺乏履行劳动合同的劳动能力，用人单位可以预告辞退，同时依法向劳动者支付经济补偿。

在实践中，因劳动者不能胜任工作而解除劳动合同的情况很多，用人单位应当依法办事，不能随意调动劳动者工作岗位或提高工作强度，借口劳动者不能胜任工作而解除劳动合同。这样做既侵犯了劳动者的合法权益，用人单位还可能因此担负法律风险，是得不偿失的做法。

❖ 案例

中兴通讯(杭州)有限责任公司诉王鹏劳动合同纠纷案

2005 年 7 月，被告王鹏进入原告中兴通讯(杭州)有限责任公司(以下简称中兴通讯)工作，劳动合同约定王鹏从事销售工作，基本工资每月 3840 元。该公司的《员工绩效管理办法》规定：员工半年、年度绩效考核分别为 S、A、C1、C2 四个等级，分别代表优秀、良好、价值观不符、业绩待改进；S、A、C(C1、C2)等级的比例分别为 20%、70%、10%；

若不胜任工作，原则上考核为 C2。王鹏原在该公司分销科从事销售工作，2009 年 1 月后因分销科解散等原因，转岗至华东区从事销售工作。2008 年下半年、2009 年上半年及 2010 年下半年，王鹏的考核结果均为 C2。中兴通讯认为，王鹏不能胜任工作，经转岗后，仍不能胜任工作，故在支付了部分经济补偿金的情况下解除了劳动合同。

2011 年 7 月 27 日，王鹏提起劳动仲裁。同年 10 月 8 日，仲裁委作出裁决：中兴通讯支付王鹏违法解除劳动合同的赔偿金余额 36 596.28 元。中兴通讯认为其不存在违法解除劳动合同的行为，故于同年 11 月 1 日诉至法院，请求判令不予支付解除劳动合同赔偿金余额。

浙江省杭州市滨江区人民法院于 2011 年 12 月 6 日作出(2011)杭滨民初字第 885 号民事判决：原告中兴通讯(杭州)有限责任公司于本判决生效之日起十五日内一次性支付被告王鹏违法解除劳动合同的赔偿金余额 36 596.28 元。宣判后，双方均未上诉，判决已发生法律效力。

为了保护劳动者的合法权益，构建和发展和谐稳定的劳动关系，《劳动法》《劳动合同法》对用人单位单方解除劳动合同的条件进行了明确限定。原告中兴通讯以被告王鹏不胜任工作，经转岗后仍不胜任工作为由，解除劳动合同，对此应负举证责任。根据《员工绩效管理办法》的规定，"C(C1、C2)考核等级的比例为 10%"，虽然王鹏曾经考核结果为 C2，但是 C2 等级并不完全等同于"不能胜任工作"，中兴通讯仅凭该限定考核等级比例的考核结果，不能证明劳动者不能胜任工作，不符合据此单方解除劳动合同的法定条件。虽然 2009 年 1 月王鹏从分销科转岗，但是转岗前后均从事销售工作，并存在分销科解散导致王鹏转岗这一根本原因，故不能证明王鹏系因不能胜任工作而转岗。因此，中兴通讯主张王鹏不胜任工作，经转岗后仍然不胜任工作的依据不足，存在违法解除劳动合同的情形，应当依法向王鹏支付经济补偿标准二倍的赔偿金。

　　　　资料来源：最高人民法院指导案例 18 号 https://www.court.gov.cn/fabu-xiangqing-6002.html

(3) 劳动合同订立时所依据的客观情况发生重大变化，致使劳动合同无法履行，经用人单位与劳动者协商，未能就变更劳动合同内容达成协议。客观情况，是指履行原劳动合同所必要的客观条件，如自然条件、原材料或能源供给条件、生产设备条件、产品销售条件、劳动安全卫生条件等。如果这类客观条件由于发生不可抗力或出现其他情况，而发生了足以使原劳动合同不能履行或不必要履行的变化，用人单位应当就劳动合同变更问题与此劳动者协商；如果劳动者不同意变更劳动合同，原劳动合同所确立的劳动关系就没有存续的必要。本项规定是情势变更原则在劳动合同中的体现。情势变更原则在劳动法的确立，目的在于追求劳动关系上的公平与正义。在劳动合同履行过程中，援引情势变更原则单方解除劳动合同应具备如下条件：有情势变更的客观事实发生；情势变更为不可归责于当事人的事由所致；情势变更未为当事人所预料，且不能为当事人所预料；情势变更发生在劳动合同生效之后，终止之前；情势导致劳动合同不能履行，或继续履行原劳动合同将显失公平；经劳动合同双方当事人协商，不能达成变更劳动合同的协议。具备上述条件时，用人单位可以单方解除劳动合同，除履行提前 30 日以书面形式预告通知劳动者本人的义务外，还应依法向劳动者支付经济补偿。

(三) 因经济性裁员而单方解除劳动合同

《劳动合同法》第四十一条规定："有下列情形之一，需要裁减人员二十人以上或者裁减不足二十人但占企业职工总数百分之十以上的，用人单位提前三十日向工会或者全体职工说明情况，听取工会或者职工的意见后，裁减人员方案经向劳动行政部门报告，可以裁减人员：（一）依照企业破产法规定进行重整的；（二）生产经营发生严重困难的；（三）企业转产、重大技术革新或者经营方式调整，经变更劳动合同后，仍需裁减人员的；（四）其他因劳动合同订立时所依据的客观经济情况发生重大变化，致使劳动合同无法履行的。裁减人员时，应当优先留用下列人员：（一）与本单位订立较长期限的固定期限劳动合同的；（二）与本单位订立无固定期限劳动合同的；（三）家庭无其他就业人员，有需要抚养的老人或者未成年人的。用人单位依照本条第一款规定裁减人员，在六个月内重新招用人员的，应当通知被裁减的人员，并在同等条件下优先招用被裁减的人员。"这一规定明确了经济性裁员的适用情形、人数限制和裁员程序。

1. 经济性裁员的适用情形

用人单位由于市场经济或企业自身经营的变化而出现劳动力过剩，依照法律规定一次辞退部分劳动者以缩减劳动者人数的行为，被称为经济性裁员。它是预告辞退和无过错辞退的一种特殊形式。经济性裁员是用人单位用人自主权的体现，但是大规模裁减人员，不但会损害劳动者的合法权益，对社会稳定也会带来不利的影响。因此，法律对企业经济性裁员既允许又从严限制。可以进行经济性裁员的事由包括以下情形：

（1）依照企业破产法规定进行重整的。需要注意的是，进行重整的原因是企业不能清偿到期债务，并且资产不足以清偿全部债务或者明显缺乏清偿能力，亦或者有明显丧失清偿能力可能的，而不是企业因为业务调整、组织架构调整等进行重整。

（2）生产经营发生严重困难的。何为生产经营发生严重困难，法律并没有给出统一的规定，各个地区的评判标准也有所差异，通常都会结合企业亏损情况、订单缩减幅度、企业员工情况等进行界定。

（3）企业转产、重大技术革新或者经营方式调整，经变更劳动合同后，仍需裁减人员的。无论是企业主动或被动转产、重大技术革新或者经营方式调整，本质上属于企业自主经营的范围，企业有自主决定的权利。要注意的是在裁减人员之前，要与员工进行协商变更劳动合同，对员工进行调岗或培训，以适应调整后的工作需要。如果未经过与员工协商变更岗位即进行裁员的，很可能被认定为违法解除。

（4）其他因劳动合同订立时所依据的客观经济情况发生重大变化，致使劳动合同无法履行的。

本规定与《劳动合同法》第四十条第三项客观情况发生重大变化的区分：其一，第四十条第三项主要是针对单个人员，没有达到裁员的人数标准。其二，第四十条第三项的流程是客观情况发生重大变化，致使劳动合同无法履行，用人单位要先与劳动者协商变更劳动合同内容，未能达成一致的，再解除劳动合同；而本规定的裁员流程，不需要事先与劳动者协商变更劳动合同内容，履行的是裁员的通知程序。其三，第四十条第三项的客观情况的范围更广，而本规定更加强调的是客观的经济情况发生重大变化。

2. 经济性裁员的程序

经济性裁员须按下列法律规定的程序进行：首先，用人单位在决定裁减人员时，应当提前30日向工会或全体职工说明情况，听取工会或者职工的意见。即用人单位在裁减人员时应先向工会和职工进行预先通知，并提供有关生产经营状况的资料，考虑工人和工会的意见。预先通知的目的在于让职工事先准备，在 30 日的期限内重新找工作，避免因裁员而失业。其次，提出裁减人员方案，内容包括：被裁减人员名单，裁减时间及实施步骤，符合法律、法规规定和集体合同约定的被裁减人员经济补偿办法。再次，将裁减人员方案征求工会或全体职工的意见，并对方案进行修改和完善。第四，向劳动行政部门报告裁减人员方案以及工会或者全体职工的意见，使劳动部门能够有时间对用人单位的裁减行为进行审查。如果发现不符合裁员条件或事先未向工会或职工进行通知，劳动部门可责令用人单位停止实施裁员行为并对其进行处罚。最后，用人单位正式公布裁减人员方案，与被裁减人员办理解除劳动合同手续，按照法律法规规定向被裁减人员本人支付经济补偿，并出具裁减人员证明书。

3. 经济性裁员的特殊保护

为了保护弱势群体的权益，《劳动合同法》还特别规定了优先保护和录用的范围。以下人员应当优先留用：

(1) 与本单位订立较长期限的固定期限劳动合同的；

(2) 与本单位订立无固定期限劳动合同的；

(3) 家庭无其他就业人员，有需要抚养的老人或者未成年人的。

为防止用人单位以经营状况严重困难为借口任意裁减职工，侵犯职工的合法权益，《劳动合同法》还规定用人单位自裁减人员之日起，6 个月内需要新招人员的，必须优先从本单位裁减的人员中录用，并向劳动行政部门报告录用人员的数量、时间、条件以及优先录用被裁减人员的情况。

用人单位有条件的，应为被裁减人员提供培训或就业帮助。对于被裁减而失业的人员，参加失业保险的，可到当地劳动就业服务机构登记领取失业救济金。

四、用人单位不得单方解除劳动合同的情形

在世界各国劳动立法中，解除劳动合同的禁止性条件，大多见于劳动法典、劳动合同法、劳动标准法、就业保障法、妇女保护法等法律法规，其适用范围，局限于劳动者无过错的情形。《劳动合同法》第四十二条规定，"劳动者有下列情形之一的，用人单位不得依照本法第四十条、第四十一条的规定解除劳动合同：(一) 从事接触职业病危害作业的劳动者未进行离岗前职业健康检查，或者疑似职业病病人在诊断或者医学观察期间的；(二) 在本单位患职业病或者因工负伤并被确认丧失或者部分丧失劳动能力的；(三) 患病或者非因工负伤，在规定的医疗期内的；(四) 女职工在孕期、产期、哺乳期的；(五) 在本单位连续工作满十五年，且距法定退休年龄不足五年的；(六) 法律、行政法规规定的其他情形。"具备这些禁止性条件时，用人单位不得依据非过错性原因或经济性原因而单方解除劳动合同。如果劳动者有过错性辞退的情形之一的，即使是具备禁止性条件的情形，用人单位也可以单方解除劳动合同。

(1) 从事接触职业病危害作业的劳动者未进行离岗前职业健康检查，或者疑似职业病病人在诊断或者医学观察期间。职业病危害，是指对从事职业活动的劳动者可能导致职业病的各种危害。职业病危害因素包括：职业活动中存在的各种有害的化学、物理、生物等

因素，以及在作业过程中产生的其他职业有害因素。《中华人民共和国职业病防治法》(以下简称《职业病防治法》)第三十五条第一款规定："对从事接触职业病危害的作业的劳动者，用人单位应当按照国务院安全生产监督管理部门卫生行政部门的规定，组织上岗前、在岗期间和离岗时的职业健康检查，并将检查结果书面告知劳动者，职业健康检查费由用人单位承担。"由此可见，对于从事接触职业病危害作业的劳动者，进行离岗前的职业健康检查，是用人单位的义务。此外，《职业病防治法》第五十五条第二款也规定："用人单位应当及时安排对疑似职业病病人进行诊断；在疑似职业病病人诊断或者医学观察期间，不得解除或者终止与其订立的劳动合同。"

(2) 在本单位患职业病或者因工负伤并被确认丧失或者部分丧失劳动能力。职业病和工伤都是由劳动过程中的职业危害因素所致，用人单位对劳动者由此而丧失或部分丧失劳动能力负有保障其生活和劳动权的义务，不得因此单方解除劳动合同。职业病，是指企业、事业单位和个体经济组织等用人单位的劳动者在职业活动中，因接触粉尘、放射性物质和其他有毒、有害因素而引起的疾病。因工负伤，顾名思义是因工作遭受事故伤害的情形。发生职业病或者因工负伤，用人单位作为用工组织者和直接受益者均应承担相应责任。尤其在发生职业病或者因工负伤造成劳动者丧失或者部分丧失劳动能力时，如果允许用人单位解除劳动合同，将会给劳动者的医疗、生活等带来困难，因此《劳动合同法》规定在本单位患职业病或者因工负伤并被确认丧失或者部分丧失劳动能力的，用人单位不得解除劳动合同。

职业病的认定，需要根据《职业病防治法》的有关规定，由专门医疗机构认定。《工伤保险条例》对工伤的情形作了列举，包括：在工作时间和工作场所内，因工作原因受到事故伤害的；工作时间前后在工作场所内，从事与工作有关的预备性或者收尾性工作受到事故伤害的；在工作时间和工作场所内，因履行工作职责受到暴力等意外伤害的；患职业病的；因工外出期间，由于工作原因受到伤害或者发生事故下落不明的；在上下班途中，受到非本人主要责任的交通事故或者城市轨道交通、客运轮渡、火车事故伤害的；法律、行政法规规定应当认定为工伤的其他情形。《工伤保险条例》还对视同为工伤的情形作了规定。

完全丧失劳动能力，是指因损伤或疾病造成人体组织器官缺失、严重缺损、畸形或严重损害，致使伤病的组织器官或生理功能完全丧失或存在严重功能障碍。大部分丧失劳动能力，是指因损伤或疾病造成人体组织器官大部分缺失、明显畸形或损害，致使受损组织器官功能中等度以上障碍。根据《劳动能力鉴定职工工伤与职业病致残等级》规定：评残标准分为10级，符合评残标准1级至4级为完全丧失劳动能力；5级至6级为大部分丧失劳动能力；7级至10级为部分丧失劳动能力。

(3) 患病或者非因工负伤，在规定的医疗期内。患病，是指患职业病以外的疾病。劳动者患病或非因工负伤，用人单位应当给予一定的医疗期以保证劳动者治病疗伤的需要，在此期限内劳动者身体状况尚未康复，用人单位负有保障其医疗和生活的义务。在医疗期内，即使出现特殊的经营困难，用人单位也不得解除劳动合同。

(4) 女职工在孕期、产期、哺乳期。作为禁止性条件，该规定旨在充分保护妇女和儿童的特殊权益。为了保护妇女的合法权益，为了保障妇女在人类再生产中不可避免或必需的条件，为了保护下一代的身心健康，即使具备了第四十条、第四十一条解除劳动合同的条件，用人单位也不得解除劳动合同。孕期是指怀孕期间，产期是指生育期间，哺乳期是指女职工哺乳其婴幼儿的时间。依据我国法律，孕期为 10 个月，产期和哺乳期共 12 个月。用人单位因女职工怀孕、生产、哺乳而不能行使无过错解雇权的时间为 22 个月。

(5) 在本单位连续工作满十五年，且距法定退休年龄不足五年。该规定体现了社会、用人单位对劳动者已经作出贡献的承认和回报，同时也降低了这些人员失业的可能性，有利于社会的稳定。劳动者在本单位连续工作满 15 年，说明劳动者为企业作出了较大贡献；距法定退休年龄不足 5 年，说明劳动者年龄较大，很难再找到新的工作。所以，法律规定，在本单位连续工作满 15 年，且距法定退休年龄不足 5 年的劳动者，即使具备了非过失性解除和经济性裁员的条件，用人单位也不得与其解除合同。

(6) 法律、行政法规规定的其他情形。由于现实生活中的情况纷繁复杂、变化万千，法律在此作了开放性规定，为其他法律、法规的制定打下基础。

五、用人单位解除劳动合同的程序

劳动合同双方当事人在解除劳动合同时，应当依法办理手续或遵循相应的步骤。我国法律对用人单位单方解除劳动合同的程序作了明确规定。《劳动合同法》第四十三条规定："用人单位单方解除劳动合同，应当事先将理由通知工会。用人单位违反法律、行政法规规定或者劳动合同约定的，工会有权要求用人单位纠正。用人单位应当研究工会的意见，并将处理结果书面通知工会。"《劳动合同法》第五十条规定："用人单位应当在解除或者终止劳动合同时出具解除或者终止劳动合同的证明，并在十五日内为劳动者办理档案和社会保险关系转移手续。劳动者应当按照双方约定，办理工作交接。用人单位依照本法有关规定应当向劳动者支付经济补偿的，在办结工作交接时支付。用人单位对已经解除或者终止的劳动合同的文本，至少保存二年备查。"上述规定明确了用人单位解除劳动合同的程序，用人单位依据法律法规规定解除劳动合同的，应当向劳动者出具解除劳动合同的书面证明，并办理有关手续。

(一) 提前通知

用人单位单方解除劳动合同的情形分为劳动者有过错和劳动者无过错。劳动者有过错，用人单位可以随时解除劳动合同；劳动者无过错，用人单位需要提前 30 天书面通知劳动者。在实际操作中，用人单位单方解除劳动合同除预告期要求不同外，两种情形下，用人单位都需要书面通知劳动者，并告知理由。

(二) 征求工会意见

"事先通知工会"是用人单位单方解除劳动合同的法定程序义务。《工会法》第二十二条规定："用人单位单方面解除职工劳动合同时，应当事先将理由通知工会，工会认为用人单位违反法律、法规和有关合同，要求重新研究处理时，用人单位应当研究工会的意见，并将处理结果书面通知工会。"《最高人民法院关于审理劳动争议案件适用法律问题的解释(一)》第四十七条："建立了工会组织的用人单位解除劳动合同符合劳动合同法第三十九条、第四十条规定，但未按照劳动合同法第四十三条规定事先通知工会，劳动者以用人单位违法解除劳动合同为由请求用人单位支付赔偿金的，人民法院应予支持，但起诉前用人单位已经补正有关程序的除外。"可见,用人单位单方解除劳动合同未能履行事先通知工会义务的行为属于"违法解除劳动合同"。

(三) 依法为劳动者办理档案转移手续

《劳动合同法》第五十条规定,用人单位应当在解除或者终止劳动合同时出具解除或者终止劳动合同的证明,并在十五日内为劳动者办理档案和社会保险关系转移手续。《实施条例》第二十四条规定:"用人单位出具的解除、终止劳动合同的证明,应当写明劳动合同期限、解除或者终止劳动合同的日期、工作岗位、在本单位的工作年限。"《实施条例》明确用人单位解除、终止劳动合同时有出具证明的义务,而且细化了证明的内容。解除、终止合同的书面证明不仅证明了劳动者与原用人单位的劳动关系终结,还关系到劳动者工作年限的计算、经济补偿的支付、年休假、医疗期的确定、失业登记的办理等问题。因此劳动合同终止或解除后,用人单位有义务为劳动者开具解除、终止合同的证明。

第二节　劳动合同的终止

引导案例

工伤职工因单位终止劳动合同,能否获得经济补偿?

2009 年 3 月 1 日,冯某入职某公司钨锡矿从事井下采矿工作。2015 年 6 月 16 日,冯某在井下作业时因工作遭受事故伤害,后经社会保险行政部门认定为工伤,经劳动能力鉴定委员会鉴定为八级伤残。2017 年 2 月 28 日,因双方签订的劳动合同期限届满,公司终止冯某的劳动合同并依法支付了冯某的全部工伤待遇,但拒绝支付冯某提出的经济补偿要求。于是,冯某申请劳动争议仲裁。

庭审时,公司认为,依据《劳动合同法》第四十五条规定,工伤职工劳动合同的终止是按照国家有关工伤保险的规定执行。而《工伤保险条例》规定,劳动合同期满的,单位可以终止工伤职工劳动合同,但未规定要支付经济补偿。公司已经支付了一次性伤残就业补助金,如再支付经济补偿,违背了"一事不二罚"的原则。

冯某则认为,《工伤保险条例》虽未明确规定要支付经济补偿,但《劳动合同法》第四十五条、四十六条规定了劳动合同期满终止劳动合同应当支付经济补偿。因此,一次性伤残就业补助金和经济补偿可以兼得。

本案争议焦点是一次性伤残就业补助金和经济补偿是否可以兼得?

仲裁委员会支持了冯某的仲裁请求。

本案中,公司混淆了一次性伤残就业补助金和经济补偿两个不同的法律关系。一次性伤残就业补助金是工伤待遇,是对工伤职工丧失劳动能力而影响就业的一种补偿,属于《工伤保险条例》的调整范畴。经济补偿是解除或者终止劳动合同时对劳动者在本单位工作年限的经济补偿，属于《劳动合同法》的调整范畴。《劳动合同法实施条例》第二十三条规定，用人单位依法终止工伤职工的劳动合同的，除依照劳动合同法第四十七条的规定支付经济补偿外，还应当依照国家有关工伤保险的规定支付一次性工伤医疗补助金和伤残就业补助金。上述条款同时亦符合劳动合同法四十六条第(七)项规定应当支付经济补偿的情形，故工伤职工劳动合同终止，一次性伤残就业补助金和经济补偿可以"兼得"。

资料来源：工伤职工因单位终止劳动合同，能否获得经济补偿？

http://www.mohrss.gov.cn/xxgk2020/ fdzdgknr/ ldgx_4234/ldrsdjzc/201804/t20180420_292739.html

劳动合同的终止，是指劳动合同的效力依法被消灭，亦即劳动合同所确立的劳动关系由于一定法律事实的出现而终结，劳动者与用人单位之间原有的权利和义务不复存在。劳动合同期满或者双方当事人主体资格消失，劳动合同终止，意味着劳动合同当事人协商确定的劳动权利和义务关系已经结束，此时，用人单位应当依法办理终止劳动合同的有关手续。劳动合同解除和终止作为劳动关系消灭的两种情形，从法律效果上来看，其结果都是用人单位与劳动者之间的法律关系归于消灭，具有一定相同性，但劳动合同解除与终止是两种使劳动关系归于消灭的不同方式，二者在条件、程序、法律后果等诸多方面存在很大差异。劳动合同的解除是由当事人提出的，无论是劳动者提出，还是用人单位提出，是基于两个主体的主观意志而产生的行为。劳动合同的终止是由于法定事由的出现而导致双方的权利义务关系不存在，而不是由劳动者或用人单位主观意志决定的。

一、劳动合同终止的条件

《劳动合同法》第四十四条规定："有下列情形之一的，劳动合同终止：(一) 劳动合同期满的；(二) 劳动者开始依法享受基本养老保险待遇的；(三) 劳动者死亡，或者被人民法院宣告死亡或者宣告失踪的；(四) 用人单位被依法宣告破产的；(五) 用人单位被吊销营业执照、责令关闭、撤销或者用人单位决定提前解散的；(六) 法律、行政法规规定的其他情形。"这一规定，明确了劳动合同法定的终止条件。《实施条例》第十三条明确规定："用人单位与劳动者不得在《劳动合同法》第四十四条规定的劳动合同终止情形之外，约定其他的劳动合同终止条件。"也就是说，这六种劳动合同的终止情形是法定的，除了这六种情况外，再无其他的约定例外。

(一) 劳动合同期满

这是最常见的劳动合同终止的原因。固定期限的劳动合同有明确的起止时间，终止时间到了，劳动合同就终止。以完成一定工作任务为期限的劳动合同，工作任务的结束之日，便是劳动合同的终止之日。

通常而言，劳动合同期满的时候，用人单位与劳动者都会面临续签与否的选择。如果续签，用人单位应当在劳动合同期满后的一个月内续签完毕。依据《最高人民法院关于审理劳动争议案件适用法律问题的解释(一)》第三十四条规定："劳动合同期满后，劳动者仍在原用人单位工作，原用人单位未表示异议的，视为双方同意以原条件继续履行劳动合同。一方提出终止劳动关系的，人民法院应当支持。"也就是说，劳动合同期限到了，又不续签劳动合同的，就按原条件继续履行，不能降低工资待遇和劳动条件。当然，"视为双方同意以原条件继续履行劳动合同"不代表用人单位和劳动者已经签了书面劳动合同，如果用人单位不在一个月进行及时补签书面劳动合同，根据《劳动合同法》第八十二条，则会面临承担二倍工资赔偿的风险。如果不续签，根据《劳动合同法》第四十六条第(五)项规定，用人单位可能要支付经济补偿。用人单位是否需要支付经济补偿金分以下几种情况：第一，如果用人单位维持或者提高劳动合同约定条件，但是劳动者自己不愿意续签的，可以不用支付经济补偿；第二，如果用人单位降低了劳动合同约定条件，劳动者不愿意续签的，需要支付经济补偿；第三，劳动者愿意续签，但用人单位不想续签的，需要支付经济补偿。

(二) 劳动者开始依法享受基本养老保险待遇

根据《社会保险法》第十六条规定："参加基本养老保险的个人，达到法定退休年龄时累计缴费满 15 年的，按月领取基本养老金。"也就是说，劳动者开始依法享受基本养老保险待遇的条件有两个：一是达到退休年龄，二是累计缴费满 15 年。现实中有一部分劳动者达到了退休年龄，但是却没有缴足 15 年的养老保险费用的，也没有开始享受养老保险待遇，是否能终止劳动合同？《实施条例》第二十一条规定："劳动者达到法定退休年龄的，劳动合同终止。"也就是说，劳动者如果已经开始依法享受基本养老保险待遇的，劳动合同当然终止；就算劳动者没有开始依法享受基本养老保险待遇，只要达到了法定退休年龄，劳动合同也应当终止。

(三) 劳动者死亡，或者被人民法院宣告死亡或者宣告失踪

劳动者死亡或被人民法院宣告死亡或者宣告失踪的，其劳动者的主体资格灭失，意味着劳动关系的一方当事人已经不存在，劳动合同的履行已经不可能，因此劳动关系自然终止。

《劳动争议调解仲裁法》第二十五条规定："丧失或者部分丧失民事行为能力的劳动者，由其法定代理人代为参加仲裁活动；无法定代理人的，由劳动争议仲裁委员会为其指定代理人。劳动者死亡的，由其近亲属或者代理人参加仲裁活动。"

(四) 用人单位被依法宣告破产

用人单位被依法宣告破产后，用人单位的主体资格灭失，导致劳动关系的一方当事人不复存在，劳动合同关系理所应当终止。

(五) 用人单位被吊销营业执照、责令关闭、撤销或者用人单位决定提前解散

用人单位出现上述情况，其主体资格灭失，导致劳动合同的其中一方主体不复存在，劳动合同关系自然终止。

(六) 法律、行政法规规定的其他情形

这项规定是指除《劳动合同法》规定的情形外，其他法律、法规对劳动合同终止的情形作出规定的，劳动合同可以依照其规定终止。此为兜底条款，为免遗漏。

二、劳动合同终止的限制性规定

《劳动合同法》第四十五条规定："劳动合同期满，有本法第四十二条规定情形之一的，劳动合同应当续延至相应的情形消失时终止。但是，本法第四十二条第二项规定丧失或者部分丧失劳动能力劳动者的劳动合同的终止，按照国家有关工伤保险的规定执行。"依据《劳动合同法》，劳动合同期满，劳动合同即行终止，但对于一些特定的劳动者，为保护其权益，又对劳动合同终止作了限制性的规定。

(一) 劳动合同应当续延至相应的情形消失时终止

《劳动合同法》第四十五条规定，有下列情形之一的，劳动合同应当续延至相应的情形消失时终止：(一) 从事接触职业病危害作业的劳动者未进行离岗前职业健康检查，或者疑似职业病病人在诊断或者医学观察期间的；(二) 在本单位患职业病或者因工负伤并被确认丧失或者部分丧失劳动能力的；(三) 患病或者非因工负伤，在规定的医疗期内的；(四) 女职工在孕期、产期、哺乳期的；(五) 在本单位连续工作满十五年，且距法定退休年龄不足五年的；(六) 法律、行政法规规定的其他情形。

上述情形是法定不得终止劳动合同的规定，用人单位不得终止劳动合同，直至这些情形消失为止。

(二) 丧失或者部分丧失劳动能力劳动者的劳动合同终止

工伤保险，是指劳动者在工作中或在规定的特殊情况下，遭受意外伤害或患职业病导致暂时或永久丧失劳动能力以及死亡时，劳动者或其遗属从国家和社会获得物质帮助的一种社会保险制度。《工伤保险条例》规定，职工发生工伤，经治疗伤情相对稳定后存在残疾、影响劳动能力的，应当进行劳动能力鉴定。劳动能力鉴定是指劳动功能障碍程度和生活自理障碍程度的等级鉴定。劳动功能障碍分为十个伤残等级，最重的为一级，最轻的为十级。生活自理障碍分为三个等级：生活完全不能自理、生活大部分不能自理和生活部分不能自理。

丧失或者部分丧失劳动能力劳动者的劳动合同的终止，按照《工伤保险条例》的规定处理劳动关系和相关待遇。具体为：

职工因工致残被鉴定为一级至四级伤残的，保留劳动关系，退出工作岗位，享受以下待遇。从工伤保险基金按伤残等级支付一次性伤残补助金，标准为：一级伤残为 27 个月的本人工资，二级伤残为 25 个月的本人工资，三级伤残为 23 个月的本人工资，四级伤残为 21 个月的本人工资；从工伤保险基金按月支付伤残津贴，标准为：一级伤残为本人工资的 90%，二级伤残为本人工资的 85%，三级伤残为本人工资的 80%，四级伤残为本人工资的 75%。伤残津贴实际金额低于当地最低工资标准的，由工伤保险基金补足差额；工伤职工达到退休年龄并办理退休手续后，停发伤残津贴，按照国家有关规定享受基本养老保险待遇。基本养老保险待遇低于伤残津贴的，由工伤保险基金补足差额。职工因工致残被鉴定为一级至四级伤残的，由用人单位和职工个人以伤残津贴为基数，缴纳基本医疗保险费。

职工因工致残被鉴定为五级、六级伤残的，享受以下待遇。从工伤保险基金按伤残等级支付一次性伤残补助金，标准为：五级伤残为 18 个月的本人工资，六级伤残为 16 个月的本人工资；保留与用人单位的劳动关系，由用人单位安排适当工作。难以安排工作的，由用人单位按月发给伤残津贴，标准为：五级伤残为本人工资的70%，六级伤残为本人工资的60%，并由用人单位按照规定为其缴纳应缴纳的各项社会保险费。伤残津贴实际金额低于当地最低工资标准的，由用人单位补足差额。经工伤职工本人提出，该职工可以与用人单位解除或者终止劳动关系的，由工伤保险基金支付一次性工伤医疗补助金，由用人单位支付一次性伤残就业补助金。一次性工伤医疗补助金和一次性伤残就业补助金的具体标准由省、自治区、直辖市人民政府规定。

职工因工致残被鉴定为七级至十级伤残的，享受以下待遇。从工伤保险基金按伤残等级支付一次性伤残补助金，标准为：七级伤残为13个月的本人工资，八级伤残为11个月的本人工资，九级伤残为9个月的本人工资，十级伤残为7个月的本人工资；劳动、聘用合同期满终止，或者职工本人提出解除劳动、聘用合同的，由工伤保险基金支付一次性工伤医疗补助金，由用人单位支付一次性伤残就业补助金。一次性工伤医疗补助金和一次性伤残就业补助金的具体标准由省、自治区、直辖市人民政府规定。

❖ 案例

赔偿协议排除用人单位法定义务时，用人单位是否仍应向劳动者支付法定工伤保险待遇？

张某在某建设公司承建的项目工地从事木工工作，张某所在的工地项目参加了建筑项目工伤保险。2018年9月，张某在工作中滑倒致伤，并于同年12月被认定为工伤。2019年2月，张某伤情被鉴定为劳动功能障碍九级，停工留薪期七个月。2019年3月，张某与某建设公司签订协议，约定某建设公司支付张某本次工伤赔偿款为78 668元。协议签订后，张某从工伤保险基金先后申领一次性伤残就业补助金49 860元、一次性工伤医疗补助金28 808元，共计78 668元。张某认为某建设公司故意隐瞒双方约定的赔偿全款即为工伤保险基金赔付金额的事实，于2020年3月以"某建设公司未支付应当承担的工伤赔偿"为由，向劳动人事争议仲裁委员会申请仲裁，要求建设公司支付停工留薪期工资、一次性伤残就业补助金、护理费等工伤保险待遇。

仲裁委员会裁决：某建设公司应支付张某一次性伤残就业补助金、停工留薪期工资、护理费。

根据《工伤保险条例》规定，参保工伤职工除依法享受从工伤保险基金支付的工伤待遇外，在停工留薪期内用人单位还应支付停工留薪工资，工伤职工与用人单位劳动关系终止的，用人单位还应依法支付其一次性伤残就业补助金等法定工伤待遇。本案中，由于某建设公司未提前告知张某工伤保险基金支付金额，以工伤保险基金支付的工伤待遇作为工伤职工的全额工伤待遇予以赔偿，免除了某建设公司支付一次性伤残就业补助金、停工留薪期工资等工伤保险的法定责任。在此情况下，虽然某建设公司与张某签订了赔偿协议，但由于某建设公司隐瞒了项目参保工伤职工依法应获得的工伤待遇，导致张某存在重大误解，对张某要求某建设公司支付一次性伤残就业补助金、停工留薪期工资等法定工伤保险待遇责任的仲裁请求，应予以支持。

资料来源：福建省人力资源和社会保障厅 福建省高级人民法院 劳动人事争议典型案例 案例9
http://rst.fujian.gov.cn/zw/zfxxgk/zfxxgkml/zyywgz/ldgx/202308/t20230801_6217940.htm?iszzb=1

三、违法解除和终止劳动合同的后果

《实施条例》第十九条规定的十四种情形和《劳动合同法》第四十四条规定的六种情形是劳动合同解除和终止的实体性规定,《劳动合同法》第四十条、第四十一条、第四十三条是劳动合同解除的程序性规定,《劳动合同法》第四十二条和第四十五条是劳动合同解除和终止的禁止性规定。合法解除或者终止劳动合同,一要实体合法,二要程序合法,三不能违反禁止性规定。违反以上任何一个条件,都有可能构成违法解除或终止劳动合同。《劳动合同法》不仅规定了用人单位正常解除或终止合同时,要向劳动者支付经济补偿,而且还规定了用人单位在违法解除或者终止合同时,对用人单位的惩罚性措施。《劳动合同法》第四十八条规定:"用人单位违反本法规定解除或者终止劳动合同,劳动者要求继续履行劳动合同的,用人单位应当继续履行;劳动者不要求继续履行劳动合同或者劳动合同已经不能继续履行的,用人单位应当依照本法第八十七条规定支付赔偿金。"《劳动合同法》第八十七条规定:"用人单位违反本法规定解除或者终止劳动合同的,应当依照本法第四十七条规定的经济补偿标准的二倍向劳动者支付赔偿金。"

(一) 继续履行

继续履行又称实际履行,带有一定的强制性。用人单位违反《劳动合同法》的实体性规定或者程序性规定解除或终止劳动合同的,劳动者要求履行的,在能够履行的条件下,对原劳动合同未履行的部分继续按照约定履行。劳动合同继续履行应当满足三个条件:① 用人单位存在违反《劳动合同法》规定解除或者终止劳动合同的行为;② 劳动者有继续履行合同的要求;③ 用人单位具备继续履行劳动合同的能力和条件。劳动合同履行应当具备履行的客观条件,如果客观情况变化,使劳动合同不能履行,劳动者只能接受经济赔偿。

(二) 支付赔偿金

如果劳动者在用人单位违法解除劳动合同的情况下不要求继续履行或实际无法继续履行,则可以要求用人单位支付赔偿金,支付标准为经济补偿标准的二倍。如果赔偿金与经济补偿竞合时,应当支付赔偿金。支付赔偿金是对用人单位违法行为的惩罚。只有进一步提高违法成本,才能有效遏制违法行为,使劳动者的权益得到更有效的保护。

第三节 经济补偿和经济赔偿

引导案例

在计算经济补偿时应否以病假工资作为劳动合同解除前十二个月平均工资的计算基数?

2011 年 6 月底,赖某入职某客运公司,岗位为客运驾驶员。2019 年 3 月 19 日,双方签订劳动合同,合同期限为 2019 年 3 月 19 日至 2022 年 3 月 18 日。赖某月工资构成为每趟客运基本工资加营业收入抽成。2020 年 6 月 29 日，赖某因患急性白血病前往医院治疗，未再回客运公司工作，客运公司按最低工资标准每月 1720 元的 80% 支付工资。后赖某请求与客运公司解除劳动关系，由客运公司支付相应经济补偿金。双方就计算经济补偿金的工资标准产生争议。某客运公司请求：依法计算赖某的经济补偿金为 18 060 元(1720 元×10.5 个月)等。

一审法院判决：某客运公司应于判决生效之日起十日内支付赖某解除劳动合同经济补偿 60 939.38 元。某客运公司不服一审判决，提起上诉。二审法院判决：驳回上诉，维持原判。

《劳动合同法》第四十七条第一款规定："经济补偿按劳动者在本单位工作的年限，每满一年支付一个月工资的标准向劳动者支付。六个月以上不满一年的，按一年计算；不满六个月的，向劳动者支付半个月工资的经济补偿。"该条第三款规定，"本条所称月工资是指劳动者在劳动合同解除或者终止前十二个月的平均工资。"《劳动合同法实施条例》第二十七条规定："劳动合同法第四十七条规定的经济补偿的月工资按照劳动者应得工资计算，包括计时工资或者计件工资以及奖金、津贴和补贴等货币性收入。"本案中，客运公司主张应按最低工资标准每月 1720 元支付经济补偿，但最低工资标准不能反映劳动者正常提供劳动状态下的收入水平，故依法认定应根据赖某的工作年限与正常提供劳动情况下前十二个月平均工资标准支付经济补偿金。

资料来源：福建省人力资源和社会保障厅　福建省高级人民法院　劳动人事争议典型案例　案例 6
http://rst.fujian.gov.cn/zw/zfxxgk/zfxxgkml/zyywgz/ldgx/202308/t20230801_6217940.htm?iszzb=1

经济补偿是指在劳动者无过失的情况下，用人单位解除或终止与劳动者的劳动合同时，依照法律规定的条件和标准，以货币方式给予劳动者的补偿。赔偿金适用于用人单位违法解除劳动合同的情形，经济补偿适用于用人单位依法解除或终止劳动合同的情形，二者不能同时适用。

一、经济补偿的适用范围

《劳动合同法》第四十六条规定："有下列情形之一的，用人单位应当向劳动者支付经济补偿：(一) 劳动者依照本法第三十八条规定解除劳动合同的；(二) 用人单位依照本法第三十六条规定向劳动者提出解除劳动合同并与劳动者协商一致解除劳动合同的；(三) 用人单位依照本法第四十条规定解除劳动合同的；(四) 用人单位依照本法第四十一条第一款规定解除劳动合同的；(五) 除用人单位维持或者提高劳动合同约定条件续订劳动合同，劳动者不同意续订的情形外，依照本法第四十四条第一项规定终止固定期限劳动合同的；(六) 依照本法第四十四条第四项、第五项规定终止劳动合同的；(七) 法律、行政法规规定的其他情形。"《实施条例》第二十二条规定："以完成一定工作任务为期限的劳动合同因任务完成而终止的，用人单位应当依照劳动合同法第四十七条的规定向劳动者支付经济补偿。"上述规定明确了用人单位应当向劳动者支付经济补偿的法定情形。

二、经济补偿的计算方式

《劳动合同法》第四十七条规定："经济补偿按劳动者在本单位工作的年限，每满一年支付一个月工资的标准向劳动者支付。六个月以上不满一年的，按一年计算；不满六个月的，向劳动者支付半个月工资的经济补偿。劳动者月工资高于用人单位所在直辖市、设区的市级人民政府公布的本地区上年度职工月平均工资三倍的，向其支付经济补偿的标准按职工月平均工资三倍的数额支付，向其支付经济补偿的年限最高不超过十二年。本条所称月工资是指劳动者在劳动合同解除或者终止前十二个月的平均工资。"这一规定明确了经济补偿的支付标准、月工资的计算基数以及经济补偿的封顶限制。

解除或终止劳动合同时，用人单位向劳动者支付经济补偿的标准及情形，包括：① 依据《劳动合同法》第四十六条规定，用人单位应向劳动者支付解除或终止劳动合同经济补偿的情形，经济补偿为 N 个月工资；② 依据《劳动合同法》第四十条规定，用人单位未提前通知劳动者解除劳动合同的情形，经济补偿为 N + 1 个月工资。

(一) 关于工作年限的计算

《实施条例》第十条规定："劳动者非因本人原因从原用人单位被安排到新用人单位工作的，劳动者在原用人单位的工作年限合并计算为新用人单位的工作年限。原用人单位已经向劳动者支付经济补偿的，新用人单位在依法解除、终止劳动合同计算支付经济补偿的工作年限时，不再计算劳动者在原用人单位的工作年限。"依据《最高人民法院关于审理劳动争议案件适用法律问题的解释(一)》第四十六条规定，用人单位符合下列情形之一的，应当认定属于"劳动者非因本人原因从原用人单位被安排到新用人单位工作"：(一) 劳动者仍在原工作场所、工作岗位工作，劳动合同主体由原用人单位变更为新用人单位；(二) 用人单位以组织委派或任命形式对劳动者进行工作调动；(三) 因用人单位合并、分立等原因导致劳动者工作调动；(四) 用人单位及其关联企业与劳动者轮流订立劳动合同；(五) 其他合理情形。

(二) 关于工资标准的计算

《实施条例》第二十七条规定："《劳动合同法》第四十七条规定的经济补偿的月工资按照劳动者应得工资计算，包括计时工资或者计件工资以及奖金、津贴和补贴等货币性收入。劳动者在劳动合同解除或者终止前 12 个月的平均工资低于当地最低工资标准的，按照当地最低工资标准计算。劳动者工作不满 12 个月的，按照实际工作的月数计算平均工资。"

(三) 经济补偿的封顶线

《劳动合同法》为经济补偿设定了封顶线。对高收入劳动者群体，即劳动者月工资高于用人单位所在直辖市、设区的市上年度职工月平均工资 3 倍的，向其支付经济补偿的标准按职工月平均工资 3 倍的数额支付，向其支付经济补偿的年限最高不超过 12 年。由此可以看出，法律对高收入劳动者的经济补偿设定了两个限制条件：一是计算经济补偿的工资基数设限，即按照当地上年度月平均工资 3 倍计算；二是计算经济补偿的工作年限设限，即最高不超过 12 年，劳动者的工作年限超过 12 年的，也按照 12 年计算。高收入劳动者经济补偿的计算公式：经济补偿 = 当地上年度职工月平均工资的 3 倍 × 工作年限。工作年限满6 个月不满 1 年的，按照 1 年计算；不满 6 个月的按半年计算。

一般来说，双基数限制适用于中高层管理人员，因为其薪资标准通常较高。在比较其月平均工资与统计部门公布的职工月平均工资的 3 倍标准时，员工的月平均工资数据应为其月平均应发工资，员工社会保险被代扣代缴的个人部分、住房公积金被代扣代缴的个人部分以及个人所得税被税务机关征缴的部分都应算作员工的应发工资范围。除此之外，在计算员工的月平均应发工资数据时，还应当将员工获得的季度奖、半年奖以及年终奖计入员工前十二个月的应发工资总和之中，再除以 12 得出月平均应发工资。

(四) 关于经济补偿的分段计算

《劳动合同法》第九十七条规定："本法施行前已依法订立且在本法施行之日存续的劳动合同，继续履行；本法第十四条第二款第三项规定连续订立固定期限劳动合同的次数，自本法施行后续订固定期限劳动合同时开始计算。本法施行前已建立劳动关系，尚未订立书面劳动合同的，应当自本法施行之日起一个月内订立。本法施行之日存续的劳动合同在本法施行后解除或者终止，依照本法第四十六条规定应当支付经济补偿的，经济补偿年限自本法施行之日起计算；本法施行前按照当时有关规定，用人单位应当向劳动者支付经济补偿的，按照当时有关规定执行。"

三、赔偿金

损害赔偿仅是指侵权方因其侵权行为给受损方造成损害所应承担责任的一种方式。损害赔偿金带有一定的惩罚性，以有侵权行为和损害事实的发生为前提。《劳动合同法》不仅规定了用人单位正常解除或终止合同时，要向劳动者支付经济补偿，而且还规定了用人单位在违法解除或者终止合同时，要向劳动者支付赔偿金。

(一) 经济补偿与赔偿金不可兼得

经济补偿和赔偿金是不同的概念，经济补偿是指用人单位合法解除、终止劳动合同时，依照法律规定应当向劳动者支付的经济补偿，而赔偿金针对的是用人单位非法解除劳动合同的情况，带有惩罚的性质。按照《实施条例》第二十五条规定："用人单位违反劳动合同法的规定解除或者终止劳动合同，依照劳动合同法第八十七条的规定支付了赔偿金的，不再支付经济补偿。"用人单位违法解除或终止合同，如果已向劳动者支付了赔偿金，就不必再向劳动者支付经济补偿。

(二) 经济补偿和赔偿金的区别

(1) 适用条件不同。我国经济补偿制度的特点，一是由用人单位单方面向劳动者支付，二是经济补偿的标准和支付情形由法律统一规定。经济补偿的适用条件前文已详细阐述；赔偿金的适用条件是单位违法解除或者终止劳动合同，劳动者不要求继续履行劳动合同或者劳动合同已经不能继续履行的，用人单位要支付赔偿金。

(2) 计算标准不同。《劳动合同法》第八十七条规定："用人单位违反本法规定解除或者终止劳动合同的，应当依照本法第四十七条规定的经济补偿标准的二倍向劳动者支付赔偿金。"

（3）适用后果不同。适用经济补偿的情形下，用人单位可通过直接向劳动者支付经济补偿来解除或终止劳动合同/劳动关系，劳动者只能被动接受。适用赔偿金的情形下，劳动者可以选择要求继续履行劳动合同，也可以选择要求用人单位支付赔偿金。只有在劳动合同已经不能履行的情形下，用人单位才可以通过支付赔偿金方式解除或终止劳动合同。

（4）性质不同，不能同时主张。支付经济补偿是用人单位合法解除劳动关系应承担的法定义务，具有补偿性质；支付赔偿金则是用人单位违法行使劳动合同解除权时应当承担的法定责任，具有惩罚性。经济补偿和赔偿金不可以同时主张。

思　考　题

1. 试述劳动合同解除的情形。
2. 简述劳动者单方解除劳动合同的情形。
3. 用人单位解除劳动合同的条件是什么？
4. 简述经济性裁员的条件和程序。
5. 劳动合同终止的情形有哪些？
6. 经济补偿与赔偿金的差别有哪些？

第七章 《劳动合同法》特别规定

《劳动合同法》第五章对集体合同、劳务派遣和非全日制用工在原有法律法规的基础上作出进一步特别规定。

第一节 集体合同

引导案例

加班工资、奖金分配可纳入集体协商

小李是一家科技公司的高级工程师，公司工会与公司签订了一份包括工作时间、女职工权益保护、基本工资待遇等内容在内的集体合同。小李发现，公司经常安排职工加班加点，却很少发放加班工资。而且，平时大家的收入主要是工资，奖金则是公司年终根据职工的业绩来发放的，具有很大的随意性。小李和几名职工多次要求公司对此予以规范，还要求与公司签订关于加班费和奖金分配方案的集体合同，均未果。后小李等多名职工诉至劳动仲裁委员会，劳动仲裁委员会对其申请予以支持。该公司不服裁决诉至法院，法院对该裁决予以维持。

依据《劳动合同法》的规定，企业职工一方与用人单位通过平等协商，可以就劳动报酬、工作时间、休息休假、劳动安全卫生、保险福利等事项订立集体合同。加班工资和奖金分配作为劳动者劳动报酬的组成部分，应纳入工资集体协商范畴，可由企业工会与用人单位签订集体合同予以规范。

资料来源：法官释法："集体协商"机制下劳动者该如何维权?[N]工人日报，
https://www.gov.cn/govweb/fwxx/sh/2010-08/02/content_1669391.htm

集体合同制度是劳动关系法律制度中的一项重要制度。1994年《劳动法》对集体合同内容、订立和效力作了原则性规定，确立了集体合同法律制度。2008年《劳动合同法》对集体合同制度作了专节规定。2009年修订的《工会法》规定工会可以代表职工与企事业单位签订集体合同。此外，还有一些配套的行政规章，如《集体合同规定》(2004)、《工资集体协商试行办法》(2000)、《关于开展区域性行业性集体协商工作的意见》(2006)等。集体

合同立法的内容，涉及集体合同订立原则、订立程序、订立内容、变更解除办法、法律效力、集体合同审查和集体合同争议处理等内容。

一、集体合同的概念

集体合同，是指用人单位与本单位职工根据法律、法规、规章的规定，就劳动报酬、工作时间、休息休假、劳动安全卫生、职业培训、保险福利等事项，通过集体协商签订的书面协议。依据不同的分类标准，集体合同可以分为不同类型。依据集体合同的内容不同，可分为综合性集体合同和专项集体合同。综合性集体合同内容涉及劳动条件、劳动保护、劳动关系、争议处理等诸多问题；专项集体合同，是指用人单位与本单位职工根据法律、法规、规章的规定，就集体协商的某项内容签订的专项书面协议。《劳动合同法》第五十二条："企业职工一方与用人单位可以订立劳动安全卫生、女职工权益保护、工资调整机制等专项集体合同。"根据集体合同所调整的层次不同，可分为区域性集体合同、行业性集体合同以及企业集体合同(基层集体合同)。区域性集体合同是区域性的工会联合会和区域内的企业管理委员会签订的适用于全区域劳动者的集体合同。行业性集体合同指的是在一定区域的特定行业内由行业工会组织与企业方面代表订立的适用于整个行业的集体合同。《劳动合同法》第五十三条："在县级以下区域内，建筑业、采矿业、餐饮服务业等行业可以由工会与企业方面代表订立行业性集体合同，或者订立区域性集体合同。"

(一) 集体合同与劳动基准、劳动合同的效力关系

国家通过劳动基准法规定用人单位应提供给劳动者的最低劳动条件，对劳动者维持其基本生活或保障其生命健康至关重要，故劳动基准是用人单位必须遵守的强行性规范。《劳动合同法》第五十五条规定，"集体合同中劳动报酬和劳动条件等标准不得低于当地人民政府规定的最低标准"。可见，劳动基准对集体合同有"保底"的效力，集体合同约定的劳动者利益若低于劳动基准则无效，应由劳动基准替代。

劳动合同关于劳动者利益的规定不得低于集体合同规定的标准。《劳动合同法》第五十五条规定，"用人单位与劳动者订立的劳动合同中劳动报酬和劳动条件等标准不得低于集体合同规定的标准。"集体合同可补充劳动合同的内容。集体合同有规定而劳动合同未就相关部分内容作规定，或者集体合同有明确、具体规定而劳动合同规定不明确、不具体，集体合同的相关内容可自动成为劳动合同的组成部分。也就是说，集体合同约定的劳动条件对劳动合同的内容有"保底"的效力，在一定条件下还可转化为劳动合同的内容。先于集体合同订立的劳动合同，其约定的劳动者利益若低于集体合同规定的标准，应根据集体合同作出相应调整，以集体合同的规定为准。

(二) 集体合同与劳动合同的区别

集体合同和劳动合同作为劳动契约的两种形式，既存在着联系也有着明显的区别。集体合同是在劳动合同的基础上产生和发展起来的，它是对劳动合同不足的补充。从现实来看，也只有在劳动合同确立了用人单位与劳动者之间的劳动法律关系之后，才会进一步签订集体合同。集体合同与劳动合同的不同之处在于：

(1) 当事人不同。劳动合同的当事人为单个劳动者和用人单位，集体合同的当事人为劳动者团体和用人单位或其团体。

(2) 目的不同。订立劳动合同的主要目的是确立劳动关系；订立集体合同的主要目的是为确立劳动关系设定具体标准，即在其效力范围内规范劳动关系。

(3) 内容不同。劳动合同以单个劳动者的权利和义务为内容，一般包括劳动关系的各个方面；集体合同以集体劳动关系中全体劳动者的共同权利和义务为内容，可能涉及劳动关系的各个方面，也可能只涉及劳动关系的某个方面(如工资合同等)。

(4) 效力不同。劳动合同对单个的用人单位和劳动者有法律效力；集体合同对签订合同的单个用人单位或用人单位团体所代表的全体用人单位，以及工会所代表的全体劳动者，都有法律效力。并且，集体合同的效力高于劳动合同的效力。此外，集体合同与劳动合同在签订程序和适用范围等方面也有所不同。

二、集体合同订立的原则

集体合同订立要遵循相应的原则，这些原则体现了集体合同的本质，贯穿于集体谈判的整个过程。《集体合同规定》第五条规定："进行集体协商，签订集体合同或专项集体合同，应当遵循下列原则：(一) 遵守法律、法规、规章及国家有关规定；(二) 相互尊重，平等协商；(三) 诚实守信，公平合作；(四) 兼顾双方合法权益；(五) 不得采取过激行为。"

三、集体合同的内容

《劳动合同法》第五十一条规定："企业职工一方与用人单位通过平等协商，可以就劳动报酬、工作时间、休息休假、劳动安全卫生、保险福利等事项订立集体合同。"《集体合同规定》第八条规定："集体协商双方可以就下列多项或某项内容进行集体协商，签订集体合同或专项集体合同：(一) 劳动报酬；(二) 工作时间；(三) 休息休假；(四) 劳动安全卫生；(五) 补充保险和福利；(六) 女职工和未成年工的特殊保护；(七) 职业技能培训；(八) 劳动合同管理；(九) 奖惩；(十) 裁员；(十一) 集体合同期限；(十二) 变更、解除集体合同的程序；(十三) 履行集体合同发生争议时的协商处理办法；(十四) 违反集体合同的责任；(十五) 双方认为应当协商的其他内容。"《集体合同规定》对上述部分内容进行具体规定。

(一) 劳动报酬

集体合同中劳动报酬条款可包括：用人单位工资水平、工资分配制度、工资标准和工资分配形式；工资支付办法；加班、加点工资及津贴、补贴标准和奖金分配办法；工资调整办法；试用期及病、事假等期间的工资待遇；特殊情况下职工工资(生活费)支付办法；其他劳动报酬分配办法。

(二) 工作时间

集体合同中可就工作时间条款进行协商，主要包括：工时制度；加班加点办法；特殊工种的工作时间；劳动定额标准。

(三) 休息休假

集体合同中休息休假条款可包括：日休息时间、周休息日安排、年休假办法；不能实行标准工时职工的休息休假；其他假期。

(四) 劳动安全卫生

该条款内容主要包括：劳动安全卫生责任制；劳动条件和安全技术措施；安全操作规程；劳保用品发放标准；定期健康检查和职业健康体检。

(五) 补充保险和福利

集体合同中可就补充保险和福利条款进行协商，主要包括：补充保险的种类、范围；基本福利制度和福利设施；医疗期延长及其待遇；职工亲属福利制度。

(六) 女职工和未成年工的特殊保护

该条款内容主要包括：女职工和未成年工禁忌从事的劳动；女职工的经期、孕期、产期和哺乳期的劳动保护；女职工、未成年工定期健康检查；未成年工的使用和登记制度。

(七) 职业技能培训

该条款主要包括：职业技能培训项目规划及年度计划；职业技能培训费用的提取和使用；保障和改善职业技能培训的措施。

(八) 劳动合同管理

该条款主要包括：劳动合同签订时间；确定劳动合同期限的条件；劳动合同变更、解除、续订的一般原则及无固定期限劳动合同的终止条件；试用期的条件和期限。

(九) 奖惩

该条款主要包括：劳动纪律；考核奖惩制度；奖惩程序。

(十) 裁员

该条款主要包括：裁员的方案；裁员的程序；裁员的实施办法和补偿标准。

四、集体合同的履行、变更和解除

集体合同的履行是指集体合同生效后，当事人双方按照合同约定的各项内容，全面地完成各自承担的义务，从而使合同的权利义务得以全部实现的行为过程。集体合同的履行是集体合同制度实现的基本形式，集体合同一旦生效，就具有法律效力，签约双方都要严格履行合同的约定，保证合同目的的实现。

集体合同的变更，是指在集体合同没有履行或没有完全履行之前，因订立合同所依据的主客观情况发生了某些变化，需要依据法律规定的条件和程序，对原合同中的某些条款进行修改补充。集体合同的解除，是指集体合同在没有履行或没有完全履行之前，订立合同所依据的主客观情况发生了变化，致使合同的履行成为不可能或不必要，当事人依照法定条件和程序，终止原集体合同法律关系。

集体合同的变更或解除，必须具备一定的条件。只有发生下列情况之一时，才允许变更或解除集体合同：

第一，当事人双方经过协商同意，并且不因此损害国家和社会利益。一般来说，集体合同经当事人双方协商同意，是允许变更或解除的。允许当事人协商变更或解除集体合同，目的是使企业与工会及其所代表的全体职工之间的合同关系更能适应变化了的新情况。当事人协商变更或解除集体合同，必须以不损害国家利益和社会利益为前提。

第二，用人单位被兼并、解散、破产，致使集体合同或专项集体合同无法履行的。企业破产、停产、转产这一法律事实，说明当事人一方已经失去了全面履行集体合同的能力和条件，允许变更或解除集体合同。

第三，因不可抗力等原因，集体合同或专项集体合同无法履行或部分无法履行的。不可抗力是指人力无法抗拒的某种外部力量，包括诸如地震、风灾、旱灾、雷击等自然界发生的突变现象等自然现象。不可抗力事件发生后，允许变更或解除集体合同。对于不可抗力事件，应具体情况具体分析，根据灾害程度决定集体合同是否履行或推迟履行。

第四，集体合同或专项集体合同约定的变更或解除条件出现的。《集体合同规定》第三十八条规定："集体合同或专项集体合同期限一般为 1 至 3 年，期满或双方约定的终止条件出现，即行终止。集体合同或专项集体合同期满前 3 个月内，任何一方均可向对方提出重新签订或续订的要求。"

第五，法律、法规、规章规定的其他情形。

变更或解除集体合同或专项集体合同适用集体协商程序。

第二节 劳 务 派 遣

引导案例

包利英诉上海申美饮料食品有限公司劳动合同纠纷案

包利英于 2006 年 4 月 4 日进入申美公司工作，担任助销员。根据求职登记卡显示，2006 年 4 月 4 日至 2007 年 3 月 31 日期间，包利英系由人资公司派遣进入申美公司工作；2007 年 4 月 1 日至 2007 年 12 月 31 日，包利英的劳务派遣公司改为支点公司；2008 年 1 月 1 日至 2010 年 1 月 29 日，包利英的劳务派遣公司又改为安普公司。2010 年 2 月，包利英与申美公司签订劳动合同，约定：劳动合同期限为 2010 年 2 月 1 日至 2013 年 3 月 31 日；包利英在市场执行部门的 RTM 业务代表岗位任职。2006 年 4 月 4 日至 2010 年 3 月期间，包利英实际在申美公司的浦东办事处从事销售工作；2010 年 4 月起，包利英被安排至申美公司的川沙办事处，仍从事销售工作。2012 年 8 月起，包利英的基本工资为 2259 元/

月，此外另有金额不等的月度奖金。2013 年 3 月 25 日起，包利英因患病开始休病假，未再上班。2013 年 4 月 1 日至 2013 年 6 月 30 日期间，申美公司支付包利英工资 6153.79 元；2013 年 7 月 1 日至 2013 年 8 月 31 日期间，申美公司每月各支付包利英工资 2027 元。2013 年 9 月 2 日，申美公司向包利英住址邮寄通知一份："您与公司签署的劳动合同已于 2013 年 3 月 31 日到期，且公司基于您的病假申请，依法将您的劳动合同顺延至医疗期结束。我们特此通知您，您的医疗期将于 2013 年 9 月 3 日结束，故届时劳动合同终止。上述劳动合同终止日为您的最后工作日……，月基本工资结算至 2013 年 9 月 3 日……"2013 年 9 月 4 日，该份邮件被退回。2013 年 9 月 12 日，申美公司再次向包利英寄送终止劳动合同的通知，包利英签收了该份通知。2013 年 9 月 3 日，申美公司为包利英开具了上海市单位退工证明。2013 年 9 月 13 日至 2013 年 12 月 25 日期间，包利英仍继续休病假，并将对应期间的病假单邮寄给了申美公司。2013 年 9 月 25 日，包利英提起仲裁申请，要求裁令申美公司：1. 恢复劳动关系；2. 支付 2013 年 9 月 3 日至 2013 年 9 月 30 日疾病救济费 1991.97 元，按照 1327.98 元/月的标准支付 2013 年 10 月 1 日至恢复劳动关系之日的疾病救济费；3. 支付 2013 年 4 月 1 日至 2013 年 8 月 31 日病假工资差额 3420.88 元。

上海市浦东新区劳动人事争议仲裁委员会于 2013 年 11 月 19 日作出裁决，裁令申美公司支付包利英 2013 年 4 月 1 日至 2013 年 8 月 31 日病假工资差额 1367.53 元，对包利英的其余请求未予支持。包利英不服该裁决，遂诉至法院。

本案争议焦点是：包利英在申美公司处的工作年限应自何时起算。

根据《实施条例》第十条之规定，劳动者非因本人原因从原用人单位被安排到新用人单位工作的，劳动者在原用人单位的工作年限合并计算为新用人单位的工作年限。最高人民法院《关于审理劳动争议案件适用法律若干问题的解释(四)》第五条则规定：劳动者仍在原工作场所、工作岗位工作，劳动合同主体由原用人单位变更为新用人单位的，应当认定属于"劳动者非因本人原因从原用人单位被安排到新用人单位工作"。包利英于 2006 年 4 月 4 日起，一直在申美公司处从事销售相关工作，其用人单位虽先后从人资公司、支点公司变更为安普公司，后又自 2010 年 2 月 1 日起变更为申美公司，但 2006 年 4 月 4 日至 2010 年 3 月期间，包利英的工作场所并无变化，故依照上述法律及司法解释之规定，包利英在申美公司处的工作年限应自 2006 年 4 月 4 日起计算。

参照《上海市人民政府关于本市劳动者在履行劳动合同期间患病或者非因工负伤的医疗期标准的规定》第一条、第二条之规定：医疗期是指劳动者患病或者非因工负伤停止工作治病休息，而用人单位不得因此解除劳动合同的期限；医疗期按劳动者在本用人单位的工作年限设置，劳动者在本单位工作第 1 年，医疗期为 3 个月，以后工作每满 1 年，医疗期增加 1 个月，但不超过 24 个月。据此，至 2013 年 3 月 24 日，包利英在申美公司处的工作年限已满 6 年，可享受的医疗期为 9 个月。包利英、申美公司双方签订的劳动合同虽约定届满期限为 2013 年 3 月 31 日，但应顺延至 2013 年 12 月 24 日包利英医疗期满方可终止。故此，法院确认，申美公司于 2013 年 9 月 3 日在包利英医疗期未满的情况下通知终止双方劳动合同的行为系属违法。然而，鉴于包利英的医疗期已于 2013 年 12 月 24 日届满，双方的劳动合同亦应延续至该日终止，故现已无恢复劳动合同的必要，法院对包利英的诉请 1 不予支持。

包利英 2013 年 3 月病假前的工资标准为 2259 元/月，因包利英、申美公司未明确约定病假工资的计算基数，故法院参照《上海市企业工资支付办法》第九条第一款第(三)项的规定，以包利英所在岗位正常出勤月工资 2259 元的 70%确定病假工资的计算基数，即 1581.30 元/月。因包利英在申美公司处工作已满六年不满八年，故其病假工资标准应为 1581.30 元的 90%即 1423.17 元。据此计算，申美公司应支付包利英 2013 年 4 月 1 日至 2013 年 8 月 31 日期间的病假工资 7115.85 元。根据本案已查明的事实，申美公司已支付包利英上述期间的工资金额并未低于 7115.85 元，故包利英的诉请 3 缺乏事实依据。然而，因申美公司未就本案仲裁裁决提起诉讼，应视为已接受该裁决，故其仍应向包利英支付 2013 年 4 月 1 日至 2013 年 8 月 31 日期间的病假工资差额 1367.53 元。如前所述，包利英、申美公司间的劳动合同应延续至 2013 年 12 月 24 日终止，故包利英要求申美公司支付 2013 年 9 月 3 日至 2013 年 9 月 24 日的病假工资于法有据，根据 1423.17 元/月的标准计算，申美公司应支付包利英上述期间的病假工资 1084.32 元。2013 年 9 月 25 日起，包利英病假已超过六个月，故申美公司应向其支付疾病救济费，因包利英在申美公司处的工作年限在三年以上，故疾病救济费的标准应以 1581.30 元/月的 60%即 948.78 元/月计算，但因该标准已低于本市 2013 年最低工资标准 1620 元/月的 80%即 1296 元/月，故申美公司应以 1296 元/月的标准支付包利英 2013 年 9 月 25 日至 2013 年 12 月 24 日期间的疾病救济费 3840.31 元。

综上所述，上海市浦东新区人民法院依照《劳动合同法》第四十二条第一款第(三)项、第四十四条第一款第(一)项、第四十五条以及《劳动合同法实施条例》第十条、最高人民法院《关于审理劳动争议案件适用法律若干问题的解释(四)》第五条第二款第(一)项的规定，于 2014 年 6 月 19 日作出判决：一、上海申美饮料食品有限公司于判决生效之日起十日内支付包利英 2013 年 9 月 3 日至 2013 年 9 月 24 日的病假工资 1084.32 元；二、上海申美饮料食品有限公司于判决生效之日起十日内支付包利英 2013 年 9 月 25 日至 2013 年 12 月 24 日期间的疾病救济费 3840.31 元；三、上海申美饮料食品有限公司于判决生效之日起十日内支付包利英 2013 年 4 月 1 日至 2013 年 8 月 31 日期间的病假工资差额 1367.53 元；四、驳回包利英的其余诉讼请求。

包利英、申美公司不服一审判决，分别向上海市第一中级人民法院提起上诉。上海市第一中级人民法院驳回上诉，维持原判。

资料来源：包利英诉上海申美饮料食品有限公司劳动合同纠纷案
http://gongbao.court.gov.cn/Details/ 579ca82959379af40a22df50b6c1a9.html

劳务派遣是指劳务派遣单位(用人单位)与接受单位(用工单位)签订劳务派遣协议，由派遣单位招用雇员并派遣该劳动者到接受单位工作，劳动者和派遣机构从中获得收入的经济活动。劳动者受接受单位指挥监督，为接受单位提供劳动；派遣劳动者的接受单位因为劳动力的使用，按照劳务派遣协议为派遣机构支付费用，劳动者获得就业岗位及其工资、福利和社会保险待遇，派遣机构从派遣业务中获得收入。劳务派遣现象由来已久，是非正规就业的一种重要形式。

为规范劳务派遣人员的聘用和管理，明确用工单位、劳务派遣机构和被派遣劳动者三方的权利和义务，保证劳务用工制度的规范执行，《劳动合同法》用特别规定对劳务派遣用工方式首次作出规定，明确规定了劳务派遣三方的权利义务，以保障劳务派遣的规范运行。《实施条例》进一步明确了劳务派遣的相关规定。2013 年 7 月 1 日起施行的《劳动合同法》修改案提高了经营劳务派遣的注册资本，细化了劳务派遣中的同工同酬、三性岗位等规定。

为确保《劳动合同法》修改案的有效实施，人力资源和社会保障部公布了《劳务派遣行政许可实施办法》《劳务派遣暂行规定》，明确了劳务派遣行政许可的具体许可办法，细化了《劳动合同法》修改案的具体规定，保障了劳务派遣的规范运行。

一、劳动派遣的一般性规定

(一) 劳务派遣工作岗位的范围

《劳动合同法》第六十六条规定："劳动合同用工是我国的企业基本用工形式。劳务派遣用工是补充形式，只能在临时性、辅助性或者替代性的工作岗位上实施。临时性工作岗位是指存续时间不超过六个月的岗位；辅助性工作岗位是指为主营业务岗位提供服务的非主营业务岗位；替代性工作岗位是指用工单位的劳动者因脱产学习、休假等原因无法工作的一定期间内，可以由其他劳动者替代工作的岗位。用工单位应当严格控制劳务派遣用工数量，不得超过其用工总量的一定比例，具体比例由国务院劳动行政部门规定。"《劳动合同法》对劳务派遣的范围进行了严格限制，规定劳务派遣只能在临时性、辅助性或者替代性岗位上实施，并进一步明确了"三性"岗位的具体含义。"三性"中，只要具备"一性"就可以采用劳务派遣的方式。

《劳动合同法》规定对劳务派遣用工数量实行比例控制。《劳务派遣暂行规定》第四条具体规定："用工单位应当严格控制劳务派遣用工数量，使用的被派遣劳动者数量不得超过其用工总量的10%。用工总量是指用工单位订立劳动合同人数与使用的被派遣劳动者人数之和。计算劳务派遣用工比例的用工单位是指依照《劳动合同法》和《劳动合同法实施条例》可以与劳动者订立劳动合同的用人单位。"为了规范企业决定"辅助性岗位"的行为，《劳务派遣暂行规定》第三条规定了"辅助性岗位"的决定程序，即"用工单位决定使用被派遣劳动者的辅助性岗位，应当经职工代表大会或者全体职工讨论，提出方案和意见，与工会或者职工代表平等协商确定，并在用工单位内公示"。

(二) 劳务派遣单位与用工单位应当订立劳务派遣协议

相对于正规就业而言，劳动派遣是一种典型的非正规就业方式。劳务派遣是一种组合劳动关系，由劳动者的雇用与使用相分离的特征所决定。劳务派遣单位作为受派遣劳动者的雇主，虽然是劳动合同的一方当事人，但只是形式上的雇主，并不为劳动者提供真实的工作岗位和劳动条件，也不是劳动者实际劳动给付的对象。劳动者实际劳动给付的对象是劳动关系当事人以外的第三人——用工单位。受派遣的劳动者要为劳务派遣单位的"客户"即用工单位工作，成为用工单位劳动组织的成员，服从用工单位的指挥命令，遵守用工单位的内部劳动规则，并实际给付劳动。两种不完整的劳动关系能够组合在一起的桥梁或纽带是劳务派遣单位与用工单位的劳务派遣协议。该协议规定劳务派遣单位与用工单位双方的权利义务，从而使劳务派遣单位与用工单位建立起民事法律关系。这种民事关系将不完整的形式劳动关系和实际劳动关系合并构成组合劳动关系。

《劳动合同法》第五十九条规定："劳务派遣单位派遣劳动者应当与接受以劳务派遣形式用工的单位(以下称用工单位)订立劳务派遣协议。劳务派遣协议应当约定派遣岗位和人员数量、派遣期限、劳动报酬和社会保险费的数额与支付方式以及违反协议的责任。用工单位应当根据工作岗位的实际需要与劳务派遣单位确定派遣期限，不得将连续用工期限分割订立数个短期劳务派遣协议。"《劳务派遣暂行规定》第七条规定："劳务派遣协议应当载明下列内容：(一) 派遣的工作岗位名称和岗位性质；(二) 工作地点；(三) 派遣人员数量和派遣期限；(四) 按照同工同酬原则确定的劳动报酬数额和支付方式；(五) 社会保险费的数额和支付方式；(六) 工作时间和休息休假事项；(七) 被派遣劳动者工伤、生育或者患病期间的相关待遇；(八) 劳动安全卫生以及培训事项；(九) 经济补偿等费用；(十) 劳务派遣协议期限；(十一) 劳务派遣服务费的支付方式和标准；(十二) 违反劳务派遣协议的责任；(十三) 法律、法规、规章规定应当纳入劳务派遣协议的其他事项。"

(三) 劳务派遣单位与用工单位承担连带赔偿责任

为了规范劳务派遣活动，保护劳动者的合法权益，明确劳务派遣单位与用工单位的权利义务，《劳动合同法》第九十二条规定："违反本法规定，未经许可，擅自经营劳务派遣业务的，由劳动行政部门责令停止违法行为，没收违法所得，并处违法所得一倍以上五倍以下的罚款；没有违法所得的，可以处五万元以下的罚款。劳务派遣单位、用工单位违反本法有关劳务派遣规定的，由劳动行政部门责令限期改正；逾期不改正的，以每人五千元以上一万元以下的标准处以罚款，对劳务派遣单位，吊销其劳务派遣业务经营许可证。用工单位给被派遣劳动者造成损害的，劳务派遣单位与用工单位承担连带赔偿责任。"

二、劳务派遣单位的管理要求

在劳务派遣的组合劳动关系运行中，劳务派遣单位和用工单位都对保护劳动者的合法权益承担义务。劳务派遣单位具有作为派遣劳动者的形式用人主体和派遣劳动者与用工单位之间的中介组织者的双重身份，对保证组合劳动关系的和谐运行负有重大责任，其抵御劳务派遣社会风险的实力和信誉都对劳务派遣的秩序和效果至关重要，因而应当对劳务派遣单位的资格实行严格管理。劳务派遣单位的责任及其承担责任的财产条件、制度条件等必须明确设定，还应避免违约或侵权行为发生后，找不到归责依据或不具有承担责任条件的现象。

(一) 资格条件

劳务派遣机构必须具备企业法人设立的条件，依法设立法人治理机关，并具有一定数量的专业从业人员，有健全的管理制度，达到法定标准的注册资本，有足以抵御可预见的系统风险的风险保证金。《劳动合同法》第五十七条第一款规定，"经营劳务派遣业务应当具备下列条件：(一) 注册资本不得少于人民币二百万元；(二) 有与开展业务相适应的固定的经营场所和设施；(三) 有符合法律、行政法规规定的劳务派遣管理制度；(四) 法律、行政法规规定的其他条件。"

(二) 设立程序

劳动者派遣机构的设立应当实行许可制度。营业服务范围在一地的，由当地政府劳动保障部门特许；从事异地劳动者派遣业务的，应当由派遣机构所在地和接受单位所在地政府的劳动保障部门双重特许。取得劳动者派遣许可证后，经工商行政部门登记注册，方可营业服务。《劳动合同法》第五十七条第二款规定，"经营劳务派遣业务，应当向劳动行政部门依法申请行政许可；经许可的，依法办理相应的公司登记。未经许可，任何单位和个人不得经营劳务派遣业务。"

申请经营劳务派遣业务的，申请人应当向许可机关提交下列材料：① 劳务派遣经营许可申请书；② 营业执照或者《企业名称预先核准通知书》；③ 公司章程以及验资机构出具的验资报告或者财务审计报告；④ 经营场所的使用证明以及与开展业务相适应的办公设施设备、信息管理系统等清单；⑤ 法定代表人的身份证明；⑥ 劳务派遣管理制度文本，包括劳动合同、劳动报酬、社会保险、工作时间、休息休假、劳动纪律等与劳动者切身利益相关的规章制度文本；拟与用工单位签订的劳务派遣协议样本。

《劳务派遣经营许可证》应当载明单位名称、住所、法定代表人、注册资本、许可经营事项、有效期限、编号、发证机关以及发证日期等事项。《劳务派遣经营许可证》分为正本、副本。正本、副本具有同等法律效力。《劳务派遣经营许可证》有效期为 3 年。《劳务派遣经营许可证》由人力资源社会保障部统一制定样式，由各省、自治区、直辖市人力资源和社会保障行政部门负责印制、免费发放和管理。劳务派遣单位需要延续行政许可有效期的，应当在有效期届满 60 日前向许可机关提出延续行政许可的书面申请，并提交 3 年以来的基本经营情况；劳务派遣单位逾期提出延续行政许可的书面申请的，按照新申请经营劳务派遣行政许可办理。

(三) 合同体系

在组合劳动关系的运行中，存在两种合同：其一为劳务派遣单位与用工单位的劳务派遣协议，前文已详细阐述；其二为劳务派遣单位与受派遣劳动者的劳动合同。

劳动合同的内容除应当具备劳动合同的一般法定条款之外，为适应劳动者派遣的特殊需要，还应增加法定条款，如接受单位、派遣期限、接受单位的工作岗位等。《劳动合同法》第五十八条规定："劳务派遣单位与被派遣劳动者订立的劳动合同，除应当载明本法第十七条规定的事项外，还应当载明被派遣劳动者的用工单位以及派遣期限、工作岗位等情况。劳务派遣单位应当与被派遣劳动者订立二年以上的固定期限劳动合同，按月支付劳动报酬；被派遣劳动者在无工作期间，劳务派遣单位应当按照所在地人民政府规定的最低工资标准，向其按月支付报酬。"《实施条例》第三十条规定："劳务派遣单位不得以非全日制用工形式招用被派遣劳动者。"《劳务派遣暂行规定》规定，劳务派遣单位可以依法与被派遣劳动者约定试用期。劳务派遣单位与同一被派遣劳动者只能约定一次试用期。

(四) 劳务派遣单位在劳务派遣中的义务

《劳动合同法》第六十条规定："劳务派遣单位应当将劳务派遣协议的内容告知被派遣劳动者。劳务派遣单位不得克扣用工单位按照劳务派遣协议支付给被派遣劳动者的劳动报酬。劳务派遣单位和用工单位不得向被派遣劳动者收取费用。"明确了劳务派遣单位在履行合同中的义务。

《劳务派遣暂行规定》第八条规定："劳务派遣单位应当对被派遣劳动者履行下列义务：(一) 如实告知被派遣劳动者劳动合同法第八条规定的事项、应遵守的规章制度以及劳务派遣协议的内容；(二) 建立培训制度，对被派遣劳动者进行上岗知识、安全教育培训；(三) 按照国家规定和劳务派遣协议约定，依法支付被派遣劳动者的劳动报酬和相关待遇；(四) 按照国家规定和劳务派遣协议约定，依法为被派遣劳动者缴纳社会保险费，并办理社会保险相关手续；(五) 督促用工单位依法为被派遣劳动者提供劳动保护和劳动安全卫生条件；(六) 依法出具解除或者终止劳动合同的证明；(七) 协助处理被派遣劳动者与用工单位的纠纷；(八) 法律、法规和规章规定的其他事项。"劳务派遣单位因具有用人单位及派遣单位双重身份，须对被派遣劳动者承担比普通用人单位更多的义务。

《劳务派遣暂行规定》第十条规定："被派遣劳动者在用工单位因工作遭受事故伤害的，劳务派遣单位应当依法申请工伤认定，用工单位应当协助工伤认定的调查核实工作。劳务派遣单位承担工伤保险责任，但可以与用工单位约定补偿办法。被派遣劳动者在申请进行职业病诊断、鉴定时，用工单位应当负责处理职业病诊断、鉴定事宜，并如实提供职业病诊断、鉴定所需的劳动者职业史和职业危害接触史、工作场所职业病危害因素检测结果等资料，劳务派遣单位应当提供被派遣劳动者职业病诊断、鉴定所需的其他材料。"劳务派遣单位应当依法申请工伤认定，用工单位则负责处理职业病诊断、鉴定相关事宜。

三、用工单位在劳务派遣中的义务

派遣劳动者的接受单位是实际用人主体，作为组合劳动关系的有机组成部分，享有获得劳动给付的权利，对派遣雇员行使生产性劳动组织、指挥、管理等权利，严格履行劳务派遣协议规定的义务。其管理的特殊性主要在于避免可能出现的劳动歧视问题，即单位的正式雇员与派遣雇员在地位、待遇方面的差别对待。

(一) 用工单位应当严格执行劳动标准和条件，同工同酬

《劳动合同法》第六十二条规定："用工单位应当履行下列义务：(一) 执行国家劳动标准，提供相应的劳动条件和劳动保护；(二) 告知被派遣劳动者的工作要求和劳动报酬；(三) 支付加班费、绩效奖金，提供与工作岗位相关的福利待遇；(四) 对在岗被派遣劳动者进行工作岗位所必需的培训；(五) 连续用工的，实行正常的工资调整机制。用工单位不得将被派遣劳动者再派遣到其他用人单位。"《劳动合同法》第六十三条对同工同酬做了进一步规定："被派遣劳动者享有与用工单位的劳动者同工同酬的权利。用工单位应当按照同工同酬原则，对被派遣劳动者与本单位同类岗位的劳动者实行相同的劳动报酬分配办法。用工单位无同类岗位劳动者的，参照用工单位所在地相同或者相近岗位劳动者的劳动报酬确定。"《劳务派遣暂行规定》第九条规定："用工单位应当按照《劳动合同法》第六十二条规定，向被派遣劳动者提供与工作岗位相关的福利待遇，不得歧视被派遣劳动者。"《实施条例》第二十九条中对用工单位所须履行的相关义务进行了再次强调："用工单位应当履行劳动合同法第六十二条规定的义务，维护被派遣劳动者的合法权益。"用工单位在使用被派遣劳动者时，必须切实履行法定义务，维护被派遣劳动者的合法权益。

被派遣劳动者拥有参加或者组织工会的权力。《劳动合同法》第六十四条规定："被派遣劳动者有权在劳务派遣单位或者用工单位依法参加或者组织工会，维护自身的合法权益。"

(二) 用人单位不得自设劳务派遣单位

《劳动合同法》第六十七条规定："用人单位不得设立劳务派遣单位向本单位或者所属单位派遣劳动者。"《实施条例》第二十八条从形式、主体两方面界定"自行设立"："用人单位或者其所属单位出资或者合伙设立的劳务派遣单位，向本单位或者所属单位派遣劳动者的，属于劳动合同法第六十七条规定的不得设立的劳务派遣单位。"

(三) 跨地区劳务派遣的管理

《劳动合同法》第六十一条规定："劳务派遣单位跨地区派遣劳动者的，被派遣劳动者享有的劳动报酬和劳动条件，按照用工单位所在地的标准执行。"《劳务派遣暂行规定》第五章进一步明确，劳务派遣单位跨地区派遣劳动者的，应当在用工单位所在地为被派遣劳动者参加社会保险，按照用工单位所在地的规定缴纳社会保险费，被派遣劳动者按照国家规定享受社会保险待遇。劳务派遣单位在用工单位所在地设立分支机构的，由分支机构为被派遣劳动者办理参保手续，缴纳社会保险费。劳务派遣单位未在用工单位所在地设立分支机构的，由用工单位代劳务派遣单位为被派遣劳动者办理参保手续，缴纳社会保险费。

四、劳动合同的解除和终止

劳务派遣中劳动合同的解除和终止同样适用于《劳动合同法》劳动合同解除与终止的条款。由于劳务派遣存在三个主体，因此，解除与终止合同时有其特殊性，《劳动合同法》《实施条例》《劳务派遣暂行规定》对此进行了明确规定。

(一) 被派遣劳动者解除劳动合同

《劳动合同法》中劳动者单方解除劳动合同的条款同样适用于劳务派遣中的劳动者。《劳动合同法》第六十五条第一款说明被派遣的劳动者适用于协商解除和用人单位有过错时劳动者单方解除，"被派遣劳动者可以依照本法第三十六条、第三十八条的规定与劳务派遣单位解除劳动合同。"在劳务派遣中用人单位和用工单位无过错的情况下，劳动者仍然可以依据《劳务派遣暂行规定》第十四条解除劳动合同，"被派遣劳动者提前30日以书面形式通知劳务派遣单位，可以解除劳动合同。被派遣劳动者在试用期内提前3日通知劳务派遣单位，可以解除劳动合同。劳务派遣单位应当将被派遣劳动者通知解除劳动合同的情况及时告知用工单位。"

(二) 用工单位退回被派遣劳动者

在劳务派遣当中，用工单位与被派遣劳动者不存在劳动关系，因而无权与其直接解除劳动合同，只能将劳动者退回劳务派遣单位，退回劳务派遣单位之后，由劳务派遣单位对被派遣劳动者进行处理。

《劳动合同法》第六十五条第二款规定："被派遣劳动者有本法第三十九条和第四十条第一项、第二项规定情形的，用工单位可以将劳动者退回劳务派遣单位，劳务派遣单位依照本法有关规定，可以与劳动者解除劳动合同。"《劳务派遣暂行规定》第十二条对用工单位退回被派遣劳动者的情形进行了扩充，"有下列情形之一的，用工单位可以将被派遣劳动者退回劳务派遣单位：(一) 用工单位有劳动合同法第四十条第三项、第四十一条规定情形的；(二) 用工单位被依法宣告破产、吊销营业执照、责令关闭、撤销、决定提前解散或者经营期限届满不再继续经营的；(三) 劳务派遣协议期满终止的。被派遣劳动者退回后在无工作期间，劳务派遣单位应当按照不低于所在地人民政府规定的最低工资标准，向其按月支付报酬。"《劳动合同法》中解除与终止的限制条件，劳务派遣中仍然有规定，《劳务派遣暂行规定》第十三条："被派遣劳动者有劳动合同法第四十二条规定情形的，在派遣期限届满前，用工单位不得依据本规定第十二条第一款第一项规定将被派遣劳动者退回劳务派遣单位；派遣期限届满的，应当延续至相应情形消失时方可退回。"

(三) 派遣单位解除劳动合同

《劳务派遣暂行规定》第十一条规定："劳务派遣单位行政许可有效期未延续或者《劳务派遣经营许可证》被撤销、吊销的，已经与被派遣劳动者依法订立的劳动合同应当履行至期限届满。双方经协商一致，可以解除劳动合同。"第十五条规定："被派遣劳动者因本规定第十二条规定被用工单位退回，劳务派遣单位重新派遣时维持或者提高劳动合同约定条件，被派遣劳动者不同意的，劳务派遣单位可以解除劳动合同。被派遣劳动者因本规定第十二条规定被用工单位退回，劳务派遣单位重新派遣时降低劳动合同约定条件，被派遣劳动者不同意的，劳务派遣单位不得解除劳动合同。但被派遣劳动者提出解除劳动合同的除外。"

(四) 劳务派遣劳动合同终止

劳务派遣劳动合同终止同样适用于《劳动合同法》第四十四条规定，除此之外，《劳务派遣暂行规定》第十六条扩大了终止情形："劳务派遣单位被依法宣告破产、吊销营业执照、责令关闭、撤销、决定提前解散或者经营期限届满不再继续经营的，劳动合同终止。用工单位应当与劳务派遣单位协商妥善安置被派遣劳动者。"

(五) 解除、终止劳务派遣劳动合同的经济补偿和赔偿

《劳动合同法》未明确解除、终止劳务派遣劳动合同的经济补偿和赔偿，《实施条例》和《劳务派遣暂行规定》对此做了明确规定。

(1) 经济补偿规定。《实施条例》第三十一条中明确，劳务派遣单位或者被派遣劳动者依法解除、终止劳动合同的经济补偿，依照劳动合同法第四十六条、第四十七条的规定执行。《劳务派遣暂行规定》第十七条规定："劳务派遣单位因劳动合同法第四十六条或者本规定第十五条、第十六条规定的情形，与被派遣劳动者解除或者终止劳动合同的，应当依法向被派遣劳动者支付经济补偿。"

(2) 赔偿金规定。《实施条例》第三十二条规定："劳务派遣单位违法解除或者终止被派遣劳动者的劳动合同的，依照劳动合同法第四十八条的规定执行。"

第三节 非全日制用工

引导案例

非全日制用工也属于劳动关系

某公司为一家教育培训机构，王某至该公司从事教师工作，工作时间为每周一、三、四、五的下午三点半至五点四十，主要工作内容为将小朋友从幼儿园接至公司参加培训并为小朋友们授课，其工作受公司组织管理，并约定工资标准，由公司每月通过微信转账支付。2021 年 1 月 21 日下课后，王某回家途中发生交通事故。王某提起仲裁，要求确认与公司存在劳动关系。仲裁委裁决双方系劳动关系，公司不服，遂诉至法院。

法院判决：双方存在劳动关系。

非全日制用工，是指以小时计酬为主，劳动者在同一用人单位一般平均每日工作时间不超过 4 小时，每周工作累计不超过 24 小时的用工形式。非全日制用工虽与全日制用工存在差异，但在此情形下用人单位与劳动者仍存在劳动关系。

本案中，王某系公司招用，其工作由该公司进行安排，受公司的管理、指挥，从事的业务系公司业务组成部分，双方用工情形符合劳动合同法规定的非全日制用工的情形，故应当认定双方存在劳动关系。目前，用人单位对规范用工意识已大幅提高，但是对于非全日制等区别于全日制用工情形的用工方式存在认识盲区，在灵活用工形式日益普遍的当下，应当提高用人单位对该领域的认知，在加强对劳动者合法权益保护的同时也能更好地规避用工风险。

资料来源：无锡法院 2021 年度劳动争议典型案例 案例 6
https://zy.wxfy.gov.cn/article/detail/2022/05/id/ 6670632.shtml

非全日制用工是比全日制用工更为灵活的一种用工形式，根据其特点可以从计酬方式和工作时间两方面进行定义。从计酬方式看，非全日制用工以小时为单位，根据劳动者实际的工作时间支付其劳动报酬，单位时间的工资不得低于法律规定的小时最低工资标准；从工作时间看，非全日制用工的工作时间远低于全日制用工。

一、非全日制用工的含义

非全日制劳动是灵活就业的一种重要形式。近年来，以小时工为主要形式的非全日制用工发展较快，特别是在餐饮、超市、社区服务等领域，用人单位使用的非全日制用工形式越来越多。这一用工形式突破了传统的全日制用工模式，适应了用人单位灵活用工和劳动者自主择业的需要，已成为促进就业的重要途径。为规范用人单位非全日制用工行为，保障劳动者的合法权益，促进非全日制就业健康发展，2003 年 5 月，劳动和社会保障部发布《关于非全日制用工若干问题的意见》，第一次对非全日制用工的劳动关系、工资支付、社会保险、劳动争议等进行了规定。《劳动合同法》第一次以法律的形式对非全日制用工作出了规定。

《劳动合同法》第六十八条规定，非全日制用工，是指以小时计酬为主，劳动者在同一用人单位一般平均每日工作时间不超过四小时，每周工作时间累计不超过二十四小时的用工形式。可见，非全日制用工具有三个特点：① 以小时计酬为主，但不局限于以小时计酬；② 劳动者在同一用人单位一般平均每日工作时间不超过 4 小时；③ 每周工作时间累计不超过 24 小时。

从事非全日制工作的劳动者可以在一个以上的用人单位从事非全日制劳动，所以法律规定的一般平均每日工作时间和每周工作累计时间，都是针对劳动者在同一个用人单位劳动所作出的，而并不是指劳动者实际平均每日的全部劳动时间和每周累计的全部劳动时间。非全日制用工属于劳动关系。根据《劳动合同法》第二条规定的适用范围，非全日制用工只限于用人单位用工，而不包括个人用工形式。个人用工属于民事雇佣关系，应受民事法律关系调整。

二、非全日制用工的一般规定

《劳动合同法》针对非全日制用工的特点，对非全日制用工的含义，非全日制用工劳动合同的订立、履行和终止，非全日制用工的试用期问题和劳动报酬等问题都做出了规定。非全日制用工双方当事人可以订立口头协议。从事非全日制工作的劳动者可以与一个或者一个以上用人单位订立劳动合同；但是，后订立的劳动合同不得影响先订立的劳动合同的履行。非全日制用工双方当事人不得约定试用期。非全日制用工双方当事人任何一方都可以随时通知对方终止用工。终止用工，用人单位不向劳动者支付经济补偿。非全日制用工小时计酬标准不得低于用人单位所在地人民政府规定的最低小时工资标准。非全日制用工劳动报酬结算支付周期最长不得超过十五日。

(一) 非全日制劳动关系的决定因素是工作时间

非全日制劳动关系与全日制劳动关系相比有很多不同点，如不需要订立书面劳动合同，不得约定试用期，可以随时终止用工且无须支付经济补偿，最长半个月支付一次工资等，但最核心的区别标准是劳动者的工作时间。

如果劳动者平均每日工作时间不超过四小时、每周累计不超过二十四小时，则劳动者与用人单位建立的属于非全日制劳动关系。如果劳动者平均每日工作时间超过四小时，或者每周工作时间累计超过二十四小时，则与用人单位建立的劳动关系就属于全日制劳动关系。因此，劳动者在用人单位的工作时间是衡量其与用人单位建立全日制还是非全日制劳动关系的核心标准。

(二) 工资支付周期不得超过十五日

《劳动合同法》第七十二条第二款规定："非全日制用工劳动报酬结算支付周期最长不得超过十五日。"这与全日制用工要求工资按月发放不同，非全日制用工的工资支付周期最长为十五日。

如果用人单位按月向非全日制劳动者发放工资，不能因此认定双方构成全日制劳动关系。应该注意，工资支付周期是非全日制用工区别于全日制用工的表现特征，并非两者相区别的核心标准。

(三) 非全日制用工可以建立双重劳动关系

《劳动合同法》第六十九条第二款规定："从事非全日制用工的劳动者可以与一个或者一个以上用人单位订立劳动合同；但是，后订立的劳动合同不得影响先订立的劳动合同的履行。"这说明，非全日制劳动者可以建立双重劳动关系甚至是多重劳动关系，即劳动者可以在 A 企业、B 企业甚至 C 企业同时做几份小时工。

(四) 与同一单位不能建立双重非全日制劳动关系

为了规避法律责任，有的用人单位想和劳动者建立两份非全日制劳动关系，即劳动者上午工作四个小时负责安保工作，下午工作四个小时负责保洁工作，这样双方似乎就能按照非全日制劳动关系来确立劳动权利义务。但这一想法明显忽略了《劳动合同法》对非全日制劳动关系的定义，第六十八条界定非全日制用工的工作时间标准时，明确提到的前提是"劳动者在同一用人单位"，即劳动者因工作时间不超过四小时而成立非全日制劳动关系的前提是在同一用人单位，如果劳动者在同一用人单位的两段工作时间平均每天超过四小时，则显然属于全日制劳动关系。

(五) 非全日制用工不需要签订劳动合同

《劳动合同法》第六十九条第一款规定："非全日制用工双方当事人可以订立口头协议。"这与用人单位未与全日制劳动者订立书面劳动合同应承担二倍工资以及一年后视为订立无固定期限劳动合同的法律责任相比，用人单位使用非全日制劳动者没有必须订立劳动合同的义务。

但从预防争议发生的角度，用人单位使用非全日制劳动者，最好与之订立非全日制劳动合同，明确其工作时间和双方的劳动权利义务。如果未订立劳动合同的劳动者主张与用人单位存在全日制劳动关系，用人单位予以否认的，用人单位应当提供证据证明劳动者在用人单位的工作时间，否则按照《劳动争议调解仲裁法》第六条规定的举证责任倒置原则，就要承担应签未签劳动合同的二倍工资以及相应的社会保险缴费义务。

(六) 非全日制用工的社会保险缴纳

关于非全日制用工的社会保险缴纳在《关于非全日制用工若干问题的意见》中有明确规定：

(1) 从事非全日制工作的劳动者应当参加基本养老保险，原则上参照个体工商户的参保办法执行。对于已参加过基本养老保险和建立个人账户的人员，前后缴费年限合并计算；跨统筹地区转移的，应办理基本养老保险关系和个人账户的转移、接续手续。符合退休条件时，按国家规定计发基本养老金。

(2) 从事非全日制工作的劳动者可以以个人身份参加基本医疗保险，并按照待遇水平与缴费水平相挂钩的原则，享受相应的基本医疗保险待遇。参加基本医疗保险的具体办法由各地劳动保障部门研究制定。

(3) 用人单位应当按照国家有关规定为建立劳动关系的非全日制劳动者缴纳工伤保险费。从事非全日制工作的劳动者发生工伤，依法享受工伤保险待遇；被鉴定为伤残 5～10 级的，经劳动者与用人单位协商一致，可以一次性结算伤残待遇及有关费用。

思 考 题

1. 试述集体合同订立的原则。
2. 集体合同的内容有哪些？
3. 试述用工单位在劳务派遣中的义务。
4. 试述非全日制用工的含义与特点。

第八章　劳动争议处理

　　劳动争议是用人单位与劳动者因对薪酬、工作时间、福利、解雇及其他待遇等工作条件的主张不一致而产生的纠纷，处理劳动争议必须遵循法律规定的原则和程序。伴随着社会主义市场经济体制改革和劳动制度的改革与完善，我国早在 1987 年就恢复了劳动争议仲裁制度。《劳动法》《劳动争议调解仲裁法》等的相继制定与实施，形成了以协商、调解、仲裁、诉讼为主要环节的劳动争议处理制度。

第一节　劳动争议处理概述

　　为保护劳动关系双方当事人合法权益、调整劳动关系、维护社会稳定，2008 年 5 月 1 日我国开始实施《劳动争议调解仲裁法》。《劳动争议调解仲裁法》是建立健全劳动争议调解仲裁规范的重要法律。2017 年 5 月人力资源和社会保障部颁布《劳动人事争议仲裁办案规则》。上述法律法规的颁布实施，对完善我国劳动争议调解仲裁制度，为当事人特别是劳动者提供高效公正的法律救济，对发展和谐稳定的劳动关系具有重大意义。

一、劳动争议的概念

　　劳动争议亦称劳动纠纷，是指劳动关系双方当事人之间因劳动权利和劳动义务的认定与实现所发生的纠纷。市场经济的物质利益原则的作用，使得劳动关系当事人之间，既有共同的利益和合作的基础，又有利益的差别和冲突。劳动争议的实质是劳动关系主体的利益差别而导致的利益冲突。只要是市场经济体制，只要劳动关系当事人有相对独立的物质利益，劳动争议的产生就具有必然性。

　　劳动争议与其他社会关系纠纷相比，具有下述特征。

（一）劳动争议的当事人是特定的

　　劳动争议的当事人就是劳动关系的当事人，即一方为企业，另一方为劳动者或其团体，并且只有存在劳动关系的企业和劳动者或其团体才有可能成为劳动争议的当事人，而其他纠纷的当事人则不具有这个特点。

(二) 劳动争议的内容是特定的

劳动争议的标的是劳动权利和劳动义务。权利义务的基础在于劳动法律、集体合同、劳动合同、企业内部劳动管理规则的规定或约定，是否遵循法律规范和合同规范是劳动争议产生的直接原因。劳动争议在一定意义上说是因实施劳动法而产生的争议，包括就业、工资、工时、劳动条件、保险福利、培训、奖惩等各个方面，内容相当广泛，任何一种不规范的行为都有可能产生争议。凡是以劳动权利义务之外的权利义务为标的的争议都不属于劳动争议。

(三) 劳动争议有特定的表现形式

一般的社会关系纠纷表现为争议主体之间的利益冲突，其影响范围通常局限在争议主体之间，而重大的集体劳动争议除可表现为一般劳动关系纠纷的形式，有时还会以消极怠工、罢工、示威、请愿等形式出现，涉及面广，影响范围大，甚至超越事发地区，有的甚至造成国际性影响。

二、劳动争议的分类

按照不同的标准，可将劳动争议做如下的分类。

(一) 按照劳动争议的主体划分

按照劳动争议的主体，可将劳动争议划分为：

(1) 个别争议。劳动者一方当事人人数在 10 人以下，有共同争议理由的。

(2) 集体争议。劳动者一方当事人人数在 10 人以上，并有共同请求的，或者工会与用人单位因签订或履行集体合同发生的争议。

(二) 按照劳动争议的性质划分

按照劳动争议的性质，可将劳动争议划分为：

(1) 权利争议，又称既定权利争议。劳动关系当事人基于劳动法律、法规的规定，或集体合同、劳动合同约定的权利与义务所发生的争议。在当事人权利义务既定的情况下，只要当事人双方都按照法律或合同的规定或约定行使权利、履行义务，一般不会发生争议；若当事人不按照规定行为，侵犯另一方既定权利，或者当事人对如何行使权利义务理解上存在分歧，争议就会发生。

(2) 利益争议。当事人因主张有待确定的权利和义务所发生的争议。在劳动关系当事人的权利义务尚未确定的情况下，双方对权利义务有不同的主张，即因当事人的利益未来如何分配而发生的争议。显然，只有在存在劳动关系的情况下，才会发生此类争议。它通常表现为签订、变更集体合同所发生的争议。

(三) 按照劳动争议的标的划分

按照劳动争议的标的，可将劳动争议划分为：

(1) 劳动合同争议。因解除、终止劳动合同对适用条件的不同理解与实施发生的争议。

(2) 关于劳动安全卫生、工作时间、休息休假、保险福利而发生的争议。

(3) 关于劳动报酬、培训、奖惩等因适用条件的不同理解与实施而生的争议。

三、劳动争议处理制度

劳动争议处理制度是劳动关系调整的重要方式之一。一般地说，劳动争议的解决机制包括四种方式。

(一) 自力救济

所谓自力救济，是指劳动争议的当事人在没有争议主体以外的第三人的介入或帮助下，依靠当事人自身的力量解决纠纷。当代解决劳动争议的自力救济方式主要为当事人的相互协商、和解。自力救济的特征为自治性、争议主体的合意性和非严格的规范性。

(二) 社会救济

所谓社会救济，是指依靠社会力量即社会各类调解组织，依据法律、惯例以及道德等规范，对劳动争议当事人的纠纷进行疏导沟通，促成当事人双方相互谅解和让步，从而解决争议。社会救济的突出特征是争议主体的意思自治性、群众性、自愿性，比较灵活的程序性。

(三) 公力救济

所谓公力救济，是指利用国家公权力解决劳动争议的机制。包括劳动争议诉讼和仲裁裁决。

(四) 社会救济与公力救济相结合

在一般的民事纠纷的解决机制中，不存在此种纠纷解决机制。依据民事诉讼法和仲裁法的规定，民事纠纷的仲裁机构属于民间组织或社团法人，民事纠纷的解决机制遵循或裁或审、由当事人自由选择的权利救济机制。民事纠纷的仲裁属于权利的社会救济机制，民事仲裁权来源于当事人的合意。依据《劳动争议调解仲裁法》的规定，从劳动争议仲裁机构的组成、仲裁原则、仲裁的基本制度设计上观察，劳动争议仲裁与民事纠纷仲裁的性质不同。劳动争议仲裁机构绝非像民事仲裁机构那样属于纯粹的民间组织或社团法人，劳动争议仲裁权也并非来源于当事人的合意。并且，基于劳动争议仲裁实行强制原则和裁审衔接制度等规范上看，只有劳动争议存在这种社会救济与公力救济相结合的纠纷解决机制。

劳动争议仲裁是劳动争议仲裁机构根据劳动争议当事人一方或双方的申请，依法就劳动争议的事实和当事人应承担的责任作出判断和裁决的活动。劳动争议仲裁的组织机构是劳动争议仲裁委员会，它是国家授权、依法独立处理劳动争议案件的专门机构。它由劳动行政部门代表、同级工会代表、用人单位方面的代表三方组成，是劳动关系协调中贯彻"三方原则"在劳动争议处理体制中的具体表现。劳动争议仲裁是兼有司法性特征的劳动行政执法行为。

作为社会救济与公力救济相结合的权利救济机制的劳动争议仲裁与其他救济机制相比较的显著特征有以下三点：

(1) 贯彻"三方原则"。贯彻这一原则体现了权利的社会救济机制的特点。

(2) 国家的强制性。例如，劳动争议仲裁程序的启动，无须争议主体双方当事人的合意为前提条件，只要一方当事人提起劳动争议仲裁申请，即可导致仲裁程序的启动；劳动争议仲裁庭对争议的裁判是一种强制性判断，无须经过当事人的同意；对于生效的仲裁庭调解或裁决，当事人不履行义务时可以通过国家强制执行权迫使其履行裁判。

(3) 严格的规范性。劳动争议仲裁的申请、劳动争议仲裁机构受理案件与处理劳动争议等都必须严格遵守法律规定的程序。

四、劳动争议的范围

《劳动争议调解仲裁法》第二条明确了劳动争议的范围，"中华人民共和国境内的用人单位与劳动者发生的下列劳动争议，适用本法：(一) 因确认劳动关系发生的争议；(二) 因订立、履行、变更、解除和终止劳动合同发生的争议；(三) 因除名、辞退和辞职、离职发生的争议；(四) 因工作时间、休息休假、社会保险、福利、培训以及劳动保护发生的争议；(五) 因劳动报酬、工伤医疗费、经济补偿或者赔偿金等发生的争议；(六) 法律、法规规定的其他劳动争议。"

《最高人民法院关于审理劳动争议案件适用法律问题的解释(一)》第一条对该范围进行了进一步解释。劳动者与用人单位之间发生的下列纠纷，属于劳动争议，当事人不服劳动争议仲裁机构作出的裁决，依法提起诉讼的，人民法院应予受理：(一) 劳动者与用人单位在履行劳动合同过程中发生的纠纷；(二) 劳动者与用人单位之间没有订立书面劳动合同，但已形成劳动关系后发生的纠纷；(三) 劳动者与用人单位因劳动关系是否已经解除或者终止，以及应否支付解除或者终止劳动关系经济补偿金发生的纠纷；(四) 劳动者与用人单位解除或者终止劳动关系后，请求用人单位返还其收取的劳动合同定金、保证金、抵押金、抵押物发生的纠纷，或者办理劳动者的人事档案、社会保险关系等移转手续发生的纠纷；(五) 劳动者以用人单位未为其办理社会保险手续，且社会保险经办机构不能补办导致其无法享受社会保险待遇为由，要求用人单位赔偿损失发生的纠纷；(六) 劳动者退休后，与尚未参加社会保险统筹的原用人单位因追索养老金、医疗费、工伤保险待遇和其他社会保险待遇而发生的纠纷；(七) 劳动者因为工伤、职业病，请求用人单位依法给予工伤保险待遇发生的纠纷；(八) 劳动者依据劳动合同法第八十五条规定，要求用人单位支付加付赔偿金发生的纠纷；(九) 因企业自主进行改制发生的纠纷。

《最高人民法院关于审理劳动争议案件适用法律问题的解释(一)》第二条对不属于劳动争议的情形进行了明确。下列纠纷不属于劳动争议：(一) 劳动者请求社会保险经办机构发放社会保险金的纠纷；(二) 劳动者与用人单位因住房制度改革产生的公有住房转让纠纷；(三) 劳动者对劳动能力鉴定委员会的伤残等级鉴定结论或者对职业病诊断鉴定委员会的职业病诊断鉴定结论的异议纠纷；(四) 家庭或者个人与家政服务人员之间的纠纷；(五) 个体工匠与帮工、学徒之间的纠纷；(六) 农村承包经营户与受雇人之间的纠纷。

五、劳动争议处理的原则

劳动争议处理的原则就是劳动争议处理机构在处理劳动争议时必须遵循的基本准则，贯穿于劳动争议处理的全过程，即劳动争议的调解程序、仲裁程序都要遵循。但是在不同的劳动争议处理程序中，每道程序都有反映该程序特点的具体原则。具体原则的落实，保障了总体原则在劳动争议处理全过程中的实现。《劳动争议调解仲裁法》第三条规定："解决劳动争议，应当根据事实，遵循合法、公正、及时、着重调解的原则，依法保护当事人的合法权益。"劳动争议处理原则的内容如下：

(一) 在查清事实的基础上依法处理

此项原则就是合法原则，劳动争议处理机构处理劳动争议的所有活动和决定都要以事实为根据，以法律为准绳。机构要正确处理调查取证与举证责任的关系。调查取证是劳动争议处理机构的权利和责任，举证是当事人应尽的义务和责任，两者有机结合，才能达到查清事实的目的。处理劳动争议既要依实体法，又要依程序法，而且要掌握好依法的顺序，按照"大法优于小法，后法优于先法"的顺序处理。处理劳动争议既要有原则性，又要有灵活性，坚持原则性与灵活性相结合。

(二) 当事人在适用法律上一律平等

此项原则就是公平原则，劳动争议处理机构在处理劳动争议时必须保证争议双方当事人处于平等的法律地位，具有平等的权利义务。当事人双方在适用法律上一律平等、一视同仁，对任何一方都不偏袒、不歧视，对被侵权或受害的任何一方都同样予以保护，依法保护当事人的合法权益。

(三) 及时处理，着重调解

劳动争议的调解贯穿劳动争议处理的各个程序，企业劳动争议调解委员会处理工作程序的全过程都属于调解，其他处理程序也都必须先行调解，调解不成时才能进行裁决或判决。及时处理强调各道处理程序的时间限制：受理、调解、仲裁、判决、结案都应在法律法规规定的时限内完成，及时保护当事人的合法权益，防止矛盾激化。

六、劳动争议处理程序

根据《劳动争议调解仲裁法》的有关规定，发生劳动争议时，劳动者可以与用人单位协商，也可以请工会或者第三方共同与用人单位协商，达成和解协议。发生劳动争议，当事人不愿协商、协商不成或者达成和解协议后不履行的，可以向调解组织申请调解；不愿调解、调解不成或者达成调解协议后不履行的，可以向劳动争议仲裁委员会申请仲裁；对仲裁裁决不服的，除本法另有规定的外，可以向人民法院提起诉讼。

我国劳动争议处理制度的基本体制是自愿选择协商和调解，仲裁是劳动争议诉讼的前置程序，诉讼是处理劳动争议的最终程序，形成"仲裁前置，裁审衔接，一裁两审制"。

七、劳动争议举证责任

举证责任，是指当事人在仲裁、诉讼中对自己的主张加以证明，并在自己的主张最终不能得到证明时承担不利法律后果的责任。《劳动争议调解仲裁法》第六条规定："发生劳动争议，当事人对自己提出的主张，有责任提供证据。"但考虑到在劳动争议案件中，大量的证据由用人单位掌握管理，劳动者在发生争议的时候难以提供，因此为了保护劳动者的合法权益，《劳动争议调解仲裁法》第六条同时规定："与争议事项有关的证据属于用人单位掌握管理的，用人单位应当提供；用人单位不提供的，应当承担不利后果。"劳动者在劳动争议处理程序中处于弱势地位，有些与争议事项有关的证据是用人单位掌握管理的，例如人事档案、工资发放清单、考勤记录、绩效考核材料、奖金分配制度、社会保险费缴纳等等，劳动者一般无法取得和提供。在这些情况下仍然坚持"谁主张，谁举证"，对劳动者来说有失公平。所以，《劳动争议调解仲裁法》合理确定了劳动关系双方的举证责任，将"谁主张，谁举证"与用人单位举证责任结合起来，并明确了用人单位拒绝提供相关证据的法律后果。

劳动争议举证责任的规定，将举证责任在劳动关系双方之间进行了合理的分配。对劳动者而言，要更加注意保存证据。因为法律规定用人单位仅负责提供一种证据，那就是"与争议事项有关的证据属于用人单位掌握管理的"，而其他属于劳动者自己管理的证据，依然要由劳动者提供。对用人单位而言，对其规范管理提出了更高的要求。用人单位要高度重视和完善档案管理制度，同时要加强对档案资料的保管，尤其对用人单位有利的档案资料。离职员工的所有档案保留至少2年，以防范员工在离职后对用人单位提起劳动争议仲裁，否则，将大大增加用工成本。

《劳动争议调解仲裁法》第三十八条规定："当事人在仲裁过程中有权进行质证和辩论。质证和辩论终结时，首席仲裁员或者独任仲裁员应当征询当事人的最后意见。"这一规定明确了仲裁活动中的质证和辩论问题。当事人在仲裁过程中有权进行质证。质证是双方当事人之间对彼此提供的证据的真实性、合法性、关联性以及有无证明力、证明力大小进行说明和质辩。"真实性"是指证据所反映的内容应当是真实的、客观存在的，"关联性"是指证据与案件事实之间存在客观联系，"合法性"是指证明案件真实情况的证据必须符合法律规定的要求。

❖ **案例**

处理加班费争议，如何分配举证责任

林某于2020年1月入职某教育咨询公司，月工资为6000元。2020年7月，林某因个人原因提出解除劳动合同，并向劳动人事争议仲裁委员会(简称仲裁委员会)申请仲裁。林某主张其工作期间每周工作6天，并提交了某打卡APP打卡记录(显示林某及某教育咨询公司均实名认证，林某每周一至周六打卡；每天打卡两次，第一次打卡时间为早9时左右，第二次打卡时间为下午6时左右；打卡地点均为某教育咨询公司所在位置，存在个别日期未打卡情形)、工资支付记录打印件(显示曾因事假扣发工资，扣发日期及天数与打卡记录一致，未显示加班费支付情况)。某教育咨询公司不认可上述证据的真实性，主张林某每周

工作 5 天，但未提交考勤记录、工资支付记录。林某请求裁决某教育咨询公司支付加班费 10 000 元。

仲裁委员会裁决某教育咨询公司支付林某加班费 10 000 元(裁决为终局裁决)。

本案的争议焦点是如何分配林某与某教育咨询公司的举证责任。

《劳动争议调解仲裁法》第六条规定："发生劳动争议，当事人对自己提出的主张，有责任提供证据。与争议事项有关的证据属于用人单位掌握管理的，用人单位应当提供；用人单位不提供的，应当承担不利后果。"《最高人民法院关于审理劳动争议案件适用法律问题的解释(一)》(法释〔2020〕26 号)第四十二条规定："劳动者主张加班费的，应当就加班事实的存在承担举证责任。但劳动者有证据证明用人单位掌握加班事实存在的证据，用人单位不提供的，由用人单位承担不利后果。"从上述条款可知，主张加班费的劳动者有责任按照"谁主张谁举证"的原则，就加班事实的存在提供证据，或者就相关证据属于用人单位掌握管理提供证据。用人单位应当提供而不提供有关证据的，可以推定劳动者加班事实存在。本案中，虽然林某提交的工资支付记录为打印件，但与实名认证的 APP 打卡记录互相印证，能够证明某教育咨询公司掌握加班事实存在的证据。某教育咨询公司虽然不认可上述证据的真实性，但未提交反证或者作出合理解释，应承担不利后果。故仲裁委员会依法裁决某教育咨询公司支付林某加班费。

资料来源：人力资源社会保障部 最高人民法院 劳动人事争议典型案例(第二批)案例 6

https://www.court.gov.cn/zixun-xiangqing-319151.html

第二节　劳动争议调解

调解制度是指经过第三者的排解疏导，说服教育，促使发生纠纷的双方当事人依法自愿达成协议，解决纠纷的一种活动，被称为解决纠纷的"第三条道路"和"绿色"纠纷处理机制。在解决劳动争议中引入调解机制，有利于把争议及时解决在基层，最大限度地降低当事人双方的对抗性，阻止双方矛盾激化，对解决劳动争议起着很大的作用。《劳动争议调解仲裁法》在确立企业调解制度的基础之上，整合并强化了劳动争议调解制度，重申了着重调解的原则，规定了调解组织的类型、调解员的任职资格、调解的方式、调解协议的效力等。

一、劳动争议调解的概念

劳动争议调解是指调解组织对企业与劳动者之间发生的劳动争议，在查明事实、分清是非、明确责任的基础上，依照国家劳动法律、法规，以及依法制定的企业规章和劳动合同，通过民主协商的方式，推动双方互谅互让、达成协议、消除纷争的一种活动。劳动争议调解是一种力求达成一致的过程，立足于把矛盾、纠纷化解在基层，促进劳动关系的和谐稳定。

(一) 劳动争议调解的特点

劳动争议调解具有以下特点：

(1) 群众性。调解组织是企业内依法成立的处理劳动争议的群众性组织，这体现在其人员组成和工作原则上。调解活动强调群众的直接参与。

(2) 自治性。调解是企业内的劳动者对本单位运行的劳动关系进行自我管理、自我调节、自我化解矛盾的有效形式。

(3) 非强制性。调解程序完全体现自愿的特点，即：申请调解自愿，不能强制；调解协议的履行依赖于当事人的自愿及舆论的约束。

(二) 调解劳动争议的原则

1. 自愿原则

(1) 申请调解自愿。只有劳动争议双方当事人都同意调解，调解组织才能受理，有一方不同意则不能受理。

(2) 调解过程自愿。调解人员在调解过程中不能采取任何强制或命令的手段，强迫当事人接受调解意见，而应在协商、说服教育、分清是非的基础上达成一致。调解协议的所有内容必须是当事人真实、一致的意思表示，不得勉强。

(3) 履行协议自愿。调解协议达成后，当事人自愿履行，一方或双方都不履行或反悔的，则为调解不成。调解组织不得强迫当事人履行。

2. 尊重当事人申请仲裁和诉讼权利的原则

调解组织对劳动争议的调解并不是劳动争议仲裁或诉讼的必要条件，在调解组织调解劳动争议的任何阶段，劳动争议双方当事人都有依法提请仲裁和诉讼的权利。此项原则包括的具体含义是：

(1) 劳动争议发生后，解决劳动争议的方式由当事人自由选择调解或仲裁，调解委员会不得阻止。

(2) 调解过程中，当事人都可提出申请仲裁的请求，调解委员会不得干涉。

(3) 劳动争议经调解组织调解达成协议，当事人反悔，不愿履行该协议的，仍享有提请仲裁的权利，对此，调解组织不得阻拦和干预。

二、劳动争议调解组织

《劳动争议调解仲裁法》第十条规定："发生劳动争议，当事人可以到下列调解组织申请调解：(一) 企业劳动争议调解委员会；(二) 依法设立的基层人民调解组织；(三) 在乡镇、街道设立的具有劳动争议调解职能的组织。"企业劳动争议调解委员会是传统上最主要的劳动争议调解机构，后两种调解组织是《劳动争议调解仲裁法》新增加的，旨在增强劳动争议调解的能力，分流更多的劳动争议案件，为仲裁和诉讼减压。

(一) 企业调解委员会

《企业劳动争议协商调解规定》规定，大中型企业应当依法设立调解委员会，并配备专职或者兼职工作人员。有分公司、分店、分厂的企业，可以根据需要在分支机构设立调解委员会。总部调解委员会指导分支机构调解委员会开展劳动争议预防调解工作。调解委员会可以根据需要在车间、工段、班组设立调解小组。小微型企业可以设立调解委员会，也可以由劳动者和企业共同推举人员，开展调解工作。调解委员会由劳动者代表和企业代表组成，人数由双方协商确定，双方人数应当对等。劳动者代表由工会委员会成员担任或者由全体劳动者推举产生，企业代表由企业负责人指定。调解委员会主任由工会委员会成员或者双方推举的人员担任。

依据《企业劳动争议协商调解规定》第十六条，调解委员会履行的职责包括：① 宣传劳动保障法律、法规和政策；② 对本企业发生的劳动争议进行调解；③ 监督和解协议、调解协议的履行；④ 聘任、解聘和管理调解员；⑤ 参与协调履行劳动合同、集体合同、执行企业劳动规章制度等方面出现的问题；⑥ 参与研究涉及劳动者切身利益的重大方案；⑦ 协助企业建立劳动争议预防预警机制。

《劳动争议调解仲裁法》第十一条规定："劳动争议调解组织的调解员应当由公道正派、联系群众、热心调解工作，并具有一定法律知识、政策水平和文化水平的成年公民担任。"依据《企业劳动争议协商调解规定》，调解员应当公道正派、联系群众、热心调解工作，具有一定劳动保障法律政策知识和沟通协调能力。调解员由调解委员会聘任的本企业工作人员担任，调解委员会成员均为调解员。调解员的聘期至少为 1 年，可以续聘。调解员不能履行调解职责时，调解委员会应当及时调整。调解员依法履行调解职责，需要占用生产或者工作时间的，企业应当予以支持，并按照正常出勤对待。调解员履行下列职责：① 关注本企业劳动关系状况，及时向调解委员会报告；② 接受调解委员会指派，调解劳动争议案件；③ 监督和解协议、调解协议的履行；④ 完成调解委员会交办的其他工作。

(二) 基层人民调解组织

基层人民调解组织(又称人民调解委员会)是我国解决民间纠纷的组织。人民调解委员会是村民委员会和居民委员会下设的调解民间纠纷的群众性组织，在基层人民政府和基层人民法院指导下进行工作，属于诉讼外调解。依据《人民调解委员会组织条例》，人民调解委员会的任务是调解民间纠纷，并通过调解工作宣传法律、法规、规章和政策，教育公民遵纪守法，尊重社会公德。人民调解员应当具备的基本条件是：① 为人公正；② 联系群众；③ 热心调解工作；④ 有一定的法律知识和政策水平；⑤ 成年公民。人民调解委员会由委员 3 至 9 人组成，设主任 1 人，必要时可设副主任。《劳动争议调解仲裁法》规定发生劳动争议时，当事人可以向基层人民调解组织申请调解。

(三) 在乡镇、街道设立的具有劳动争议调解职能的组织

在乡镇、街道设立具有劳动争议调解职能的组织，是强化基层调解，就近就地化解劳动争议的重要体现。个体经济、私营经济比较集中的地区，乡镇、街道劳动保障服务所(站)和工会、企业代表组织设立的劳动争议调解组织建设，将调解职能向企业比较集中的村和社区延伸。在乡镇、街道设立的劳动争议调解组织，亦是一些经济发达地区为解决劳动争议的实际需要而设立的区域性、行业性调解组织。与企业调解委员会相比，区域性、行业

性调解组织地位超脱，调解员与企业没有利害关系，调解更具有权威性。行业性劳动争议调解组织熟悉行业情况，具有与成员单位联系紧密的优势，为及时解决劳动争议提供了便利条件。

三、劳动争议调解的程序

通过调解的形式处理劳动争议应按照以下程序进行。

(一) 申请和受理

发生劳动争议，当事人可以口头或者书面形式向调解委员会提出调解申请。

申请内容应当包括申请人基本情况、调解请求、事实与理由。口头申请的，调解委员会应当当场记录。

调解委员会接到调解申请后，对属于劳动争议受理范围且双方当事人同意调解的，应当在 3 个工作日内受理。对不属于劳动争议受理范围或者一方当事人不同意调解的，应当做好记录，并书面通知申请人。

发生劳动争议，当事人没有提出调解申请的，调解委员会可以在征得双方当事人同意后主动调解。

(二) 调查和调解

调解劳动争议，应当充分听取双方当事人对事实和理由的陈述，耐心疏导，帮助其达成协议。

调解委员会调解劳动争议一般不公开进行。但是，双方当事人要求公开调解的除外。

调解委员会根据案件情况指定调解员或者调解小组进行调解，在征得当事人同意后，也可以邀请有关单位和个人协助调解。

调解员应当全面听取双方当事人的陈述，采取灵活多样的方式方法，开展耐心、细致的说服疏导工作，帮助当事人自愿达成调解协议。

(三) 调解协议书

经调解达成调解协议的，由调解委员会制作调解协议书。调解协议书应当写明双方当事人基本情况、调解请求事项、调解的结果和协议履行期限、履行方式等。调解协议书由双方当事人签名或者盖章，经调解员签名并加盖调解委员会印章后生效。调解协议书一式三份，双方当事人和调解委员会各执一份。

生效的调解协议对双方当事人具有约束力，当事人应当履行。双方当事人可以自调解协议生效之日起 15 日内共同向仲裁委员会提出仲裁审查申请。仲裁委员会受理后，应当对调解协议进行审查，对程序和内容合法有效的调解协议，出具调解书。

双方当事人未按规定提出仲裁审查申请，一方当事人在约定的期限内不履行调解协议的，另一方当事人可以依法申请仲裁。仲裁委员会受理仲裁申请后，应当对调解协议进行审查，调解协议合法有效且不损害公共利益或者第三人合法利益的，在没有新证据出现的情况下，仲裁委员会可以依据调解协议作出仲裁裁决。

调解委员会调解劳动争议，应当自受理调解申请之日起 15 日内结束。但是，双方当事人同意延期的可以延长。在规定期限内未达成调解协议的，视为调解不成。当事人不愿调解、调解不成或者达成调解协议后，一方当事人在约定的期限内不履行调解协议的，调解委员会应当做好记录，由双方当事人签名或者盖章，并书面告知当事人可以向仲裁委员会申请仲裁。

四、调解的时效规定

《劳动争议调解仲裁法》明确规定了仲裁时效以及其中断和中止。协商、调解均与劳动争议仲裁时效期间紧密联系。劳动争议当事人协商解决劳动争议或者请求调解委员会调解劳动争议，出现下列情形之一的属于仲裁时效中断，从中断时起，仲裁时效期间重新计算。

(1) 一方当事人提出协商要求后，另一方当事人不同意协商或者在 5 日内不做出回应的；

(2) 在约定的协商期限内，一方或者双方当事人不同意继续协商的；

(3) 在约定的协商期限内未达成一致的；

(4) 达成和解协议后，一方或者双方当事人在约定的期限内不履行和解协议的；

(5) 一方当事人提出调解申请后，另一方当事人不同意调解的；

(6) 调解委员会受理调解申请后，自受理调解申请之日起 15 日内一方或者双方当事人不同意调解的；

(7) 在受理调解申请之日起 15 日内未达成调解协议的；

(8) 达成调解协议后，一方当事人在约定期限内不履行调解协议的。

五、劳动争议调解协议的法律效力

由双方当事人签名或盖章的调解协议书，对双方当事人具有约束力，当事人应当履行。这种约束力只是合同的约束力，达成调解协议后一方当事人在协议约定期限内不履行调解协议的，另一方当事人不能够直接申请强制执行。在案件进入司法程序后，调解协议将作为法院裁判的重要参考。《最高人民法院关于审理劳动争议案件适用法律问题的解释(一)》第五十一条规定，"当事人在调解仲裁法第十条规定的调解组织主持下达成的具有劳动权利义务内容的调解协议，具有劳动合同的约束力，可以作为人民法院裁判的根据。当事人在调解仲裁法第十条规定的调解组织主持下仅就劳动报酬争议达成调解协议，用人单位不履行调解协议确定的给付义务，劳动者直接提起诉讼的，人民法院可以按照普通民事纠纷受理。"这一规定有助于增强调解协议的约束力。

《劳动争议调解仲裁法》进一步增强了调解协议的效力，第十六条规定："因支付拖欠劳动报酬、工伤医疗费、经济补偿或者赔偿金事项达成调解协议，用人单位在协议约定期限内不履行的，劳动者可以持调解协议书依法向人民法院申请支付令。人民法院应当依法发出支付令。"《最高人民法院关于审理劳动争议案件适用法律问题的解释(一)》第五十二条规定，"当事人在人民调解委员会主持下仅就给付义务达成的调解协议，双方认为有必要的，可以共同向人民调解委员会所在地的基层人民法院申请司法确认。"由此，调解协议的效力进一步增强。

第三节　劳动争议仲裁

劳动争议仲裁制度是处理劳动争议的核心制度，是劳动争议处理的中间环节。为保护劳动争议当事人的合法权益，维护劳动关系的和谐稳定，我国制定了《劳动法》《劳动争议调解仲裁法》以及《劳动人事争议仲裁办案规则》《劳动人事争议仲裁组织规则》等法律法规，以劳动争议处理的原则为指导，规范劳动争议仲裁活动的具体规定。

一、劳动争议仲裁的含义

劳动争议仲裁是劳动争议仲裁机构根据劳动争议当事人一方或双方的申请，依法就劳动争议的事实和当事人应承担的责任做出判断和裁决的活动。劳动争议仲裁的特征：

(1) 主体具有特定性。劳动争议仲裁委员会(以下简称仲裁委员会)主管劳动争议仲裁工作。

(2) 仲裁对象具有特定性。仲裁委员会主管劳动争议的范围是：企业、个体经济组织、民办非企业单位等组织与劳动者之间，以及机关、事业单位、社会团体与其建立劳动关系的劳动者之间，因确认劳动关系，订立、履行、变更、解除和终止劳动合同，工作时间、休息休假、社会保险、福利、培训以及劳动保护，劳动报酬、工伤医疗费、经济补偿或者赔偿金等发生的争议。

(3) 仲裁施行强制原则。劳动争议当事人申请仲裁不需要双方当事人事前达成仲裁协议，只要一方当事人申请，即能启动劳动争议仲裁程序；仲裁委员会应当受理；仲裁庭对劳动争议调解不成时，可直接行使裁决权，无须当事人同意；对发生法律效力的仲裁裁定，一方当事人不履行，另一方当事人可申请人民法院强制执行。

(4) 劳动争议仲裁施行仲裁前置、裁审衔接制。仲裁是进行诉讼的前置必经程序，未经仲裁的劳动争议案件，人民法院不予受理；仲裁庭裁决劳动争议案件，除法律规定的终局裁决外，当事人不服的，可以向人民法院提起诉讼。

二、劳动争议仲裁组织机构

劳动争议仲裁机构包括劳动争议仲裁委员会及其办事机构、仲裁庭以及仲裁员。依据《劳动争议调解仲裁法》和《劳动人事争议仲裁组织规则》，劳动争议仲裁组织机构有以下规定。

(一) 劳动争议仲裁委员会及其办事机构

劳动争议仲裁委员会是国家授权，依法独立处理劳动争议案件的专门机构，是劳动行政范畴内的特殊执法机构。劳动争议仲裁委员会按照统筹规划、合理布局和适应实际需要的原则设立。省、自治区人民政府可以决定在市、县设立；直辖市人民政府可以决定在区、县设立。直辖市、设区的市也可以设立一个或者若干个劳动争议仲裁委员会。劳动争议仲裁委员会不按行政区划层层设立。

劳动争议仲裁委员会由劳动行政部门代表、工会代表和企业方面代表组成。劳动争议仲裁委员会组成人员应当是单数。仲裁委员会设主任一名，副主任和委员若干名。仲裁委员会主任由人力资源和社会保障行政部门主要负责人担任。劳动争议仲裁委员会依法履行下列职责：

(1) 聘任、解聘专职或者兼职仲裁员；

(2) 受理劳动争议案件；

(3) 讨论重大或者疑难的劳动争议案件；

(4) 对仲裁活动进行监督。

劳动争议仲裁委员会下设实体化的办事机构，具体承担争议调解仲裁等日常工作。办事机构称为劳动人事争议仲裁院(以下简称仲裁院)，设在人力资源和社会保障行政部门。

(二) 仲裁庭

仲裁委员会处理争议案件实行仲裁庭制度，实行一案一庭制。仲裁委员会可以根据案件处理实际需要设立派驻仲裁庭、巡回仲裁庭、流动仲裁庭，就近就地处理争议案件。

仲裁委员会应当有专门的仲裁场所。仲裁场所应当悬挂仲裁徽章，张贴仲裁庭纪律及注意事项等，并配备仲裁庭专业设备、档案存储设备、安全监控设备和安检设施等。仲裁工作人员在仲裁活动中应当统一着装，佩戴仲裁徽章。

(三) 仲裁员

仲裁员是由仲裁委员会聘任、依法调解和仲裁争议案件的专业工作人员。仲裁员分为专职仲裁员和兼职仲裁员。专职仲裁员和兼职仲裁员在调解仲裁活动中享有同等权利，履行同等义务。兼职仲裁员进行仲裁活动，所在单位应当予以支持。仲裁委员会应当依法聘任一定数量的专职仲裁员，也可以根据办案工作需要，依法从人力资源和社会保障行政部门、工会、企业组织等相关机构的人员以及专家学者、律师中聘任兼职仲裁员。

劳动争议仲裁委员会应当设仲裁员名册。仲裁员应当公道正派并符合下列条件之一：

(1) 曾任审判员的；

(2) 从事法律研究、教学工作并具有中级以上职称的；

(3) 具有法律知识、从事人力资源管理或者工会等专业工作满五年的；

(4) 律师执业满三年的。

仲裁员享有以下权利：

(1) 履行职责应当具有的职权和工作条件；

(2) 处理争议案件不受干涉；

(3) 人身、财产安全受到保护；

(4) 参加聘前培训和在职培训；

(5) 法律、法规规定的其他权利。

仲裁员应当履行以下义务：

(1) 依法处理争议案件；

(2) 维护国家利益和公共利益，保护当事人合法权益；

(3) 严格执行廉政规定，恪守职业道德；

(4) 自觉接受监督；

(5) 法律、法规规定的其他义务。

仲裁委员会应当根据工作需要，合理配备专职仲裁员和办案辅助人员。专职仲裁员数量不得少于三名，办案辅助人员不得少于一名。

三、劳动争议仲裁的基本制度

劳动争议仲裁的基本制度是指仲裁委员会处理劳动争议案件必须遵循的基本操作规范。

(一) 仲裁庭制度

仲裁庭是对某一劳动争议案件进行仲裁审理活动的组织形式。依据《劳动人事争议仲裁组织规则》，仲裁委员会裁决劳动争议案件应当组成仲裁庭，实行一案一庭制。根据仲裁员人数，仲裁庭可分为两种形式：一是独任仲裁庭，即仲裁庭由一人组成，独任审理。简单案件可以由一名仲裁员独任仲裁。二是合议仲裁庭，由两名仲裁员和一名首席仲裁员组成。首席仲裁员是合议仲裁庭的主持者，与仲裁员享有同等的权利。处理下列争议案件应当由合议仲裁庭审理：(1) 十人以上并有共同请求的争议案件；(2) 履行集体合同发生的争议案件；(3) 有重大影响或者疑难复杂的争议案件；(4) 仲裁委员会认为应当由三名仲裁员组庭处理的其他争议案件。

(二) 一次裁决制度

劳动争议仲裁实行一个裁级一次裁决制度，一次裁决即为仲裁程序的最终裁决，除法律规定的终局裁决外，当事人不服仲裁裁决，只能向法院提起诉讼，不能向上一级仲裁委员会申请复议或要求重新处理。所谓终局裁决是指仲裁庭在案件审理终结时对当事人提交的全部实体争议所做的裁决书自作出之日起发生法律效力的裁决。《劳动争议调解仲裁法》第四十七条规定，"下列劳动争议，除本法另有规定的外，仲裁裁决为终局裁决，裁决书自作出之日起发生法律效力：(一) 追索劳动报酬、工伤医疗费、经济补偿或者赔偿金，不超过当地月最低工资标准十二个月金额的争议；(二) 因执行国家的劳动标准在工作时间、休息休假、社会保险等方面发生的争议。"此类终局裁决实质上只是对用人单位而言，因为《劳动争议调解仲裁法》第四十八条规定："劳动者对本法第四十七条规定的仲裁裁决不服的，可以自收到仲裁裁决书之日起十五日内向人民法院提起诉讼。"《劳动争议调解仲裁法》第四十八条规定："用人单位有证据证明本法第四十七条规定的仲裁裁决有下列情形之一，可以自收到仲裁裁决书之日起三十日内向劳动争议仲裁委员会所在地的中级人民法院申请撤销裁决：(一) 适用法律、法规确有错误的；(二) 劳动争议仲裁委员会无管辖权的；(三) 违反法定程序的；(四) 裁决所根据的证据是伪造的；(五) 对方当事人隐瞒了足以影响公正裁决的证据的；(六) 仲裁员在仲裁该案时有索贿受贿、徇私舞弊、枉法裁决行为的。人民法院经组成合议庭审查核实裁决有前款规定情形之一的，应当裁定撤销。仲裁裁决被人民法院裁定撤销的，当事人可以自收到裁定书之日起十五日内就该劳动争议事项向人民法院提起诉讼。"

(三) 合议制度

仲裁庭裁决劳动争议，实行少数服从多数原则。《劳动争议调解仲裁法》第四十五条规定，裁决应当按照多数仲裁员的意见作出，少数仲裁员的不同意见应当记入笔录。仲裁庭不能形成多数意见时，裁决应当按照首席仲裁员的意见作出。

(四) 回避制度

《劳动争议调解仲裁法》第三十三条规定："仲裁员有下列情形之一，应当回避，当事人也有权以口头或者书面方式提出回避申请：(一) 是本案当事人或者当事人、代理人的近亲属的；(二) 与本案有利害关系的；(三) 与本案当事人、代理人有其他关系，可能影响公正裁决的；(四) 私自会见当事人、代理人，或者接受当事人、代理人的请客送礼的。劳动争议仲裁委员会对回避申请应当及时作出决定，并以口头或者书面方式通知当事人。"《劳动人事争议仲裁办案规则》第十一条规定："当事人申请回避，应当在案件开庭审理前提出，并说明理由。回避事由在案件开庭审理后知晓的，也可以在庭审辩论终结前提出。当事人在庭审辩论终结后提出回避申请的，不影响仲裁程序的进行。"

《劳动人事争议仲裁办案规则》第十二条规定："仲裁员、记录人员是否回避，由仲裁委员会主任或者其委托的仲裁院负责人决定。仲裁委员会主任担任案件仲裁员是否回避，由仲裁委员会决定。在回避决定作出前，被申请回避的人员应当暂停参与该案处理，但因案件需要采取紧急措施的除外。"

(五) 管辖制度

劳动争议仲裁的管辖即劳动争议仲裁案件的管辖，是指不同的仲裁委员会受理劳动争议仲裁案件的分工与权限。《劳动争议调解仲裁法》第二十一条规定："劳动争议仲裁委员会负责管辖本区域内发生的劳动争议。劳动争议由劳动合同履行地或者用人单位所在地的劳动争议仲裁委员会管辖。双方当事人分别向劳动合同履行地和用人单位所在地的劳动争议仲裁委员会申请仲裁的，由劳动合同履行地的劳动争议仲裁委员会管辖。"

《劳动人事争议仲裁办案规则》规定，劳动合同履行地为劳动者实际工作场所地，用人单位所在地为用人单位注册、登记地或者主要办事机构所在地。用人单位未经注册、登记的，其出资人、开办单位或者主管部门所在地为用人单位所在地。双方当事人分别向劳动合同履行地和用人单位所在地的仲裁委员会申请仲裁的，由劳动合同履行地的仲裁委员会管辖。有多个劳动合同履行地的，由最先受理的仲裁委员会管辖。劳动合同履行地不明确的，由用人单位所在地的仲裁委员会管辖。案件受理后，劳动合同履行地或者用人单位所在地发生变化的，不改变争议仲裁的管辖。多个仲裁委员会都有管辖权的，由先受理的仲裁委员会管辖。仲裁委员会发现已受理案件不属于其管辖范围的，应当移送至有管辖权的仲裁委员会，并书面通知当事人。对上述移送案件，受移送的仲裁委员会应依法受理。受移送的仲裁委员会认为受移送的案件依照规定不属于本仲裁委员会管辖，或仲裁委员会之间因管辖争议协商不成的，应当报请共同的上一级仲裁委员会主管部门指定管辖。当事人提出管辖异议的，应当在答辩期满前书面提出。当事人逾期提出的，不影响仲裁程序的进行，当事人因此对仲裁裁决不服的，可以依法向人民法院起诉或者申请撤销。

(六) 区分举证责任制度

当事人对自己提出的主张有责任提供证据。由劳动关系的特点所决定，反映平等主体关系间的争议事项，遵循"谁主张谁举证"的原则；反映隶属性关系的争议事项，实行"谁决定谁举证"的原则，即与争议事项有关的证据属于用人单位掌握管理的，用人单位应当提供；用人单位不提供的，应当承担不利后果。法律没有具体规定、无法确定举证责任承担的，仲裁庭可以根据公平原则和诚实信用原则，综合当事人举证能力等因素确定举证责任的承担。承担举证责任的当事人应当在仲裁委员会指定的期限内提供有关证据。当事人在该期限内提供证据确有困难的，可以向仲裁委员会申请延长期限，仲裁委员会根据当事人的申请适当延长。当事人逾期提供证据的，仲裁委员会应当责令其说明理由；拒不说明理由或者理由不成立的，仲裁委员会可以根据不同情形不予采纳该证据，或者采纳该证据但予以训诫。当事人因客观原因不能自行收集的证据，仲裁委员会可以根据当事人的申请，参照民事诉讼有关规定予以收集；仲裁委员会认为有必要的，也可以决定参照民事诉讼有关规定予以收集。

四、劳动争议仲裁的时效制度

(一) 仲裁的时效制度的含义

时效是指一定的事实状态持续存在一定时间后即发生一定法律后果的法律制度。劳动争议仲裁时效是指当事人因劳动争议要求保护其合法权利，必须在法定的期限内向仲裁委员会提出仲裁申请，在法定期限内不行使权利，即丧失胜诉权的制度。其内涵是：

(1) 仲裁时效以权利人不行使权利的事实状态的存在为前提条件。

(2) 仲裁时效的法定期间是权利人向仲裁委员会提出仲裁申请的法定有效期限。

(3) 权利人在法定的期间内不行使权利，即丧失胜诉权，也就是丧失请求仲裁委员会依照劳动争议仲裁程序裁判义务主体向权利主体履行义务的权利。

(二) 仲裁的时效制度的特征

劳动争议仲裁时效具有以下特征：

(1) 仲裁时效具有消灭时效的性质，是以权利人不行使请求劳动争议仲裁机构保护其权利的事实状态为前提条件，在仲裁时效期间届满之后，权利人即丧失了请求仲裁委员会依照仲裁程序裁判义务主体履行义务的权利。

(2) 仲裁时效只发生消灭胜诉权的后果，并不发生消灭实体权利的后果。仲裁时效届满后，虽然权利人丧失了请求仲裁委员会依照仲裁程序对其权利予以保护的胜诉权，但并不因此丧失实体权利，即仲裁委员会不再保护其权利，也就是所谓的"超过了仲裁时效，仲裁委员会不予受理"，但是，权利人要求义务人履行义务的实体权利仍然存在。如果义务人自愿履行，权利人仍有权接受。

(3) 仲裁时效具有强行性。法律关于仲裁时效的规定，属于强行性规范，当事人不得协议排除对仲裁时效的适用，也不得协议变更仲裁时效期间。

(4) 仲裁时效具有特殊性。所谓特殊性，是指这里规定的仲裁时效仅适用于劳动争议仲裁案件，它与民事纠纷、刑事案件或行政争议关于时效的规定不同。

(三) 仲裁的时效制度的内容

《劳动争议调解仲裁法》第二十七条规定："劳动争议申请仲裁的时效期间为一年。仲裁时效期间从当事人知道或者应当知道其权利被侵害之日起计算。前款规定的仲裁时效，因当事人一方向对方当事人主张权利，或者向有关部门请求权利救济，或者对方当事人同意履行义务而中断。从中断时起，仲裁时效期间重新计算。因不可抗力或者有其他正当理由，当事人不能在本条第一款规定的仲裁时效期间申请仲裁的，仲裁时效中止。从中止时效的原因消除之日起，仲裁时效期间继续计算。劳动关系存续期间因拖欠劳动报酬发生争议的，劳动者申请仲裁不受本条第一款规定的仲裁时效期间的限制；但是，劳动关系终止的，应当自劳动关系终止之日起一年内提出。"前述规定明确下述要点：

(1) 仲裁时效期间为一年。关于仲裁时效的期间，《劳动法》第八十二条规定："提出仲裁要求的一方应当自劳动争议发生之日起六十日内向劳动争议仲裁委员会提出书面申请。"而《民法典》规定请求保护民事权利的诉讼时效期间为三年。《劳动法》的时效规定区别于民事纠纷的诉讼时效期间，这是基于劳动关系运行和劳动争议案件的特殊性而作出的规定，旨在尽快地解决劳动争议。但在实际执行中，由于有些劳动争议案件的情况很复杂，劳动者难以在六十日内决定是否申请仲裁，不会一发生劳动争议就去申请仲裁，往往是最后没有办法，迫不得已才去主张权利，这时候可能已经过了六十日的仲裁时效期间。因此《劳动法》中规定的六十日的时效期间过短，不利于劳动者合法权益的保护。《劳动争议调解仲裁法》延长了申请仲裁的时效期间，将劳动争议仲裁的时效期间规定为一年。

(2) 仲裁时效期间的计算。仲裁时效期间从当事人知道或者应当知道其权利被侵害之日起计算。权利人知道自己的权利遭到了侵害，这是其请求劳动争议仲裁机构保护其权利的基础。仲裁时效期间的起算，以权利人的权利客观上受到了侵害且主观上已知晓权利被侵害的事实为构成要件。从这一时间点开始计算仲裁时效期间，符合仲裁时效是权利人请求仲裁机构保护权利的时效制度的内在规定性。知道权利遭受了侵害，指权利人主观上已了解自己权利被侵害事实的发生；应当知道权利遭受了侵害，指权利人可能主观上不了解其权利已被侵害的事实，但根据他所处的环境，有理由认为他已了解已被侵害的事实，他对侵害的不知情，在于对自己的权利未尽到必要的注意。

(3) 仲裁时效的中断。仲裁时效的中断是指在仲裁时效进行期间，因发生法定事由致使已经经过的仲裁时效期间统归无效，待时效中断事由消除后，重新开始计算仲裁时效期间。仲裁时效中断的法定事由有三种情形：① 向对方当事人主张权利；② 向有关部门请求权利救济；③ 对方当事人同意履行义务。这里需要注意的是：认定时效是否中断，需要由请求确认仲裁时效中断的一方当事人提供有上述三种情形之一的证据。因此，需要当事人有证据意识，注意保留和收集证据。

(4) 仲裁时效的中止。仲裁时效的中止是指在仲裁时效进行中的某一阶段，因发生法定事由致使权利人不能行使请求权，暂停计算仲裁时效，待阻碍时效进行的事由消除后，继续进行仲裁时效期间的计算。因此，在发生仲裁时效中止时，已经进行的时效仍然有效，而仅是将时效中止的时间不计入仲裁时效期间，是将时效中止前后时效进行的时间合并计算仲裁时效期间。仲裁时效的中止是因权利人不能行使请求权才发生的，因而发生仲裁时效中止的事由应是阻碍权利人行使权利的客观事实、无法预知的客观障碍。仲裁时效中止的事由为：① 不可抗力，即指不能预见、不能避免并且不能克服的客观情况；② 其他正当理由，即指除不可抗力外阻碍权利人行使请求权的客观事实。

(5) 劳动报酬争议仲裁的特别时效。劳动争议的一般时效期间为一年。但是，劳动关系存续期间因拖欠劳动报酬发生争议的，劳动者申请仲裁不受一年仲裁时效期间的限制。这个特别时效的规定主要针对某些劳动者为了维持劳动关系，在劳动关系存续期间对用人单位拖欠劳动报酬特别是拖欠延长工作时间的劳动报酬的行为不敢主张权利的情况。如果都适用一年的仲裁期间，不利于保护他们的合法权益。对于劳动者与用人单位的劳动关系已经终止的情况，则没有维系劳动关系这样的顾虑，因此"劳动关系终止的，应当自劳动关系终止之日起一年内提出"。

❖ 案例

加班费的仲裁时效应当如何认定

张某于 2016 年 7 月入职某建筑公司从事施工管理工作，2019 年 2 月离职。工作期间，张某存在加班情形，但某建筑公司未支付其加班费。2019 年 12 月，张某向劳动人事争议仲裁委员会申请仲裁，请求裁决某建筑公司依法支付其加班费，某建筑公司以张某的请求超过仲裁时效为由抗辩。张某不服仲裁裁决，诉至人民法院，请求判决某建筑公司支付加班费 46 293 元。

一审法院判决：某建筑公司支付张某加班费 18 120 元。张某与某建筑公司均未提起上诉，一审判决已生效。

本案争议焦点是张某关于加班费的请求是否超过仲裁时效。

《劳动争议调解仲裁法》第二十七条规定："劳动争议申请仲裁的时效期间为一年。仲裁时效期间从当事人知道或者应当知道其权利被侵害之日起计算。……劳动关系存续期间因拖欠劳动报酬发生争议的，劳动者申请仲裁不受本条第一款规定的仲裁时效期间的限制；但是，劳动关系终止的，应当自劳动关系终止之日起一年内提出。"《劳动法》第四十四条规定："有下列情形之一的，用人单位应当按照下列标准支付高于劳动者正常工作时间工资的工资报酬……"《关于工资总额组成的规定》第四条规定："工资总额由下列六个部分组成……(五) 加班加点工资"。仲裁时效分为普通仲裁时效和特别仲裁时效，在劳动关系存续期间因拖欠劳动报酬发生劳动争议的，应当适用特别仲裁时效，即劳动关系存续期间的拖欠劳动报酬仲裁时效不受"知道或者应当知道权利被侵害之日起一年"的限制，但是劳动关系终止的，应当自劳动关系终止之日起一年内提出。加班费属于劳动报酬，相关争议处理中应当适用特别仲裁时效。

本案中，某建筑公司主张张某加班费的请求已经超过了一年的仲裁时效，不应予以支持。人民法院认为，张某与某建筑公司的劳动合同于 2019 年 2 月解除，其支付加班费的请求应自劳动合同解除之日起一年内提出，张某于 2019 年 12 月提出仲裁申请，其请求并未超过仲裁时效。根据劳动保障监察机构在执法中调取的工资表上的考勤记录，人民法院认定张某存在加班的事实，判决某建筑公司支付张某加班费。

资料来源：人力资源社会保障部 最高人民法院 劳动人事争议典型案例(第二批)案例 10
https://www.court.gov.cn/zixun-xiangqing-319151.html

五、劳动争议仲裁的程序

《劳动争议调解仲裁法》对于仲裁的程序进行了规范，《劳动人事争议仲裁办案规则》整合性地对劳动争议仲裁的程序性规则做出了更加细化的规定。

(一) 申请和受理

申请人申请仲裁应当提交书面仲裁申请，并按照被申请人人数提交副本。仲裁申请书应当载明下列事项：① 劳动者的姓名、性别、年龄、职业、工作单位和住所，用人单位的名称、住所和法定代表人或者主要负责人的姓名、职务；② 仲裁请求和所根据的事实、理由；③ 证据和证据来源、证人姓名和住所。书写仲裁申请确有困难的，可以口头申请，由劳动争议仲裁委员会记入笔录，并告知对方当事人。

劳动争议仲裁委员会收到仲裁申请之日起五日内，认为符合受理条件的，应当受理，并通知申请人；认为不符合受理条件的，应当书面通知申请人不予受理，并说明理由。对劳动争议仲裁委员会不予受理或者逾期未作出决定的，申请人可以就该劳动争议事项向人民法院提起诉讼。

(二) 案件仲裁准备

劳动争议仲裁委员会受理仲裁申请后，应当在五日内将仲裁申请书副本送达被申请人。被申请人收到仲裁申请书副本后，应当在十日内向劳动争议仲裁委员会提交答辩书。劳动争议仲裁委员会收到答辩书后，应当在五日内将答辩书副本送达申请人。被申请人未提交答辩书的，不影响仲裁程序的进行。被申请人可以在答辩期间提出反申请，仲裁委员会应当自收到被申请人反申请之日起五日内决定是否受理并通知被申请人。决定受理的，仲裁委员会可以将反申请和申请合并处理。

(三) 开庭审理和裁决

仲裁委员会应当在受理仲裁申请之日起五日内组成仲裁庭并将仲裁庭的组成情况书面通知当事人。仲裁庭应当在开庭五日前，将开庭日期、地点书面通知双方当事人。当事人有正当理由的，可以在开庭三日前请求延期开庭。是否延期，由仲裁委员会根据实际情况决定。申请人收到书面通知，无正当理由拒不到庭或者未经仲裁庭同意中途退庭的，可以视为撤回仲裁申请。被申请人收到书面通知，无正当理由拒不到庭或者未经仲裁庭同意中途退庭的，可以缺席裁决。

开庭审理前，记录人员应当查明当事人和其他仲裁参与人是否到庭，宣布仲裁庭纪律。开庭审理时，由仲裁员宣布开庭、案由和仲裁员、记录人员名单，核对当事人，告知当事人有关的权利义务，询问当事人是否提出回避申请。开庭审理中，仲裁员听取申请人的申请和被申请人的答辩；当事人在仲裁过程中有权进行质证和辩论。仲裁庭对专门性问题认为需要鉴定的，可以交由当事人约定的鉴定机构鉴定；当事人没有约定或者无法达成约定的，由仲裁庭指定的鉴定机构鉴定。根据当事人的请求或者仲裁庭的要求，鉴定机构应当派鉴定人参加开庭。当事人经仲裁庭许可，可以向鉴定人提问。当事人提供的证据经查证属实的，仲裁庭应当将其作为认定事实的根据。劳动者无法提供由用人单位掌握管理的与仲裁请求有关的证据，仲裁庭可以要求用人单位在指定期限内提供。用人单位在指定期限内不提供的，应当承担不利后果。仲裁员以询问方式，对需要进一步了解的问题进行当庭调查，质证和辩论终结时，首席仲裁员或者独任仲裁员应当征询当事人的最后意见。根据当事人的意见，当庭再行调解。不宜进行调解或调解达不成协议时，应及时休庭合议并作出裁决。仲裁庭应当将开庭情况记入笔录。当事人或者其他仲裁参加人认为对自己陈述的记录有遗漏或者差错的，有权申请补正。仲裁庭认为申请无理由或者无必要的，可以不予补正，但是应当记录该申请。仲裁员、记录人员、当事人和其他仲裁参加人应当在庭审笔录上签名或者盖章。当事人或者其他仲裁参加人拒绝在庭审笔录上签名或者盖章的，仲裁庭应记明情况附卷。

当事人申请劳动争议仲裁后，可以自行和解。达成和解协议的，可以撤回仲裁申请，也可以请求仲裁庭根据和解协议制作调解书。调解达成协议的，仲裁庭应当制作调解书。调解书应当写明仲裁请求和当事人协议的结果。调解书由仲裁员签名，加盖劳动争议仲裁委员会印章，送达双方当事人。调解书经双方当事人签收后，发生法律效力。调解不成或者调解书送达前，一方当事人反悔的，仲裁庭应当及时作出裁决。

裁决应当按照多数仲裁员的意见作出，少数仲裁员的不同意见应当记入笔录。仲裁庭不能形成多数意见时，裁决应当按照首席仲裁员的意见作出。裁决书应当载明仲裁请求、争议事实、裁决理由、裁决结果和裁决日期。裁决书由仲裁员签名，加盖劳动争议仲裁委员会印章。对裁决持不同意见的仲裁员，可以签名，也可以不签名。

仲裁庭裁决案件时，其中一部分事实已经清楚，可以就该部分先行裁决，当事人就该部分达成调解协议的，可以先行出具调解书。当事人对先行裁决服从的，可以依照《劳动争议调解仲裁法》有关规定处理。

仲裁庭裁决案件时，裁决内容同时涉及终局裁决和非终局裁决的，应分别作出裁决并告知当事人相应的救济权利。

仲裁庭对追索劳动报酬、工伤医疗费、经济补偿或者赔偿金的案件，根据当事人的申请，可以裁决先予执行，移送人民法院执行。仲裁庭裁决先予执行的，应当符合下列条件：① 当事人之间权利义务关系明确。② 不先予执行将严重影响申请人的生活。劳动者申请先予执行的，可以不提供担保。

(四) 仲裁时限

仲裁庭裁决劳动争议案件，应当自劳动争议仲裁委员会受理仲裁申请之日起四十五日内结束。案情复杂需要延期的，经劳动争议仲裁委员会主任批准，可以延期并书面通知当事人，但是延长期限不得超过十五日。逾期未作出仲裁裁决的，当事人可以就该劳动争议事项向人民法院提起诉讼。

有下列情形的，仲裁期限按照下列规定计算：

(1) 仲裁庭追加当事人或者第三人的，仲裁期限从决定追加之日起重新计算；

（2）申请人需要补正材料的，仲裁委员会收到仲裁申请的时间从材料补正之日起重新计算；

（3）增加、变更仲裁请求的，仲裁期限从受理增加、变更仲裁请求之日起重新计算；

（4）仲裁申请和反申请合并处理的，仲裁期限从受理反申请之日起重新计算；

（5）案件移送管辖的，仲裁期限从接受移送之日起重新计算；

（6）中止审理期间、公告送达期间不计入仲裁期限；

（7）法律、法规规定应当另行计算的其他情形。

仲裁期限的中止。因出现案件处理依据不明确而请示有关机构，或者案件处理需要等待工伤认定、伤残等级鉴定、司法鉴定结论，公告送达以及其他需要中止仲裁审理的客观情形，经仲裁委员会主任批准，可以中止案件审理，并书面通知当事人。中止审理的客观情形消除后，仲裁庭应当恢复审理。

当事人因仲裁庭逾期未作出仲裁裁决而向人民法院提起诉讼的，仲裁委员会应当裁定该案件终止审理；当事人未就该争议事项向人民法院提起诉讼，并且双方当事人同意继续仲裁的，仲裁委员会可以继续处理并裁决。

六、劳动争议仲裁的效力

（一）劳动争议仲裁裁决书的效力

当事人对终局裁决以外的其他劳动争议案件的仲裁裁决不服的，可以自收到仲裁裁决书之日起15日内向人民法院提起诉讼；期满不起诉的，裁决书发生法律效力。

（二）劳动争议仲裁调解书和仲裁裁决书的异同

劳动争议仲裁调解书和仲裁裁决书的法律效力，既有相同的方面又有不同之处。

相同的方面表现在：

（1）结束仲裁程序。仲裁调解书和仲裁裁决书送达后，均表明仲裁委员会在仲裁法律程序上已经解决了双方当事人的争议，即意味着仲裁程序的结束。

（2）确定了当事人之间的权利义务关系，产生了实体法上的后果，双方当事人应当依法在规定的期限内履行。

（3）依据一事不再理的原则，当事人不得再以同一事实、理由向仲裁机关申请仲裁。如有上述情况申请仲裁的，劳动争议仲裁机关不予受理。

（4）具有强制执行效力。人民法院为执行调解书和裁决书而发出的协助执行通知书，有关单位和人员必须执行。

不同之处表现在：

（1）生效的时间不同。调解书自送达之日起具有法律效力；仲裁裁决书并不是送达后立即生效，而是当事人自收到裁决书之日起15日内不起诉的，裁决书即发生法律效力。

（2）提起诉讼的权利不同。劳动争议仲裁机构作出的调解书已经发生法律效力，一方当事人反悔提起诉讼的，人民法院不予受理；已经受理的，裁定驳回起诉。而对裁决书，当事人对其不服或有异议，可在法定的期限内向人民法院起诉。

当事人对发生法律效力的调解书、裁决书，应当依照规定的期限履行。一方当事人逾期不履行的，另一方当事人可以依照民事诉讼法的有关规定向人民法院申请执行。受理申请的人民法院应当依法执行。

第四节　劳动争议诉讼

我国劳动争议处理的程序已如前述，通过劳动争议的协商、调解、仲裁各程序已经解决的劳动争议自然无须提起劳动争议的诉讼，未经仲裁的劳动争议案件，除特定的案件外，法院一般依法不予受理。

一、劳动争议诉讼的含义及特征

(一) 劳动争议诉讼的含义

劳动争议诉讼指人民法院在劳动争议当事人和其他诉讼参与人的参加下，以审理、裁定、判决、执行等方式解决劳动争议的活动，以及由这些活动产生的各种诉讼关系的总和。劳动争议案件由人民法院的民事审判庭受理。民事诉讼是民事诉讼法与民事实体法共同作用的领域，而劳动争议诉讼则是民事诉讼法、劳动法共同作用的领域。

(二) 劳动争议诉讼的特征

与劳动争议协商、调解、仲裁这些解决劳动争议的非诉方式相比，劳动争议诉讼具有如下特征：

(1) 劳动争议诉讼是权利的公力救济方式。劳动争议诉讼是以司法方式解决平等主体之间的纠纷，由法院代表国家行使审判权解决劳动争议。不同于劳动争议协商解决的自力救济方式、各类调解组织以调解解决劳动争议的社会救济方式，也不同于由劳动争议仲裁委员会通过社会救济与公力救济相结合的仲裁方式解决争议，劳动争议诉讼是权利的公力救济方式，因而劳动争议诉讼具有公权性。

(2) 劳动争议诉讼具有强制性。强制性是公权力的重要属性。劳动争议诉讼的强制性既表现在案件的受理上，又更为突出地反映在裁判的执行上。劳动争议协商、调解均建立在当事人自愿的基础之上，只要有一方当事人不愿意选择协商或调解的方式解决争议，协商、调解就无从进行；劳动争议仲裁虽然一般地实施强制原则，但是有些争议如仅仅涉及工资拖欠而不涉及其他事项的劳动争议也可以不经仲裁、直接进入诉讼程序。而劳动争议诉讼则不同，只要原告起诉符合《劳动争议调解仲裁法》和《民事诉讼法》规定的条件，无论被告是否愿意，均可以启动诉讼程序。非诉的协商、调解的和解或调解协议的履行依赖于当事人的自愿，不具有强制力；生效的仲裁庭调解协议和裁决虽然具有强制执行力，但由于劳动争议仲裁委员会不具有强制执行权，其执行也要通过法院才能实现。可是法院的裁判则不同，当事人不自动履行生效裁判所确定的义务，权利主体可以依法请求法院强制执行。由此可见，劳动争议诉讼在解决劳动争议的各种程序中具有最强的权威性。

（3）劳动争议诉讼具有严谨的程序性。劳动争议诉讼是依照严格的法定程序进行的诉讼活动，无论是法院还是当事人和其他诉讼参与人，都需要按照民事诉讼法设定的程序实施诉讼行为，违反诉讼程序要承担一定的法律责任。非诉解决劳动争议的方式虽然也有相关程序性规范，但是相对灵活，当事人对程序的选择权也比较大；劳动争议仲裁虽然也需要按预先设定的程序进行，但其程序仍有一定的灵活性，劳动争议诉讼则具有最为严谨的程序性。

（4）劳动争议诉讼是解决劳动争议的终结性程序。劳动争议诉讼是定分止争的最后一道程序，是最终解决劳动争议的终结性程序。劳动争议仲裁虽然可以对部分争议案件进行终局裁决，但若劳动者不服终局裁决，或用人单位申请撤销终局裁决被人民法院裁定撤销的，还是只能通过劳动争议诉讼最终解决争议。

二、人民法院受理劳动争议诉讼案件的条件

人民法院受理劳动争议诉讼案件需要满足以下条件：

（1）提起劳动争议诉讼的起诉人必须是劳动争议的当事人。当事人因故不能亲自起诉的，可以直接委托代理人起诉。

（2）必须是符合劳动争议诉讼条件的劳动争议案件，未经仲裁程序或非劳动报酬给付争议不得直接向法院起诉。

（3）必须有明确的被告、具体的诉讼请求和事实根据。不得将仲裁委员会作为被告向法院起诉。

（4）起诉的时间，必须是在《劳动争议调解仲裁法》和《民事诉讼法》规定的时效期间，否则法院不予受理。

（5）起诉必须向有管辖权的法院提出。不服劳动争议仲裁裁决的劳动争议案件一般应向仲裁委员会所在地人民法院起诉。未经仲裁的特定给付诉讼向劳动合同履行地的法院起诉。劳动合同履行地不明确的，向用人单位所在地的法院起诉。

三、劳动争议诉讼的基本流程

除了"一裁终局"的情形外，如果当事人对劳动争议仲裁委员会做出的裁决不服的，可以在法定期限内向人民法院提起诉讼。根据《民事诉讼法》的规定，劳动争议诉讼的流程与劳动争议仲裁流程大同小异，一般分为如下七个步骤：

(一) 提起诉讼

劳动争议当事人提起诉讼时，应当提交书面起诉状，起诉状应当列明原告、被告的情况，诉讼请求、事实和理由，也可以写明证据、证据来源和证人姓名。原告起诉应按照被告人数递交起诉状副本和证据副本。同申请仲裁一样，用人单位提起诉讼时，还应提交企业营业执照复印件、法人代表身份证明等材料。原告委托了诉讼代理人的，应当提交授权委托书。委托书应当注明委托事项和权限。诉讼代理人全权代理的，原告应当在委托书上注明诉讼代理人可以代为承认、放弃、变更诉讼请求，进行和解、调解，提起反诉或者上诉等相关内容。

(二) 受理

人民法院接到诉状后，应当在七日内进行审查，对于符合下列条件的案件予以立案：(1) 原告是劳动关系中的一方当事人，与本案有直接利害关系；(2) 有明确的被告，且被告为劳动关系的另一方当事人；(3) 有具体的诉讼请求和事实、理由；(4) 属于人民法院受理民事诉讼的范围和受诉人民法院管辖。经审查立案的，向原告送达受理案件通知书、举证通知书、预交诉讼费用通知书及其他诉讼文书，并向被告送达应诉通知书、举证通知书及其他诉讼文书。对于不符合上述条件的案件不予受理。

(三) 预交诉讼费用

原告在接到法院预交诉讼费用通知后七日内交纳诉讼费的，案件进入审理程序；原告在七日内未预交诉讼费用又未提出缓交申请，或者缓交申请未获批准仍不预交的，法院裁定按自动撤回起诉处理。

(四) 庭前准备

人民法院在立案之日起五日内将起诉状副本送达被告，被告在收到之日起十五日内提出答辩状，也可以不事先答辩；合议庭组成人员确定后，人民法院在三日内告知当事人；提交证据，有些法院也可能不要求当事人事先提交证据，而是在开庭时再提交；人民法院应当在开庭三日前通知当事人开庭的时间和地点。

(五) 开庭审理

庭审程序与仲裁庭审程序基本相似，依次分为法庭调查、法庭辩论、合议庭评议等。

(六) 调解

调解是审理劳动争议案件的法定必经程序，在作出判决前，应当先对当事人双方的争议进行调解。调解成功的制作调解书，调解书一经当事人双方签收便发生法律效力。

(七) 判决

对于调解不成的，法院应当依法做出判决。

上述流程是人民法院采用普通程序审理劳动争议案件的流程。

基层人民法院适用第一审普通程序审理的民事案件，当事人各方自愿选择适用简易程序，经人民法院审查同意的，可以适用简易程序进行审理。人民法院不得违反当事人自愿原则，将普通程序转化为简易程序。若案件事实清楚、权利义务关系明确、争议不大的，人民法院也可以采用简易程序来审理。其中，事实清楚是指当事人双方对争议的事实陈述基本一致，并能提供可靠的证据，无须人民法院调查收集证据即可判明事实、分清是非；权利义务关系明确，是指责任的承担者与权利的享有者关系明确；争议不大，是指当事人对案件的是非、责任以及诉讼标的争执无原则分歧。按简易程序审理的案件可以在流程设置上简单一些，但是调解也是必经程序。根据《最高人民法院关于适用简易程序审理民事案件的若干规定》第三条的规定，当事人就适用简易程序提出异议，人民法院认为异议成立的，或者人民法院在审理过程中发现不宜适用简易程序的，应当将案件转入普通程序审理。

若当事人对一审判决不服的，可以自收到一审判决之日起十五日内向上一级人民法院提起上诉。二审人民法院做出的判决为终审判决，一经做出即发生法律效力，当事人必须履行。若当事人认为生效判决有错误的，可以向做出生效判决的人民法院的上一级法院提起申诉，对于符合法定条件的，人民法院应当安排再审。

四、劳动争议诉讼的相关时效规定

当事人对劳动争议仲裁委员会作出的仲裁裁决不服提起诉讼，受诉讼时效的限制。当事人应当在法定期限向具有管辖权的人民法院提起诉讼，逾期未提起诉讼的，仲裁裁决发生法律效力。对此，《劳动争议调解仲裁法》第五十条明确规定，当事人对仲裁裁决不服的，应当自收到仲裁裁决之日起十五日内向人民法院提起诉讼。

对劳动争议诉讼时效的计算适用《民事诉讼法》及其他法律有关期间计算规则的规定。《民事诉讼法》第八十五条规定，期间包括法定期间和人民法院的指定期间。期间以时、日、月、年计算。期间开始的时和日，不计算在期间内。期间届满的最后一日是节假日的，以节假日后的第一日为期间届满的日期。期间不包括在途时间，诉讼文书在期满前交邮的，不算过期。

未经劳动争议仲裁程序，且被法院按照普通民事纠纷受理的劳动争议案件的诉讼时效适用民事纠纷的普通时效规定。普通诉讼时效是指由《民法典》规定的，适用于一般民事法律关系的诉讼时效期间。《民法典》第一百八十八条规定，向人民法院请求保护民事权利的诉讼时效期间为三年，法律另有规定的，依照其规定。诉讼时效期间自权利人知道或者应当知道权利受到损害之日起计算。法律另有规定的，依照其规定。但是自权利受到损害之日起超过二十年的，人民法院不予保护；有特殊情况的，人民法院可以依据权利人的申请决定延长。《民法典》或其他民事法律规范没有特别规定的，均适用三年的一般诉讼时效期间。

在理解诉讼时效的相关规定方面，须注意以下三点：

（1）诉讼时效与劳动争议仲裁申请时效在法律适用上存在着差别。在劳动争议仲裁程序中，没有正当的理由超过了仲裁申请时效期间，劳动争议仲裁委员会不予受理或裁定驳回仲裁申请，申请人失去了胜诉权；而在诉讼程序中，诉讼时效只是为当事人提供了有效的抗辩理由。《最高人民法院关于审理民事案件适用诉讼时效制度若干问题的规定》第三条规定，当事人未提出诉讼时效抗辩，人民法院不应对诉讼时效问题进行释明及主动适用诉讼时效的规定进行裁判。

(2) 诉讼时效期间的起算主要包括三种情形。其一，从知道或者应当知道权利被侵害时起计算；其二，明确约定履行期限的债权，自期满之日的次日起算；其三，未约定履行期限的债权，自权利人主张权利时起算，若给予宽限期，则从宽限期届满的次日起算。后者的起算时间非常重要，特别是对于追索拖欠工资的案件。用人单位的工资欠条本来就是用人单位应给劳动者的款项，是用人单位因各种原因不能及时给付才出具的凭据。实际上是在劳动者向用人单位主张权利的时候，由于用人单位没有能力给付或者拒不及时给付，用人单位不得已而出具的没有还款日期的欠条。此种情形的诉讼时效自权利人主张权利时起算。

(3) 诉讼时效同样有中止、中断等法定事由的规定。

五、劳动争议诉讼案件的管辖

劳动争议案件由用人单位所在地或者劳动合同履行地的基层人民法院管辖，这与劳动争议仲裁管辖的规定基本一致。在劳动争议诉讼实务中，劳动争议仲裁委员会作出的仲裁裁决一般都会释明"若当事人不服裁决可以向某某法院提起诉讼"的相关内容。因此，在通常情况下，当事人只需按照裁决书的指示确定管辖法院即可。

《最高人民法院关于审理劳动争议案件适用法律问题的解释(一)》第三条规定，劳动争议案件由用人单位所在地或者劳动合同履行地的基层人民法院管辖。劳动合同履行地不明确的，由用人单位所在地的基层人民法院管辖。法律另有规定的，依照其规定。第四条规定，双方当事人就同一仲裁裁决分别向有管辖权的人民法院起诉的，后受理的人民法院应当将案件移送给先受理的人民法院。

当事人提出管辖权异议，必须符合下列条件：① 提出异议的主体须是本案的当事人。在诉讼实务中，提出管辖权异议的当事人通常为被告。② 管辖权异议的客体是第一审案件的管辖权。当事人只能对第一审案件的管辖权提出异议，只要是第一审案件，当事人既可以对地域管辖权提出异议，又可以对级别管辖权提出异议。对第二审民事案件不得提出管辖权异议。③ 提出管辖权异议的时间须在提交答辩状期间。当事人对管辖权有异议的，应当在提交答辩状期间提出，即在被告收到起诉状副本之日起 15 日内提出。

受诉法院收到当事人提出的管辖权异议后，应当认真进行审查。经审查后，如果认为异议成立的，裁定将案件移送有管辖权的法院审理。如果认为异议不能成立，应当裁定驳回异议。裁定应当送达双方当事人，当事人不服的，可以在十日内向上一级法院提出上诉。当事人未提出上诉或上诉被驳回的，受诉法院应通知当事人参加诉讼。当事人对管辖权问题申诉的，不影响受诉法院对案件的审理。

六、终局裁决案件的诉讼

劳动争议案件的终局裁决是指仲裁庭在案件审理终结时对当事人提交的全部实体争议所作出的裁决。裁决书自作出之日起发生法律效力。

(一) 终局裁决案件的适用条件

《劳动争议调解仲裁法》第四十七条规定："下列劳动争议，除本法另有规定的外，仲裁裁决为终局裁决，裁决书自作出之日起发生法律效力：(一) 追索劳动报酬、工伤医疗费、经济补偿或者赔偿金，不超过当地月最低工资标准十二个月金额的争议；(二) 因执行国家的劳动标准在工作时间、休息休假、社会保险等方面发生的争议。"第一类终局裁决即劳动争议处理实务中所谓的小额争议，如果仲裁裁决涉及数项，每项确定的数额均不超过当地月最低工资标准 12 个月金额的，应当按照终局裁决处理。第二类终局裁决案件即劳动争议处理实务中所谓的标准明确的争议案件。

(二) 关于终局裁决案件的诉讼

依据《最高人民法院关于审理劳动争议案件适用法律问题的解释(一)》相关规定，仲裁裁决的类型以仲裁裁决书为准。仲裁裁决书未载明该裁决为终局裁决或者非终局裁决，用人单位不服该仲裁裁决向基层人民法院提起诉讼的，应当按照以下情形分别处理：

(1) 经审查认为该仲裁裁决为非终局裁决的，基层人民法院应予受理。

(2) 经审查认为该仲裁裁决为终局裁决的，基层人民法院不予受理，但应告知用人单位可以自收到不予受理裁定书之日起三十日内向劳动争议仲裁机构所在地的中级人民法院申请撤销该仲裁裁决；已经受理的，裁定驳回起诉。

劳动争议仲裁机构作出的同一仲裁裁决同时包含终局裁决事项和非终局裁决事项，当事人不服该仲裁裁决向人民法院提起诉讼的，应当按照非终局裁决处理。依照前述规定，无论是终局裁决还是非终局裁决，劳动者一方不服裁决的，均可以向人民法院提起诉讼。对于终局裁决，劳动者依据调解仲裁法第四十八条规定向基层人民法院提起诉讼，用人单位依据调解仲裁法第四十九条规定向劳动争议仲裁机构所在地的中级人民法院申请撤销仲裁裁决。

用人单位申请撤销仲裁裁决的法定理由是：

(1) 适用法律、法规确有错误的；

(2) 劳动争议仲裁委员会无管辖权的；

(3) 违反法定程序的；

(4) 裁决所根据的证据是伪造的；

(5) 对方当事人隐瞒了足以影响公正裁决的证据的；

(6) 仲裁员在仲裁该案时有索贿受贿、徇私舞弊、枉法裁决行为的。

中级人民法院审理用人单位申请撤销终局裁决的案件，应当组成合议庭开庭审理。经过阅卷、调查和询问当事人，对没有新的事实、证据或者理由，合议庭认为不需要开庭审理的，可以不开庭审理。合议庭审查核实裁决有前款规定情形之一的，应当裁定撤销。如果没有前述规定情形之一的，则为终局裁决。中级人民法院做出的驳回申请或者撤销仲裁裁决的裁定为终审裁定。仲裁裁决被人民法院裁定撤销的，当事人可以自收到裁定书之日起十五日内就该劳动争议事项向人民法院提起诉讼，中级人民法院可以组织双方当事人调解。达成调解协议的，可以制作调解书。一方当事人逾期不履行调解协议的，另一方可以申请人民法院强制执行。

第五节　集体争议处理制度

引导案例

如何快速处理拖欠农民工工资集体劳动争议

2018 年，王某等 142 名农民工与某汽车配件公司签订劳动合同，从事汽车配件制作、销售等工作。2019 年 4 月，该公司全面停工停产，并开始拖欠工资。2019 年 9 月 3 日以后，该公司陆续邮寄了书面解除劳动合同通知，但未涉及拖欠工资事项。2019 年 9 月 15 日，王某等 142 名农民工向劳动人事争议仲裁委员会(以下简称仲裁委员会)申请仲裁，请求裁决汽车配件公司支付拖欠的工资等。

经仲裁委员会调解，王某等 142 名农民工与汽车配件公司当庭达成调解协议，由该公司于调解书生效后 100 天内支付工资等共计 145 万元。

本案中，仲裁委员会采取的快速处理拖欠农民工工资集体劳动争议方法值得借鉴。

1. 建立拖欠农民工工资争议快速处理机制

人力资源社会保障部、最高人民法院等五部门联合下发的《关于实施"护薪"行动全力做好拖欠农民工工资争议处理工作的通知》提出："仲裁委员会要对拖欠农民工工资争议实行全程优先处理。"《劳动人事争议仲裁办案规则》第五十八条规定："简易处理的案件，经与被申请人协商同意，仲裁庭可以缩短或者取消答辩期。"本案中，仲裁委员会为王某等 142 名农民工开通"绿色通道"，于收到仲裁申请当日立案，通过简化优化仲裁程序，对能合并送达的开庭、举证通知等仲裁文书一并送达。此外，在征询双方当事人同意后，对本案取消了答辩期，于立案后两个工作日即开庭审理，并对当庭达成调解协议的，当庭制作、送达调解书。

2. 运用要素式办案方式

要素式办案，是指围绕案件争议要素加强案前引导、优化庭审程序、简化裁决文书的仲裁处理方式，对于创新仲裁办案方式，优化仲裁程序，提升办案效能，满足当事人快速解决争议的需要具有重要意义。《劳动法》第五十条规定："工资应当以货币形式按月支付给劳动者本人。不得克扣或者无故拖欠劳动者的工资。"本案中，仲裁庭以仲裁申请书为基础，提炼案件要素并梳理总结争议焦点，考虑到案件同质性强且涉及劳动者人数较多的实际情况，在开庭前对农民工代表及委托代理人制作要素式谈话笔录，明确入职时间、工资标准、拖欠工资数额、劳动合同解除时间等要素，并在开庭前安排汽车配件公司代理人逐一核对王某等农民工请求事项，对于无争议要素由代理人签字确认，对于有争议要素由代理人当场写明理由及依据。

3. 发挥工会、企业代表组织协商作用

根据要素谈话笔录反映的信息，仲裁委员会理清了案情脉络，并及时引入社会力量，会同当地工会、工商联等，启动集体劳动争议应急预案，由工会、工商联派人与农民工代表、汽车配件公司反复沟通协商，充分解答双方咨询法律问题、释明法律风险，为仲裁调解奠定了良好基础。

4. 通过调解化解争议

《劳动人事争议仲裁办案规则》第六十六条规定："仲裁庭处理集体劳动人事争议，开庭前应当引导当事人自行协商，或者先行调解。"2019 年 9 月 18 日仲裁庭审中，仲裁庭分别进行了"面对面"和"背对背"调解，对涉及停工停产后劳动报酬的支付问题、劳动争议的"一裁两审"程序等进行了解释说明，从经济成本、时间成本、社会诚信以及和谐劳动关系等角度引导双方当事人协商，最终双方就工资支付数额、期限和方式达成一致，并当庭制作 142 份调解书送达了双方当事人。

资料来源：人力资源和社会保障部　最高人民法院　劳动人事争议典型案例(第一批)案例 8
https://ldgc.51ldb.com/shsldb/zc/content/0173bca1d9f1c001a8495db4be7427e2.html

集体争议的本质是劳动者依据团结权进行团体交涉，进而行使争议权，以达到改善劳动条件的目的。集体争议是法律上具有特定含义和意义的专有名词，并不是一切冲突、械斗、纠纷都可以称为集体争议行为。

一、集体争议的含义

《劳动人事争议仲裁办案规则》第六十二条规定，处理劳动者一方在十人以上并有共同请求的争议案件，或者因履行集体合同发生的劳动争议案件，适用于集体劳动人事争议处理。

与一般的劳动争议相比，集体争议具有以下特点：

(一) 争议主体的团体性

集体劳动争议的主体一方是企业，但另一方则是劳动者团体，而不是劳动者个人。

(二) 争议内容的特定性

集体劳动争议是争议一方的劳动者人数在十人以上且具有共同理由的劳动争议，或者因履行涉及企业的一般劳动条件等事项的集体合同引发的争议。

(三) 影响的广泛性

集体劳动争议主体的团体性及内容的特定性，决定了集体劳动争议影响的广泛性。若处理不及时或不当，极易导致矛盾的激化，发生罢工、游行、请愿或其他的激化矛盾的行为。

二、集体劳动争议处理的程序

依据《劳动人事争议仲裁办案规则》第六十二条，集体劳动争议可以分为两类，一是劳动者一方在十人以上并有共同请求的争议案件；二是因订立、履行集体合同发生的劳动争议案件。

(一) 劳动者一方在十人以上并有共同请求的劳动争议处理程序

劳动者一方在十人以上并有共同请求的劳动争议与一般劳动争议的区别就在于劳动者一方的群体性，争议处理程序没有区别。基于《劳动人事争议仲裁办案规则》，在劳动争议仲裁活动中有以下规定：

发生劳动者一方在十人以上并有共同请求的争议的，劳动者可以推举三至五名代表参加仲裁活动。代表人参加仲裁的行为对其所代表的当事人发生效力，但代表人变更、放弃仲裁请求或者承认对方当事人的仲裁请求，进行和解，必须经被代表的当事人同意。

仲裁委员会应当自收到当事人集体劳动人事争议仲裁申请之日起五日内作出受理或者不予受理的决定。决定受理的，应当自受理之日起五日内将仲裁庭组成人员、答辩期限、举证期限、开庭日期和地点等事项一次性通知当事人。

仲裁委员会处理集体劳动人事争议案件，应当由三名仲裁员组成仲裁庭，设首席仲裁员。仲裁庭处理集体劳动人事争议案件，可以邀请法律工作者、律师、专家学者等第三方共同参与调解。

仲裁庭处理集体劳动人事争议，开庭前应当引导当事人自行协商，或者先行调解。协商或者调解未能达成协议的，仲裁庭应当及时裁决。

仲裁庭开庭场所可以设在发生争议的用人单位或者其他便于及时处理争议的地点。

(二) 集体协商争议的协调处理

我国现行规定中的"因集体协商发生的争议"，实质上是"利益争议"，是在签订或变更集体协议过程中当事人双方就如何确定合同条款所发生的争议，其标的是在合同中如何设定尚未确定的利益。它往往表现为集体谈判出现僵局或破裂，罢工、闭厂是其最激烈的形式，将这类争议的处理程序规定为"行政调解"，基本符合利益争议的通行处理方法。

依据《集体合同规定》的相关条款，集体协商过程中发生争议，双方当事人不能协商解决的，当事人一方或双方可以书面向劳动保障行政部门提出协调处理申请；未提出申请的，劳动保障行政部门认为必要时也可以进行协调处理。劳动保障行政部门应当组织同级工会和企业组织等三方面的人员，共同协调处理集体协商争议。集体协商争议处理实行属地管辖，具体管辖范围由省级劳动保障行政部门规定。中央管辖的企业以及跨省、自治区、直辖市用人单位因集体协商发生的争议，由劳动保障部指定的省级劳动保障行政部门组织同级工会和企业组织等三方面的人员协调处理，必要时，劳动保障部也可以组织有关方面协调处理。协调处理集体协商争议，应当自受理协调处理申请之日起三十日内结束协调处理工作。期满未结束的，可以适当延长协调期限，但延长期限不得超过十五日。

协调处理集体协商争议应当按照以下程序进行：受理协调处理申请；调查了解争议的

情况；研究制定协调处理争议的方案；对争议进行协调处理；制作《协调处理协议书》。《协调处理协议书》应当载明协调处理申请、争议的事实和协调结果，双方当事人就某些协商事项不能达成一致的，应将继续协商的有关事项予以载明。《协调处理协议书》由集体协商争议协调处理人员和争议双方首席代表签字盖章后生效。争议双方均应遵守生效后的《协调处理协议书》。

(三) 履行集体合同发生争议的处理程序

因履行集体合同发生的争议，是指在履行集体合同过程中当事人双方就如何将协议条款付诸实现所发生的争议，其标的是实现协议中已经设定并表现为权利义务的利益。它通常是由于解释协议条款有分歧或违约所致。

因履行集体合同发生的劳动争议，经协商解决不成的，工会可以依法申请仲裁；尚未建立工会的，由上级工会指导劳动者推举产生的代表依法申请仲裁。仲裁委员会处理因履行集体合同发生的劳动争议，应当按照三方原则组成仲裁庭处理。对仲裁裁决不服的可以自收到裁决书之日起十五日内向人民法院提起诉讼。

思　考　题

1. 劳动争议处理应坚持哪些基本原则？
2. 简述劳动争议的举证责任。
3. 简述劳动争议处理程序。
4. 试述劳动争议调解的程序。
5. 简述劳动争议调解协议的法律效力。
6. 试述劳动争议仲裁的效力。
7. 试述终局裁决案件的诉讼。

参考文献

[1] 曹大友，张弘，张捷. 企业劳动关系管理[M]. 南京：南京大学出版社，2023.

[2] 曾竞. 劳动者违反竞业限制义务的认定与责任竞合问题研究[J]. 法律适用，2020(04)：56-68.

[3] 陈媛，王倩兮. 我国劳动合同试用期规则适用研究[J]. 当代法学，2011，25(06)：113-117.

[4] 程延园，王甫希. 劳动法与劳动争议处理[M]. 2版. 北京：中国人民大学出版社，2013.

[5] 程延园，王甫希. 劳动关系[M]. 5版. 北京：高等教育出版社，2021.

[6] 程延园，王甫希. 员工关系管理[M]. 北京：高等教育出版社，2018.

[7] 程延园. 劳动合同法及实施条例理解与应用[M]. 北京：中国劳动社会保障出版社，2008.

[8] 杜宁宁. 劳动合同变更的形态及法律责任[J]. 经济导刊，2011(02)：26-27.

[9] 范围. 用人单位如何确定劳动合同期限[J]. 中国人力资源开发，2010(04)：79-82.

[10] 郭昌盛. 劳动法上违约金制度的反思与完善：以户口违约金条款的司法实践为例[J]. 河北法学，2019，37(10)：147-163.

[11] 郭捷. 劳动合同法适用范围解析[J]. 法学论坛，2008(02)：15-21.

[12] 侯玲玲. 劳动者违约金约定禁止之研究[J]. 当代法学，2008(04)：114-121.

[13] 江锴. 论经济性裁员中的劳动合同解除[J]. 政治与法律，2015(04)：111-120.

[14] 黎建飞. 劳动合同解除的难与易[J]. 法学家，2008(02)：18-23+4.

[15] 李培智. 大学生实习劳动关系认定探微[J]. 法学杂志，2012，33(06)：122-125.

[16] 李文涛，赵洪石. 劳动合同变更的法律效力分析：以个案分析为例证[J]. 中国人力资源开发，2014(20)：89-92.

[17] 李雄，黄琳涵. 新就业形态下劳动关系认定的创新研究[J]. 河北法学，2023，41(07)：84-106.

[18] 刘大卫. "情势变更"导致劳动合同解除的法律适用转换分析：基于《劳动合同法》第40条第三项和第41条第一款第四项的比较研究[J]. 求索，2011(09)：168-170.

[19] 刘军胜. 劳动关系实务讲堂(六)如何防范试用期风险？[J]. 企业管理，2008(08)：56-58.

[20] 吕琳. 论劳动合同的变更[J]. 华东政法大学学报，2008(06)：97-102.

[21] 彭小霞. 劳动合同解除之经济补偿金法律制度研究[J]. 北京工业大学学报(社会科学版)，2011，11(03)：56-61.

[22] 朴成姬. 劳动关系认定的疑难问题研讨[J]. 湖南大学学报(社会科学版)，2020，34(04)：144-148.

[23] 戚庆余. 再论无效劳动合同的解除：从劳动合同解除的社会实益视角出发[J]. 中国人力资源开发，2021，38(01)：75-86.

[24]　钱叶芳. 《劳动合同法》地方指导意见评述：关于劳动争议当事人和劳动关系的认定 [J]. 现代法学，2011, 33(03): 184-193.

[25]　邱婕. 《劳动合同法》十周年回顾系列之七《劳动合同法》研究之规章制度[J]. 中国 劳动，2018(07): 86-92.

[26]　邱婕. 再论劳动合同之变更：兼论最高人民法院关于审理劳动争议的司法解释四[J]. 中国人力资源开发，2014(05): 92-96.

[27]　申天恩. 劳动合同法适用范围研究[J]. 河南科技学院学报，2011(05): 35-38.

[28]　沈建峰. 论履行集体合同争议的处理：兼论集体劳动法中个体利益与集体利益的平衡 [J]. 比较法研究，2018(04): 103-116.

[29]　孙春孺. 劳动者单方解除劳动合同若干问题[N]. 中国法院网. https://www.chinacourt. org/article/detail/2013/01/id/810564.shtml

[30]　王敏. 用人单位知情权对劳动合同效力的影响[J]. 法制与社会，2018(17): 217-218.

[31]　王少波. 劳动关系与劳动法[M]. 北京：中国劳动社会保障出版社，2011.

[32]　吴勇军. 浅析我国现行休息休假制度[J]. 中国劳动，2014(11): 25-28.

[33]　肖竹. 行业性、区域性集体合同约束力研究[J]. 首都师范大学学报(社会科学版)，2015(01):61-68.

[34]　谢良敏. 第五讲工作时间和休息休假[J]. 中国工运，1994(Z1): 48-52.

[35]　杨成湘. 论中国集体合同制度变迁历程、逻辑及其趋势[J]. 经济体制改革，2020(05): 30-36.

[36]　袁中华. 劳动合同解除争议之证明责任分配：基于法教义学的分析[J]. 法商研究，2019, 36(01): 130-141.

[37]　郑东亮，唐镶. 劳动关系协调员(基础知识)[M]. 北京：人民出版社，2014.

[38]　郑尚元. 劳动合同法的制度和理念[M]. 北京：中国政法大学出版社，2008.

[39]　中国就业培训技术指导中心. 企业人力资源管理师(二级)[M]. 4 版. 北京：中国劳动 社会保障出版社，2020.

[40]　中国就业培训技术指导中心. 企业人力资源管理师(基础知识)[M]. 北京：中国劳动社 会保障出版社，2014.

[41]　中国就业培训技术指导中心. 企业人力资源管理师(三级)[M]. 3 版. 北京：中国劳动 社会保障出版社，2014.

[42]　中国就业培训技术指导中心. 企业人力资源管理师(四级)[M]. 3 版. 北京：中国劳动 社会保障出版社，2014.

[43]　中国就业培训技术指导中心. 企业人力资源管理师(一级)[M]. 4 版. 北京：中国劳动 社会保障出版社，2020.

[44]　中华人民共和国劳动法：实用版[M]. 北京：中国法制出版社，2018.

[45] 周国良，俞里江，李红. 劳动合同与培训服务期协议的法律分析(上)[J]. 中国劳动，2013(04): 46-49.

[46] 周国良，俞里江，李红. 劳动合同与培训服务期协议的法律分析(下)[J]. 中国劳动，2013(05): 47-50.